高职高专计算机网络系列创新教材

ASP.NET 动态网页设计 项目教程

（第三版）

郭建东　主编

黄培泉　彭　丹　张小兰　副主编

科学出版社

北　京

内 容 简 介

本书详细介绍了使用 Visual Studio 2015 和 SQL Server 2017 进行 ASP.NET Web 应用程序开发的基础知识和设计技巧，采用 C#语言进行代码编写。本书以“项目-任务”的形式进行编写，介绍了网站的创建、调试和发布，数据绑定，创建导航，前端页面设计，网站后台管理，新闻内容的读取和搜索，登录注册与身份验证，存储过程及事务处理，使用 LINQ to SQL 访问数据库，AJAX 应用等，最后还介绍了基于 MVC 框架的 ASP.NET Web 应用程序开发基础知识。

本书提供近百个二维码，读者扫描书中二维码，可链接到教学视频、PPT 课件、案例素材等各类资源，方便线上学习和翻转课堂教学。此外，读者还可以访问与本书配套的省级精品在线开放课网站获取更多教学资源。

本书可作为高等院校本、专科计算机类相关专业的教材，也可作为网站开发人员的自学教材或参考书。

图书在版编目（CIP）数据

ASP.NET 动态网页设计项目教程/郭建东主编. —3 版. —北京：科学出版社，2019.11（2024.1 修订）

（高职高专计算机网络系列创新教材）

ISBN 978-7-03-063275-3

Ⅰ. ①A… Ⅱ. ①郭… Ⅲ. ①网页制作工具-程序设计-高等职业教育-教材 Ⅳ. ①TP393.092.2

中国版本图书馆 CIP 数据核字（2019）第 249231 号

责任编辑：孙露露 王会明 / 责任校对：赵丽杰
责任印制：吕春珉 / 封面设计：东方人华平面工作室

科学出版社 出版
北京东黄城根北街 16 号
邮政编码：100717
http://www.sciencep.com

天津翔远印刷有限公司印刷
科学出版社发行 各地新华书店经销
*
2012 年 5 月第一版 2024 年 1 月第七次印刷
2016 年 2 月第二版 开本：787×1092 1/16
2019 年 11 月第三版 印张：17 3/4
字数：392 000

定价：53.00 元

（如有印装质量问题，我社负责调换〈翔远〉）
销售部电话 010-62136131 编辑部电话 010-62138978-2010

前　言

近年来，ASP.NET 技术已经成为越来越多的 Web 应用开发人员的首选。随着 Microsoft .NET Framework 4.0 的发布，采用 ASP.NET 和 SQL Server 进行动态网站开发，无论在设计思想、开发效率还是在编程模式等方面都有很大的进步，代码更精简、更安全，采用已编译的、由事件驱动的编程模型，支持将应用程序逻辑与用户界面相隔离，使应用程序性能得到提高。

本书共分 12 个项目，前 8 个项目围绕通用型网站的设计制作与管理展开，后 4 个项目介绍网站开发的高级技术应用。通过项目任务分解详细介绍了使用 Visual Studio .NET 创建 Web 应用的基础知识和设计技巧。项目 1 介绍了.NET Framework 概念、创建 ASP.NET 网站和创建 Web 窗体页面的基本步骤、CSS 样式的应用、事件的生命周期及网站的调试和发布；项目 2 介绍了将数据绑定到控件属性、方法、变量和数据库的方法；项目 3 介绍了通过样式和控件分别建立横向导航、竖向导航、多级导航和树状导航的方法，最后介绍了多视图切换；项目 4 介绍了基于 CSS+DIV 前端页面的设计，包括了两个网站的主页面和内容页面的设计制作；项目 5 介绍了新闻数据库的设计、文件标题的显示及各种类型标题样式的设计；项目 6 介绍了基于控件和基于 ADO.NET 编程两种方式进行文件内容的读取和文件信息的搜索；项目 7 介绍了通过数据控件和通过 ADO.NET 编程两种方式实现网站的后台管理，另外介绍了在线编辑器的使用；项目 8 介绍了通过登录控件和通过 ADO.NET 编程两种方式实现登录注册功能，另外介绍了使用 HttpModule 实现用户身份验证；项目 9 介绍了存储过程和事务处理方法；项目 10 介绍了使用 LINQ to SQL 访问数据库和对数据库信息的管理；项目 11 介绍了 AJAX 的基本原理及基本控件的应用；项目 12 介绍了基于 MVC 框架的 ASP.NET Web 应用。

本书的主要特点表现在以下几个方面。

1. 教材融合思政育人于一体，并有机融入党的二十大精神

本书项目中的文字和图片素材有机融入科技发展等主题元素，体现专业学习与思政育人相融合。

2. 体现信息技术与教学的深度融合

本书所对应的“ASP.NET 动态 Web 技术”课程于 2015 年立项为广东省省级精品在线开放课。课程网站可支撑线上线下混合教学，课程组教师利用课程网站进行混合式教学创新实践，实践成果获 2019 年广东省教育教学成果一等奖。

本书提供近百个二维码，读者扫描书中二维码，可链接到教学视频、PPT 课件、案例素材等各类资源。本书提供的源代码兼容 Visual Studio 2010 以上版本，数据库脚本则兼容 SQL 2008 以上版本。

3. 工作过程为主线，工作项目为载体

本书以一个基于工作过程设计的新闻网站为主线，由若干个项目任务及子任务组成，在完

成项目任务的过程中进行网站开发相关知识的讲解。每个项目涉及的知识点都与相应任务紧密结合，真正做到理论与实际相结合。项目任务的安排以工作过程为序，注重连续性，项目前后互相衔接，学生完成课程项目整体学习后即完成一个网站的开发制作。

4. 教学材料丰富，方便用户使用

为了方便大家更好地利用本书进行教学与学习，本书除了提供二维码链接的相关资源外，还提供与教材配套的省级精品资源共享课课程资源，包括全书教学视频、教学大纲（课程标准）、授课计划、授课教案、PPT课件、案例素材及实训素材、项目源代码、过程考核试卷等，各类素材访问网址为http://jx.gdgm.cn/skills/wv/13876336。

本书由广东工贸职业技术学院郭建东担任主编，黄培泉、彭丹、张小兰担任副主编。其中，项目3由张小兰和彭丹共同编写，项目7和项目8由黄培泉编写，项目9、10、11由彭丹编写，项目12由张小兰编写，其余内容由郭建东编写；企业人员参与了项目的选取和代码编写工作，全书由郭建东统稿。

由于作者水平所限，书中疏漏之处在所难免，希望广大读者批评指正。

目　录

项目 1 创建ASP.NET网站

学习目标

知识教学目标

- 掌握网站创建和网页创建的方式
- 理解网页事件生命周期
- 学会使用外部样式布局网页
- 学会应用断点监视并调试程序
- 掌握网站的发布方式

技能培养目标

- 能够进行网站和网页的创建
- 能够进行网页的运行及调试
- 能够发布网站

微软公司的 ASP.NET 1.0 的引入改变了 Web 编程模型，当.NET Framework 框架版本发展到 4.0 后，对 Web 应用开发作了进一步的改进，使得在 ASP.NET 环境下开发 Web 应用程序更加优越，开发效率也有了大大的提高。

本书主要介绍 ASP.NET 进行 Web 开发的基础知识，以新闻网站项目为主线，使用 Visual Studio.NET 2015(C#语言)结合 SQL Server Express 2017 数据库(数据库管理工具 SQL Server Management Studio 为 2018.3.1 版) 进行 ASP.NET 动态网站项目开发。本书程序可在 Visual Studio 2010 及以上版本运行，数据库可在 SQL Server 2008 及以上版本运行。

任务1.1 创建和打开网站

任务描述：

创建网站和第一个页面（视频）

在 Visual Studio 2010 及以上版本的开发平台中，可以用文件系统方式、HTTP 方式、FTP 方式来创建和打开 Web 项目，还可以在没有安装 IIS 的计算机上以文件系统方式创建网站。本任务学习重点是掌握在 Visual Studio.NET 2015 平台文件系统下创建和打开网站的方式方法。

1.1.1 关键知识：网站的创建和目录结构

1. 创建网站

在 Visual Studio.NET 2015 开发平台中创建网站有如下几种方式。

（1）文件系统（file system）方式

从“开始”菜单进入 Visual Studio.NET 操作界面，单击“文件”菜单，选择“新建→网站”命令，进入图 1-1 所示的“新建网站”界面，在图 1-1 左侧的“模板”中选择开发语言 Visual C#，在中间栏选择“ASP.NET 空网站”，Visual Studio 内置的 Web 服务器使得在本地机没有安装 IIS 或不希望通过 IIS 创建站点时也能以文件系统方式创建 Web 网站。在新建网站界面的“Web 位置”下拉列表框中选择“文件系统”，同时输入 Web 站点的存放路径，或单击“浏览”按钮选择 Web 站点的存放路径。

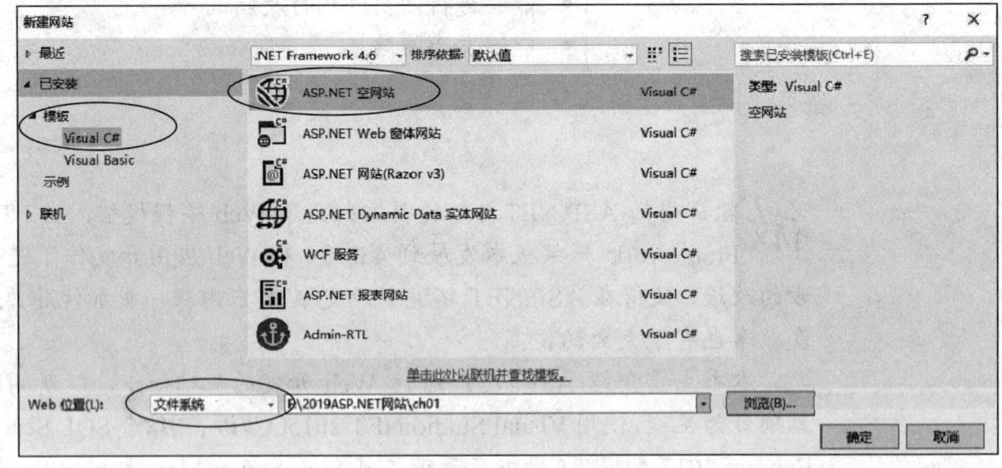

图 1-1　以文件系统方式创建网站

以文件系统方式创建的站点，在本地调试完后，可移植到 IIS 服务器上，只要在 IIS 上建立虚拟目录即可实现。

（2）HTTP 方式

HTTP 方式是通过本地 IIS 创建 Web 站点，可以充分发挥本地 IIS 的强大功能为 ASP.NET 提供支持。

在图 1-1 左下角的“Web 位置”下拉列表框中选择“HTTP 方式”，单击“浏览”按钮，进入“选择位置”对话框，选择“本地 IIS”，如图 1-2 所示，可在“本地 IIS”选择一个本地站点，或在右上角单击“新建网站”或“创建新虚拟目录”等按钮创建 Web 站点。

图 1-2　以 HTTP 方式创建网站

（3）FTP 方式

通过 FTP 协议在远程服务器上建立或打开 Web 站点。在新建网站界面的“Web 位置”下拉列表框中选择“FTP 方式”，再单击“浏览”按钮，进入如图 1-3 所示 FTP 站点界面，输入正确的 FTP 服务器地址、端口号、用户名、密码即可连接 Web 站点，对网站进行编辑更新等操作。

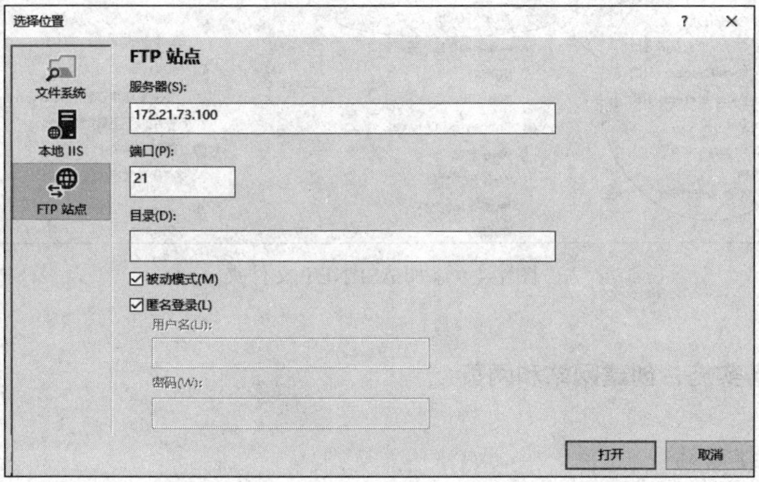

图 1-3　设置 FTP 站点

2. 网站中的特殊目录

在 ASP.NET 4.6 版本的网站根目录中保留了一些预定义的存放特定内容的目录，在解决方案资源管理器面板右击网站名，在弹出的快捷菜单中选择“添加→

添加 ASP.NET 文件夹”命令，可添加 ASP.NET 预定义的文件夹，如图 1-4 所示。预定义文件夹如下。

1）App_Code：App_Code 文件夹中代码的内容可以用在网站的所有页面中，而且 App_Code 文件夹中可以包含任意文件与文件夹。存放的源代码在运行网站时将被自动编译，该目录存放.cs、.vb、.xsd 和自定义类型的文件。

2）App_GlobalResources：创建全局资源文件.resx，此外，ASP.NET 还生成一个强类型对象，提供一种以编程方式访问全局资源的简单方法。

3）App_LocalResources：本地.resx 类型的资源文件，可以存在于应用程序的任何文件夹中，这与 App_GlobalResources 根文件夹不同。通过资源文件名将一组资源文件与特定的网页相关联。

4）App_WebReferences：在添加一个新的 Web 引用时，会创建一个新的 App_WebReferences 文件夹，其中包含所生成的客户代理文件，存放.wsdl 类型文件。

5）App_Data：存放网站的本地数据库，存放.mdb、.mdf、.xml 类型的文件。

6）App_Browsers：包含.browser 文件，.browser 文件描述浏览器的特征和功能。ASP.NET 在安装路径下的 Config\Browser 文件夹中安装了大量的.browser 文件，这些文件供所有应用程序共享。

7）主题：主题为包含在 App_Themes 文件夹下的一个文件夹，存放.skin、.css、.xsl 等类型的文件。一个主题是一组带有样式信息的文件。主题文件夹中的文件内容被编译，以生成一个类，而该类被页面调用，以编程的方式设置主题化控件的样式。

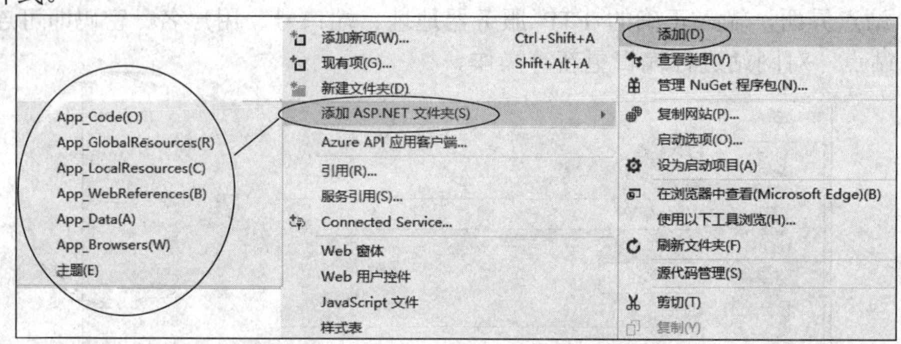

图 1-4　添加 ASP.NET 文件夹

1.1.2　任务实施：创建网站和网页

1. 创建网站

创建网站和第一个页面（视频）

以文件系统方式创建网站，步骤如下：

1）单击“文件”菜单，选择“新建→网站”命令，进入如图 1-1 所示的“新建网站”界面。

2）在图 1-1 左侧的“模板”中选择开发语言 Visual C#，在中间栏选择“ASP.NET 空网站”，在“Web 位置”下拉列表框中选择“文件系统”，同时在文本框中输入

Web 站点的存放路径，站点命名为 web1，或单击“浏览”按钮选择 Web 站点的存放路径。

3）单击“确定”按钮完成网站的建立，在解决方案资源管理器面板中可看到创建成功的 web1 网站，网站中只有 web.config 配置文件。

2. 创建 Web 窗体页面

在解决方案资源管理器面板中右击网站 web1，在弹出的快捷菜单中选择“添加→Web 窗体”命令，如图 1-5 所示，进入如图 1-6 所示的“指定项名称”对话框，输入要创建的网页名称 Default，单击“确定”按钮完成网页的创建。或者在图 1-5 所示的快捷菜单中选择“添加新项”命令，进入如图 1-7 所示的“添加新项-Web1”对话框，选择“Web 窗体”，并在“名称”文框中输入要创建的网页名称，单击“添加”按钮即可添加网页。

说　明

Visual Studio.NET 平台创建的 Web 网站默认的主页名称为 Default.aspx。

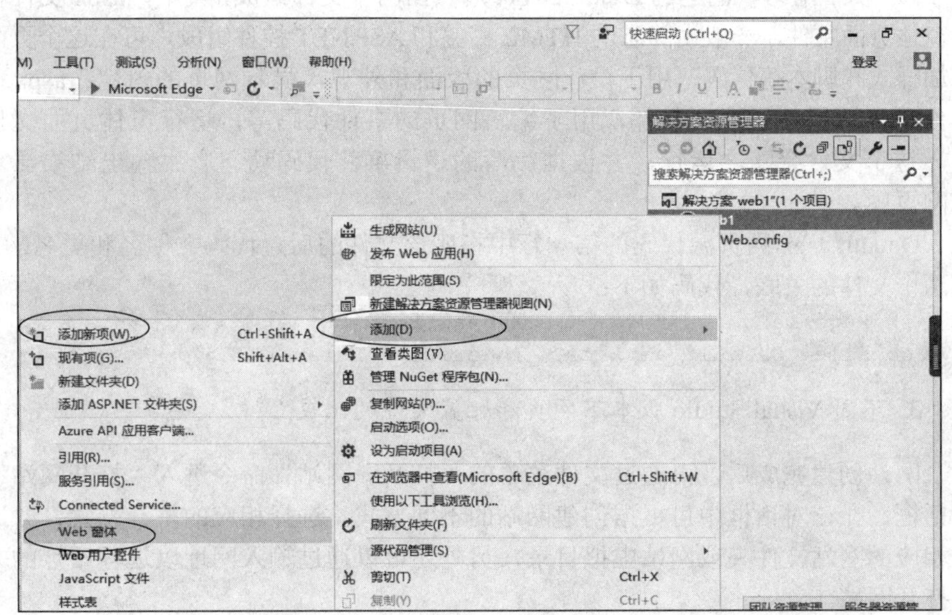

图 1-5　添加“Web 窗体”命令

指定项名称

项名称: Default

确定　取消

图 1-6　为网页命名

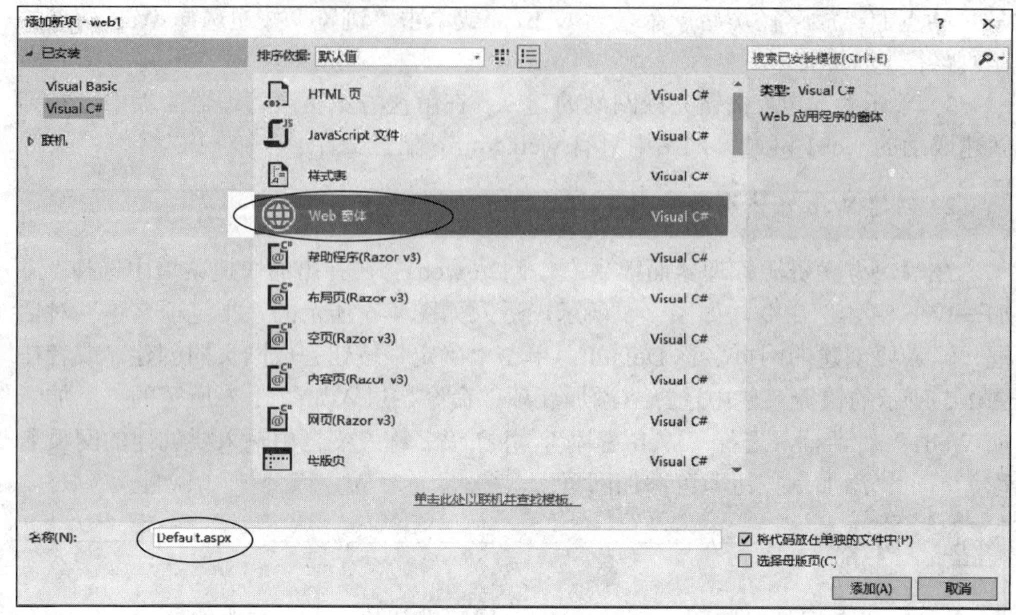

图 1-7　利用“添加新项”对话框创建 Web 窗体页面

在 web1 网站中创建的 Default.aspx 网页由两个文件组成，其中，.aspx 文件称为窗体页面文件，一般由静态的 HTML 标签和 ASP.NET 控件组成，可在这个页面添加样式和脚本等代码，用于设计网页的版面和外观，显示网页的内容；aspx.cs 文件称为后置代码页面文件，用于编写网页的事件代码等，运行窗体页面文件时，这个文件会随之运行，并根据编写的逻辑事件代码动态产生输出结果显示到网页中。

Default.aspx 网页源代码的第一行中指明该文件的后置代码文件名和类名，实现两个文件的关联，代码如下：

```
<%@ Page Language="C#"  AutoEventWireup="true"
CodeFile="Default.aspx.cs"  Inherits="_Default" %>
```

3. 不同 Visual Studio 版本下网页和配置文件的比较

网站创建完成后，可通过文件菜单的“打开→网站”命令进入“打开网站”对话框，在该对话框中可根据创建网站的不同方式，选择相应的打开方式，并选择相应的网站文件夹或网站虚拟目录，另外还可以通过输入网址以远程站点的方式打开网站。

（1）配置文件的比较

不同版本开发平台新建的网站配置文件略有不同，如在 Visual Studio 2010 平台下新建网站的配置文件的<system.web>节点中，targetFramework 为 4.0 版本；在 Visual Studio 2012 和 Visual Studio 2013 平台中，targetFramework 为 4.5 版本；在 Visual Studio 2015 版本中，targetFramework 为 4.6 版本。

不同开发平台配置文件中的<system.web>节点的默认代码如下。

1）Visual Studio 2010 版本中配置文件的框架版本信息代码如下：

```
<system.web>
    <compilation debug="true" targetFramework="4.0"/>
</system.web>
```

2）Visual Studio 2013 版本中配置文件的框架版本信息代码如下：

```
<system.web>
   <compilation debug="false" targetFramework="4.5" />
   <httpRuntime targetFramework="4.5" />
<system.web>
```

3）Visual Studio 2015 版本中配置文件的框架版本信息代码如下：

```
<system.web>
    <compilation debug="true" targetFramework="4.6" />
    <httpRuntime targetFramework="4.6" />
</system.web>
```

（2）窗体页面代码比较

以 Default.aspx 文件为例，代码比较如下。

在 Visual Studio 2010～2013 版本中，创建的 Web 窗体源代码如下：

```
<%@ Page Language="C#" AutoEventWireup="true"
CodeFile="Default.aspx.cs" Inherits="_Default" %>
<!DOCTYPE html PUBLIC "-//W3C//DTD XHTML 1.0 Transitional//EN"
"http://www.w3.org/TR/xhtml1/DTD/xhtml1-transitional.dtd">
   <html xmlns="http://www.w3.org/1999/xhtml">
   <head runat="server">
      <title></title>
   </head>
   <body>
      <form id="form1" runat="server">
          <div>
          </div>
      </form>
   </body>
   </html>
```

在 Visual Studio 2015 及以上版本中，创建的 Web 窗体源代码如下：

```
<%@ Page Language="C#" AutoEventWireup="true"
CodeFile="Default.aspx.cs" Inherits="_Default" %>
<!DOCTYPE html>
<html xmlns="http://www.w3.org/1999/xhtml">
   <head runat="server">
   <meta http-equiv="Content-Type" content="text/html;
charset=utf-8"/>
      <title></title>
   </head>
   <body>
      <form id="form1" runat="server">
      <div>
      </div>
      </form>
   </body>
</html>
```

比较不同版本的窗体页面源代码可看出，<body>标签内的结构没有变化，在<head>头部标签中，2015 的版本增加了<meta>标签对字符集编码的说明，另外，文档类型 DOCTYPE 的说明更简洁，可兼容使用 HTML5 标签。

任务 1.2 创建并设计 Web 页面

任务描述：

在任务 1.1 所创建的网站中创建 CSS（cascading style sheets，层叠样式表）外部样式文件，编写 CSS 样式代码，并应用到窗体页面进行页面布局。

1.2.1 关键知识：CSS 样式概述

使用 CSS 布局网页是 Web 标准的基础，使用 CSS 可设置页面的字体、图片等网页元素的样式，设置网页的版本色彩和背景，设计页面的布局等。使用 CSS+Div 布局页面主要优点如下：

1）结构清晰，容易被搜索引擎搜索到。

2）缩短改版时间，只要修改 CSS 文件就可以重新设计页面。

3）表现与内容相分离，可将设计部分分离出来放在一个独立的样式文件中。

4）可方便地将网页的风格格式同步更新。

1. CSS 盒子模型

通过 CSS 可将所有有关文档的样式指定内容全部脱离出来，通过外部样式文件供 HTML 调用。CSS 样式表的主要作用是将网页上的元素进行精确定位，将网页上内容的结构和格式分离。

CSS 方框模型参考如图 1-8 所示。该模型是把一个网页页面当成一个盒子，用 CSS 定义盒子的位置、大小、边框、内外边距、内容排列方式等。其中，Padding 称为内边距，也称为填充；Border 称为边框；Margin 称为外边距或称为空白边。

图 1-8 CSS 方框模型参考

直接包围内容的是内边距，内边距可以呈现元素的背景，内边距的边缘是边框，边框以外是外边距，外边距默认是透明的，因此不会遮挡其后的任何元素。假设外边距为 20px，内边距为 15px，边框宽度为 10px，内容宽度为 600px，高度为 120px，则这个盒子模型的占位宽度为 690px，占位高度为 210px，盒子模型如图 1-9 所示。

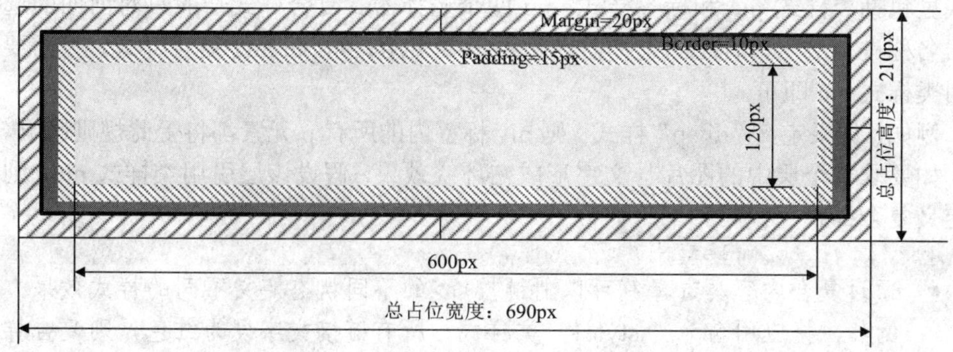

图 1-9　块元素占位宽计算

2. CSS 样式的分类

CSS 样式按定义时选择器类型的不同，又可分为如下几种类型。

（1）类样式

定义类样式时名称前面加“.”前缀符号。类样式可应用于任何 HTML 元素，可在页面的不同部分被不同元素多次引用。连续的字符、段落和层引用类样式的写法如下：

- 内联块元素<span>对连续的字符引用样式：<span class="样式名">……</span>
- 段落<p>引用样式：<p class="样式名">……</p>
- 层<div>引用样式：<div class="样式名">……</div>

（2）元素 ID 样式

在定义元素 ID 样式时，样式名前面加“#”前缀符号，一个页面仅应用于一种类型的 HTML 元素时使用，一般用于定义布局层样式，层 div 引用 id 样式代码如下：

```
<div id="样式名">……</div>
```

（3）标签样式

重新定义 HTML 元素，定义标签样式时，在选择器名称中可选择 HTML 元素，对所选元素样式进行重定义。创建或更改标签样式后，所有用该标签样式的文本都自动更新为新的格式。例如，在层里添加的段落，段落有默认的上边距，为了解决边距超出层的问题，需要设置段落的外边距为 0px。同样，默认的标题样式 h1～h6 也有外边距问题。多个样式同时定义可用逗号隔开，如同时定义标题和段落的标签样式代码如下：

```
h1, h2, h3, h4, h5, h6, p {margin: 0px;}
```

标签样式名前面不加任何符号，以 h1 样式名为例，引用方式一般为：<h1>标题 1 内容</h1>。大部分的标签样式不需要引用，以<body>标签为例，重定义<body>标签后样式可自动更新。

（4）复合内容样式

如果要定义同时影响两个或多个标签、类或 ID 的复合规则，应该选择复合内容样式，选择器名称之间用空格隔开。例如，以定义.pic img 的复合样式为例，该样式里包括类样式 pic 和标签样式 img 两个选择器。复合样式一般只对前面的选择器名称进行引用，后面的选择器名称不需要引用，如.pic img 复合样式，只需要引用类样式 pic 即可。

例如，如果定义“div p”样式，则 div 标签内的所有 p 元素都将受此规则影响。

如要求一个层中的图片与文字形成左环绕效果，假设该层引用类样式.pic，则可定义复合样式，代码如下：

```
.pic img{float:left;}
```

- 通过复合内容类选择符可以对链接<a>的不同状态定义不同的样式效果。例如，将应用名为“.style1”类样式的所有链接文字设为红色，则复合样式名为“.style1 a:link”。
- 动态链接有 4 种不同的状态：未访问的链接（link）、已访问的链接（visited）、鼠标停留在链接上（hover）和激活链接（active）。对应有 4 种选择符：a:link、a:visited、a:hover 和 a:active。
- 当图片设置为链接时，会在图像周围显示默认的蓝色边框，可修改图片链接样式使图片无边框，代码如下：

```
a img {  border: none;   }
```

3. CSS 样式基本语法

CSS 语言由标志和属性构成，属性值后面加分号，样式的基本语法如下：

```
选择器名 {
属性：属性值;属性:属性值;属性:属性值;……
}
```

也可以写成如下形式：

```
选择器名 {
属性:属性值;
属性:属性值;
……;
}
```

属性和值之间用冒号分隔，属性-属性值对之间用分号分隔。

对图 1-9 所示的盒子模型定义元素 ID 样式的 CSS，代码如下：

```
#box { width: 600px;
       height:120px;
       margin: 20px ;
       padding: 15px;
       border:10px solid #f60;
}
```

或写成如下形式：

```
#box { width: 600px;height:120px; margin: 20px ;padding: 15px;
border:10px solid #f60; }
```

4. Visual Studio 2010 版本的样式菜单

在 Visual Studio 2010 版本中，打开样式表文件，菜单栏会自动增加“样式”菜单，如图 1-10 所示，包括“添加样式规则”和“生成样式”命令，用户可以通过“添加样式规则”创建不同的样式，如图 1-11 所示。

图 1-10　Visual Studio 2010 样式菜单和工具栏界面

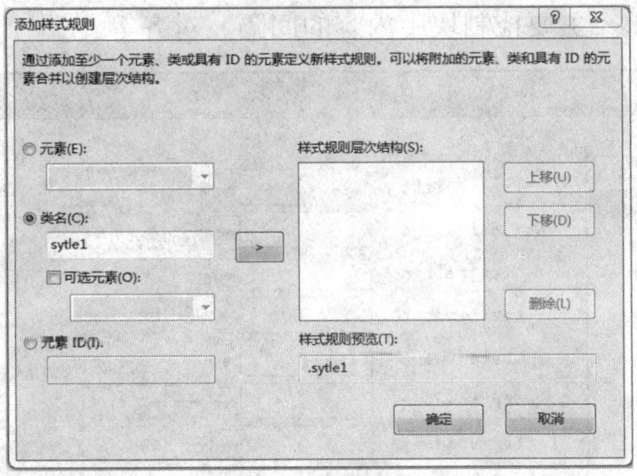

图 1-11　添加样式规则

在样式表文件中定义样式类型和名称后，单击图 1-10 中的“生成样式”按钮，在弹出的样式设置对话框中可设置的 CSS 样式属性，包括对字体、块、背景、边框、方框、定位、布局、列表、表格共 9 大类进行设置，下面分别进行介绍。

1）字体属性。设置网页中的文字的字体、颜色、风格等，如图 1-12 所示。

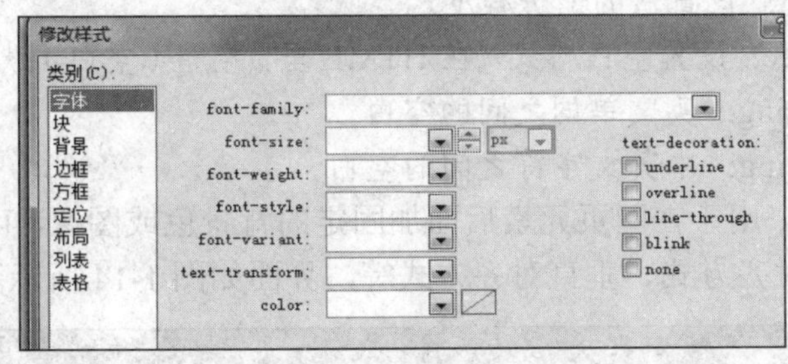

图 1-12　字体属性

- font-family：指定文本的字体，如定义黑体字体，可在 font-family 下拉列表中选择黑体。
- font-size：对文字的大小进行设置，如定义 16 号字，可在 font-size 下拉列表中选择 16px。
- font-weight：设置字体的粗细，如定义字体加粗，可在 font-weight 下拉列表中选择 bold。
- font-style：设置字体的风格，如定义字体倾斜，可在 font-style 下拉列表中选择 italic。

- font-variant：设置文本的大小写字母等，如设定字体为小型大写字母，可在 font-variant 下拉列表中选择 small-caps。
- text-transform：设置字母的大小写或设置全角字符等，如将所有单词设置为首字母大写，可在 text-transform 下拉列表中选择 capitalize。
- color：设置文本的颜色，如设置红色字体可在 color 下拉列表中选择#f00。
- text-decoration：设置链接文本的显示状态，如设置不带下划线的链接，可在 text-decoration 区域选中 none 复选框。

2）块属性。CSS 中的区块指的是网页中的文本、图像和层等替代元素，属性内容如图 1-13 所示，主要控制块中内容的间隔、对齐等。

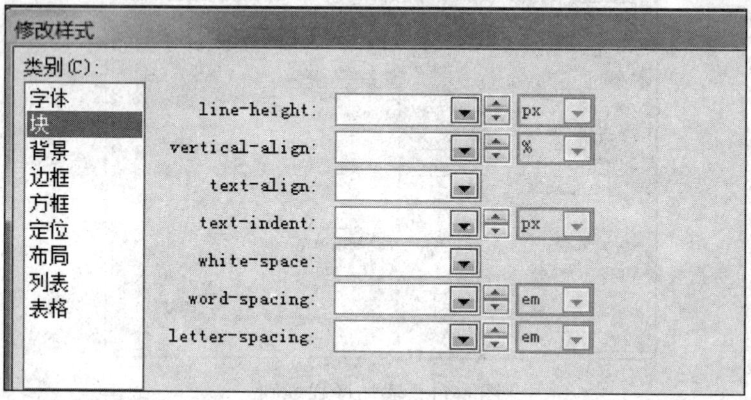

图 1-13　块属性内容

- line-height：行高设置。
- vertical-align：块的垂直对齐方式，只适用一些特定的元素，如 td、img 等。
- text-align：块的水平对齐方式，如水平居中。
- text-indent：设置块的缩进程度。
- white-space：设置空白格式，在 HTML 里，空格（空白）默认是被忽略的。
- word-spacing：英文单词之间的空白。
- letter-spacing：中英文字符之间的空白。

3）背景属性。用于在网页元素后面加固定的背景色或图像，可同时设置背景是否重复、水平对齐方式、垂直对齐方式等，界面如图 1-14 所示。

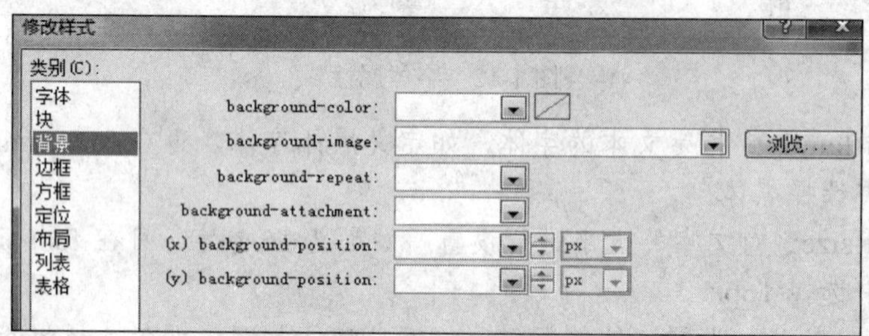

图 1-14　背景属性

- background-color：设置背景颜色。
- background-image：设置背景图片。

- background-repeat：当显示图片的位置与图片大小不同时，确定背景图片是否重复显示及如何重复显示。
- background-attachment：确定背景图片是固定在原始位置还是随内容一起滚动。
- background-position（x）或（y）：指定图片相对元素的初始位置（对齐方式）。

4）边框属性。边框是位于外边距和内边距间的线。使用CSS的边框属性，可以创建出如同表格一样效果的边框样式，可应用于任何元素上，每个边框分为上、右、下、左四个边，如图1-15所示。

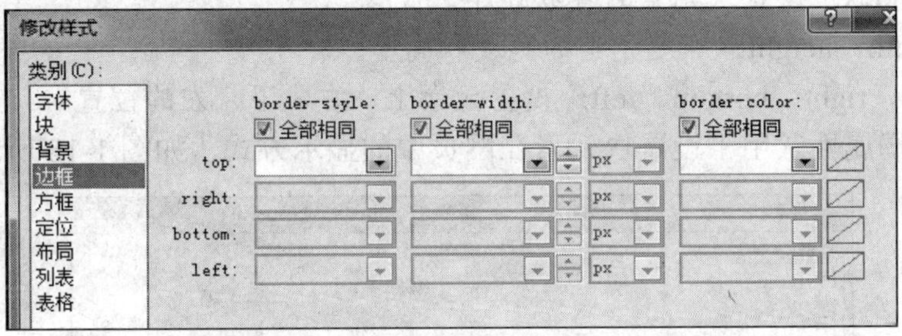

图1-15　边框属性

- border-style：设置边框的样式。
- border-width：设置边框的粗细。
- border-color：设置边框的颜色。

5）方框属性。CSS把所有块元素都当成由一个方框包围，可对每个块元素设置外边距和填充空间大小，可分别设置上、右、下、左四个方向的边距，属性如图1-16所示。

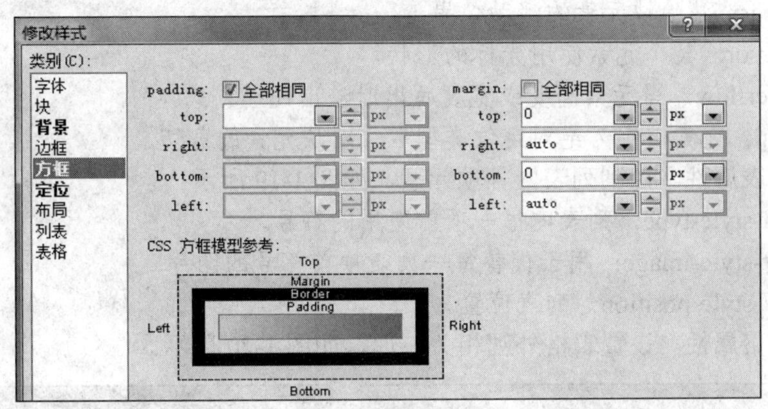

图1-16　方框属性

- padding：块元素内边距，包括上、下、左、右四个参数值。
- margin：块元素外边距，包括上、下、左、右四个参数值。

6）定位属性。利用定位属性，可以建立列式布局，即布局的一部分与另一部分重叠，包括如图1-17所示的几种CSS属性。

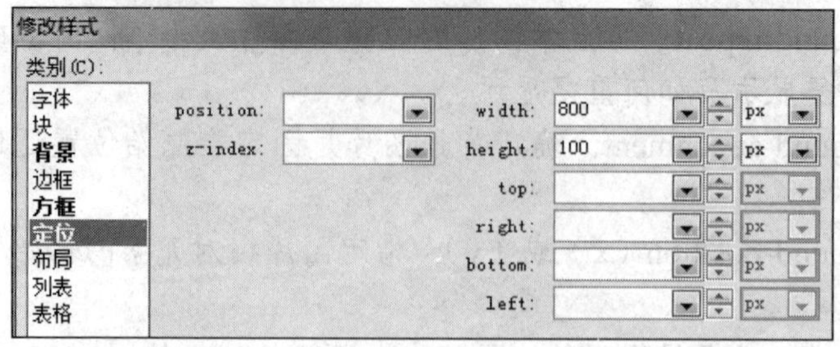

图 1-17 定位属性

- position：确定定位类型，如左上角位置。
- z-index：设置块元素的叠放顺序。
- width、height：确定元素的宽度和高度。
- top、right、bottom、left：设置元素上、右、下、左的位置。

7）布局属性。用于设置块元素在网页中的显示方式，如图 1-18 所示。

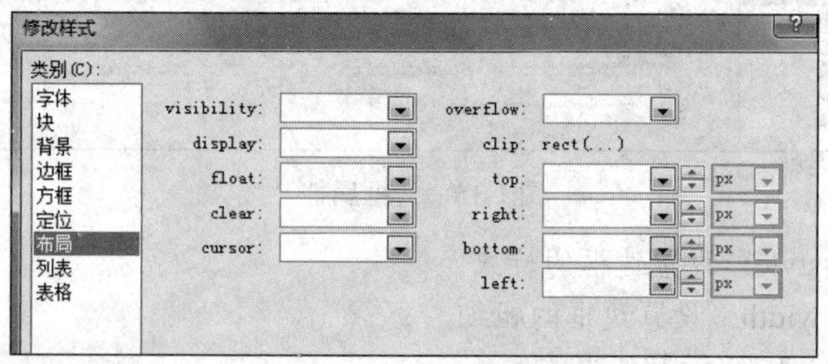

图 1-18 布局属性

- visibility、display：控制元素的隐藏、显示模式。
- float：设置块元素的浮动效果。
- clear：清除块元素的浮动效果。
- cursor：某个元素使用光标的形状。
- overflow：当元素高度或宽度超出时溢出处理方式。
- clip：元素被定为绝对定位类型后，对块元素的剪切。

8）列表属性。控制列表内各项元素，如图 1-19 所示。

- list-style-type：列表内每一项前使用的符号。
- list-style-image：用于代替每一列表项前符号的图片。
- list-style-position：列表位置。

9）表格属性。设置表格外观相关属性，如图 1-20 所示。

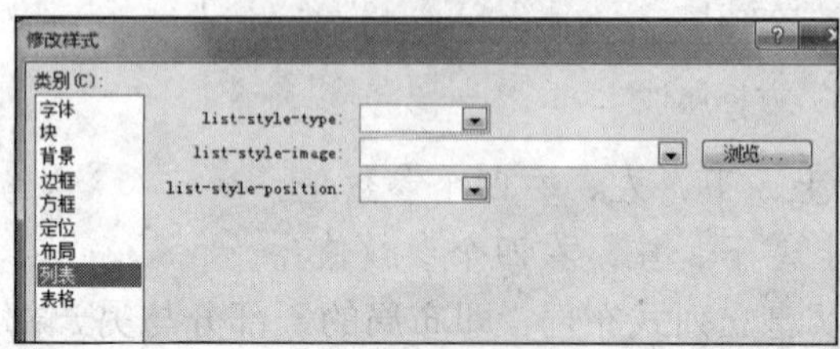

图 1-19 列表属性

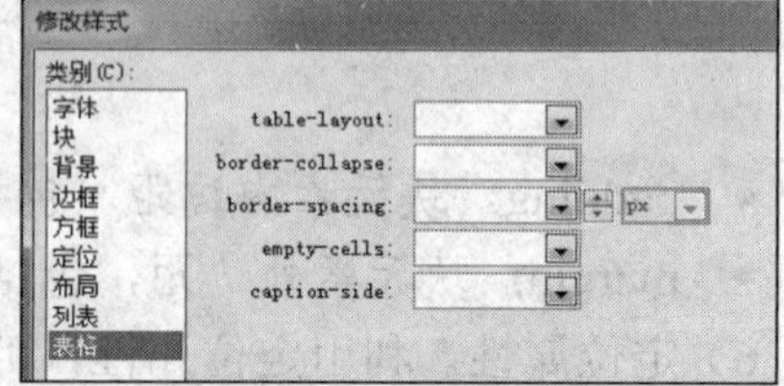

图 1-20 表格属性

- table-layout：完成表布局的方式。
- border-collapse：设置表格的边框是否被合并为一个单一的边框。
- border-spacing：设置相邻单元格的边框与边框间的距离（空白）。
- empty-cells：设置是否显示表格中的空单元格（仅用于“分离边框”模式）。
- caption-side：设置表格标题的位置。

说　明

Visual Studio 2015及以上版本偏向有CSS样式基础的学习者使用，不再设置“样式”菜单，用户只能在样式表文件中手动编写CSS样式代码，该版本支持CSS3样式设置。

1.2.2 任务实施：设计Web页面及CSS样式应用

1. 设计Web窗体页面

在任务1.1创建的web1网站中双击Default.aspx文件，工作区出现如图1-21所示界面，用户可通过单击左下角的“设计”“拆分”“源”三种视图方式查看网页，进入Default.aspx页面的设计视图后，将一个标签控件和一个按钮控件从标准工具箱中拖动到页面中，选中标签控件，在属性面板中设置标签控件的ID值为lblmessage，Text值为空，设置按钮控件的ID值为btnsubmit，Text值为“显示”。

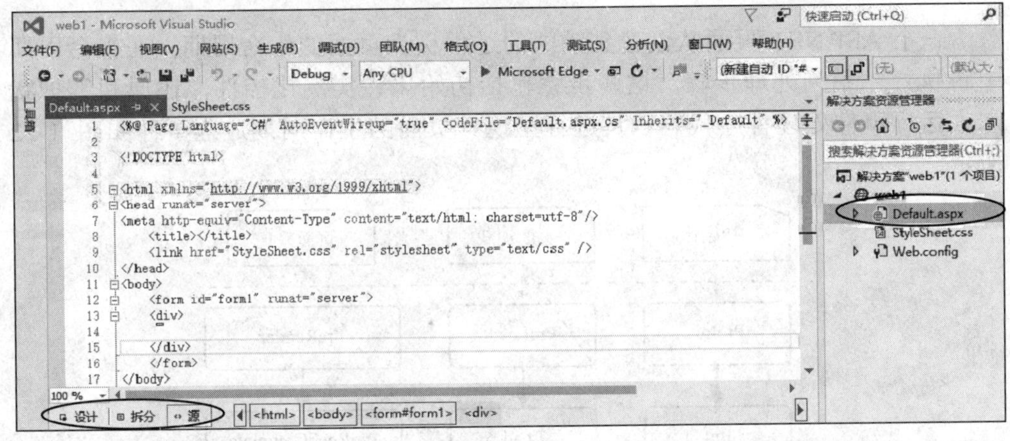

图1-21　网页工作区布局

2. 添加样式表文件

在解决方案资源管理器面板中，右击网站web1，在弹出的快捷菜单中选择“添加→样式表”命令，在弹出的“指定项名称”对话框中输入样式表文件名StyleSheet，单击“确定”按钮，可在站点根目录下生成名为StyleSheet.css的外部样式文件。双击打开样式表文件，编写名为.style1的类样式，代码如下：

```
.style1{ width:500px; margin:auto; }
```

3. CSS 样式应用

网页对外部样式文件的引用需要在窗体页面的<Head>标签内编写样式表文件引用代码，将 Default.aspx 文件切换到源代码视图，在<head>标签内添加如下代码。

```
<link href="StyleSheet.css" rel="stylesheet" type="text/css" />
```

其中，href="StyleSheet.css"指明所引用样式文件的路径，rel="stylesheet"指链接的是一个样式表文件。

在标签控件和按钮控件所在的 div 层中添加类样式 .sytle1 的引用，代码如下：

```
<div class="style1">……</div>
```

任务 1.3 编辑后台代码

页面生命周期与断点调试（视频）

任务描述：

在任务 1.2 中所创建的前端页面添加按钮控件，统计用户单击按钮的次数，并在网页生命周期的某个事件阶段修改绑定的数据值，使得最后显示结果发生变化。

1.3.1 关键知识：Web 页面的生命周期事件

一个 ASP.NET 页面从创建到销毁的过程称为页面的生命周期。在生命周期中将执行一系列处理步骤，这些步骤包括初始化、实例化控件、还原和维护状态、运行事件处理程序代码以及进行呈现。页面的生命周期过程事件如图 1-22 所示。

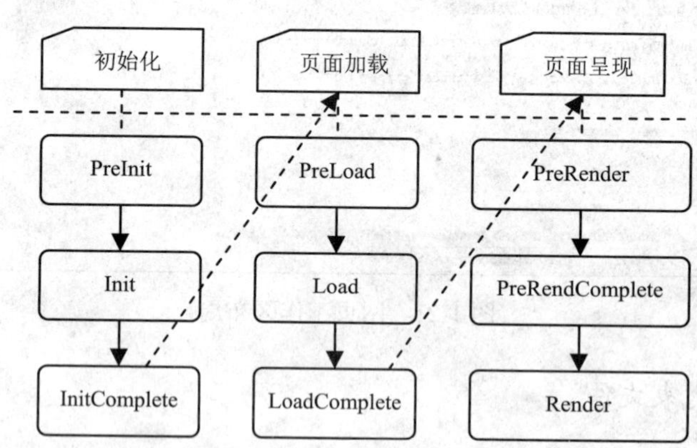

图 1-22 页面生命周期过程事件

页面生命周期事件说明如表 1-1 所示。

表 1-1 页面生命周期事件说明

事件名称	说明
PreInit	通常在此事件中检查 IsPostBack 属性，动态创建控件或动态设计主题
Init	页面所有控件初始化完成时触发，可在此事件中访问控件初始化属性。在 Web 窗体的生命周期中该事件只触发一次
InitComplete	此事件发生时，页面上所有控件和页面本身初始化已经完成
PreLoad	页面加载前触发，在此事件中加载页面和控件的视图状态，并处理回发数据
Load	页面加载事件，可在此事件中设置控件属性
PreRender	页面即将呈现时触发，可在此事件中对页面或控件属性值及外观进行最后的修改
Unload	在 Web 窗体从内存中卸载时触发，在 Web 窗体的生命周期中该事件只触发一次

一般来说，页面要经历表 1-2 的各个阶段。除了页面生命周期阶段以外，在请求前后还存在应用程序阶段，但是这些阶段并不特定在页面。后置代码页面中的 Page_Load 事件在 Load 加载事件内执行。

表 1-2 应用程序阶段

阶段	说明
页请求	页请求发生在页生命周期开始之前。用户请求页时，ASP.NET 将确定是否需要分析和编译页（从而开始页的生命周期），或者是否可以在不运行页的情况下发送页的缓存版本以进行响应
开始	在开始阶段，将设置页属性，如 Request 和 Response。在此阶段，页还将确定请求是回发请求还是新请求，并设置 IsPostBack 属性。此外，在开始阶段，还将设置页的 UICulture 属性
页初始化	页初始化期间，可以使用页中的控件，并设置每个控件的 UniqueID 属性。此外，任何主题都将应用于页。如果当前请求是回发请求，则回发数据尚未加载，并且控件属性值尚未还原为视图状态中的值
加载	加载期间，如果当前请求是回发请求，则将使用从视图状态和控件状态恢复的信息加载控件属性
验证	在验证期间，将调用所有验证程序控件的 Validate 方法，此方法将设置各个验证程序控件和页的 IsValid 属性
回发事件处理	如果请求是回发请求，则将调用所有事件处理程序
呈现	在呈现之前，会针对该页和所有控件保存视图状态。在呈现阶段中，页会针对每个控件调用 Render 方法，它会提供一个文本编辑器，用于将控件的输出写入页的 Response 属性的 OutputStream 中
卸载	完全呈现页并已将页发送至客户端、准备丢弃该页后，将调用卸载。此时，将卸载页属性（如 Response 和 Request）并执行清理

1.3.2 任务实施：事件代码的编写

1. 编写按钮事件代码

根据任务需要，完成按钮单击事件代码编写，步骤如下：

1）定义全局变量。在 Default.aspx 设计视图页面双击按钮，进入按钮事件编辑页面 Default.aspx.cs。定义静态类全局整形变量 i，并赋值为 0，代码如下：

```
Public static int i=0;
```

2）编写按钮单击事件。在按钮单击事件中编写事件代码，统计按钮单击次数，并用标签进行显示，代码如下：

```
protected void btnsubmit_Click(object sender, EventArgs e)
{   i=i+1;
    lblmessage.Text="你单击了："+i.ToString()+" 次按钮"; }
```

3）调试运行页面。单击工具栏按钮 运行页面，单击按钮后标签可正确显示按钮的值。

4）添加标签控件。在 Default.aspx 设计视图页面添加一个标签控件，设置 ID 属性值为 lblbind，Text 属性为空，在 btnsubmit_Click 事件中添加代码，使得标签显示按钮的单击次数，代码如下：

```
Lblbind.Text="你单击了:"+i.ToString()+" 次按钮";
```

5）运行页面，效果如图1-23所示。

2. 重载页面的生命周期事件

重载页面的生命周期事件，步骤如下：

1）重载生命周期事件。在 Default.aspx.cs 页面重载图 1-22 所示的 9 个网页生命周期事件。

2）修改控件绑定值。在 OnPreRender 事件或 OnPreRenderComplete 事件中修改 lblbind 标签显示的值，重载事件及在 OnPreRender 事件中重新修改控件值代码如下：

```
protected override void OnPreInit(EventArgs e)
    {   base.OnPreInit(e);    }
    protected override void OnInit(EventArgs e)
    {   base.OnInit(e);    }
    protected override void OnInitComplete(EventArgs e)
    {   base.OnInitComplete(e);    }
    protected override void OnPreLoad(EventArgs e)
    {   base.OnPreLoad(e);    }
    protected override void OnLoad(EventArgs e)
    {   base.OnLoad(e);    }
protected override void OnLoadComplete(EventArgs e)
    {   base.OnLoadComplete(e);    }
    protected override void OnPreRender(EventArgs e)
    {   lblbind.Text="在页面呈现前我改变了值";    }
    protected override void OnPreRenderComplete(EventArgs e)
    {   base.OnPreRenderComplete(e);    }
    protected override void Render(HtmlTextWriter writer)
    {   base.Render(writer);    }
```

3）运行查看效果。运行页面，效果如图 1-24 所示。

你单击了：3 次按钮
显示
你单击了：3 次按钮

图 1-23　显示按钮单击次数

你单击了：3 次按钮
显示
在页面呈现前我改变了值

图 1-24　页面呈现前修改控件绑定值

说 明

从页面效果图可以看出，在页面预呈现事件或预呈现完成事件中重新绑定标签控件的值，则页面完全加载后，标签控件显示的是修改后的值。也就是说在页面的预呈现阶段，可对控件绑定的内容做进一步修改，使页面呈现后用户看到的内容为已经修改后的内容。

任务1.4 断点调试、监视应用程序

任务描述：

了解网页的运行方式，了解断点设置的目的，掌握断点的设置和在监视窗口监控变量值的变化方法。对任务1.3中定义的每个生命周期事件和按钮单击事件、页面加载事件中的语句设置断点，在调试模式下启用调试器并通过设置监视窗口监视变量值的变化。

1.4.1 关键知识：网页的运行及断点调试

1. 网页的运行方式

（1）在调试模式下运行网页

单击“调试”菜单的“启动调试”命令，或按快捷键F5，或单击工具栏上的“调试”按钮▶，可以在调试模式下运行当前网页。

（2）不进行调试直接运行网页

在“调试”菜单界面中直接单击“开始执行（不调试）”命令，不启动调试器直接运行网页。

（3）直接在浏览器中查看网页

在解决方案资源管理器中，右击要查看的网页，在弹出的快捷菜单中选择“在浏览器中查看”命令运行网页，如图1-25所示。

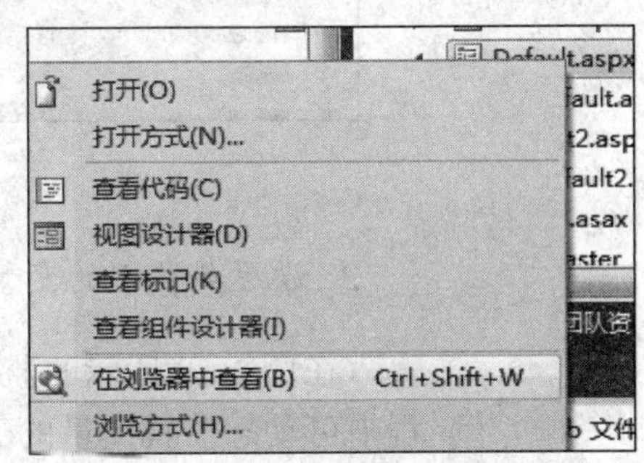

图1-25 在浏览器中查看网页

2. 断点设置

在调试状态下运行程序时，可通过设置断点让编程人员能监控程序运行过程中的数据变化情况，检验代码是否正确。如果程序出错了，可以通过在程序中设置断点，程序执行到断点处会停下来，这时通过监视窗口添加监视变量，检查各种变量的值，快速排错。

在后置代码页面设置断点方法有如下三种。

（1）通过菜单命令设置：光标定位到要设置断点的行，单击“调试”菜单的“切换断点”命令设置断点。

（2）通过快捷菜单设置：光标定位到要设置断点的行，右击，在弹出的快捷菜单中选择“断点→插入断点”命令设置断点，如图 1-26 所示。

（3）通过将鼠标移动到需要设置断点所在行的最左侧灰色底纹处，当鼠标指针变成指向左边时单击鼠标左键，可看到灰色底纹处出现红色圆形断点图案，如图 1-27 所示。

图 1-26　快捷菜单插入断点　　　　图 1-27　设置断点后效果图

1.4.2　任务实施：断点调试及变量监视

对任务 1.3 中定义的每一个生命周期事件和按钮单击事件、页面加载事件中的语句设置断点或对该事件的结束大括号设置断点，效果如图 1-27 所示。程序设置断点后，在调试模式下可以启用调试器并通过设置监视窗口监视变量值的变化，步骤如下。

1. 网页的调试运行

单击“调试”按钮 ▶ 调试程序，程序运行到第一个断点处停下来，这时可设置监视窗口监视变量值或控件属性值的变化，方法是单击“调试”菜单，选择“窗口→监视→监视 1”命令，如图 1-28 所示，设置监视窗口。

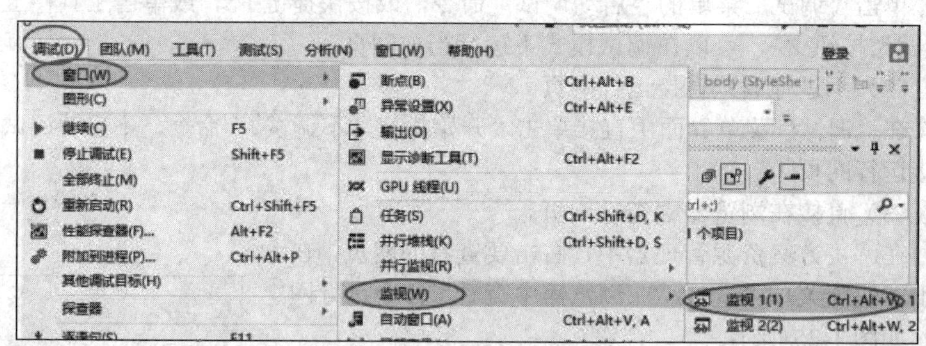

图 1-28　设置监视窗口

2. 设置要监视的变量

在图 1-29 所示的监视窗口中，在名称栏输入要监视的变量值，则程序运行过程中可动态监视变量的变化过程。在监视窗口的名称栏依次输入下面的变量进行监视：i、lblmessage.Text、lblbind.Text。

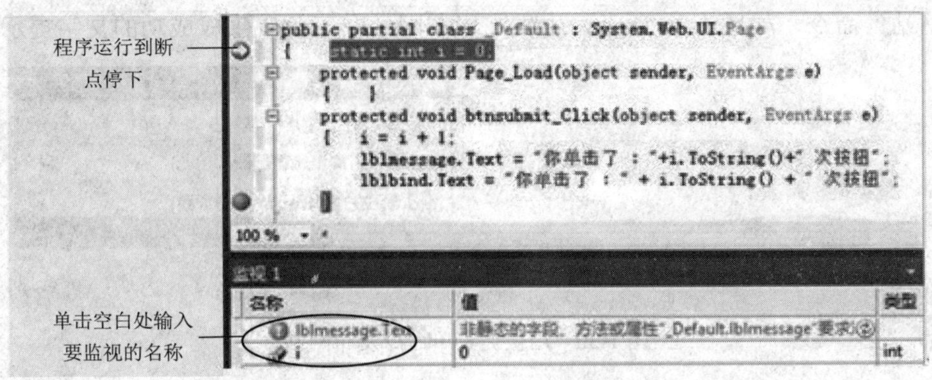

设置要监视的变量（图片）

图 1-29　设置要监视的变量

3. 监视程序的运行顺序

通过对任务 1.3 中定义的每一个事件设置断点，调试时程序运行到每个断点处停下，可监视到每一个事件执行的先后顺序，了解页面生命周期的 9 个事件过程，单击工具栏上的“调试”按钮 ▶ 可继续运行程序。

任务 1.5　部署 Web 应用程序和测试网站

任务描述：

了解网站部署的常用方法，对前面 4 个任务过程中完成的网站进行部署，掌握在不同操作系统下 Web 服务器的配置方式，并对网站进行发布和测试。

1.5.1　关键知识：网站的部署发布方式

Web 应用程序的部署可以使用 FTP 方式传输、发布站点、制作 MSI 安装程序、复制站点等多种方式。采用 FTP 传输方式，需要服务器端开通端口并提供登录用户名和密码，通过 FTP 方式将网站源文件上传到服务器端，由服务器端进行相关的配置完成网站的部署。在本机直接发布站点则需要在本机配置 IIS 服务器，如果需要以 HTTP 方式访问，则需要申请相关的域名和空间。制作 MSI 安装程序需要另外下载 MSI 安装包制作软件，根据提示步骤导航对需要发布的站点文件进行安装制作。

1.5.2　任务实施：部署发布网站

下面介绍发布站点方式部署 web1 网站，同时在本机测试网站是否部署成功。

1. 生成网站

在解决方案资源管理器中，右击网站项目名，在弹出的快捷菜单中选择“生成网站”命令，如图 1-30 所示，生成完毕在网站左下角有生成成功的文字提示。

图 1-30 用快捷菜单命令发布网站

2. 发布网站

选择图 1-30 快捷菜单中的“发布 Web 应用”命令，弹出如图 1-31 所示的“发布 Web”对话框。

在图 1-31 中的“选择发布目标”中选择“自定义”，在弹出的“新建自定义配置文件”对话框中输入配置文件名 web.config，单击“确定”按钮进入图 1-32 所示界面。

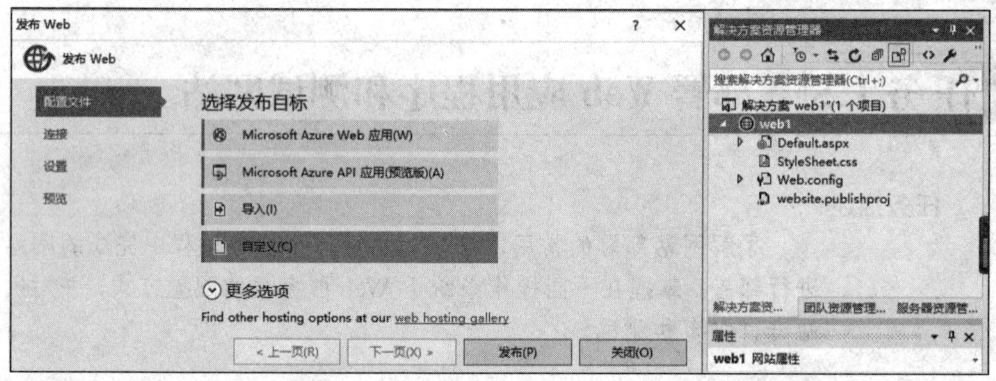

图 1-31 “发布 Web”对话框

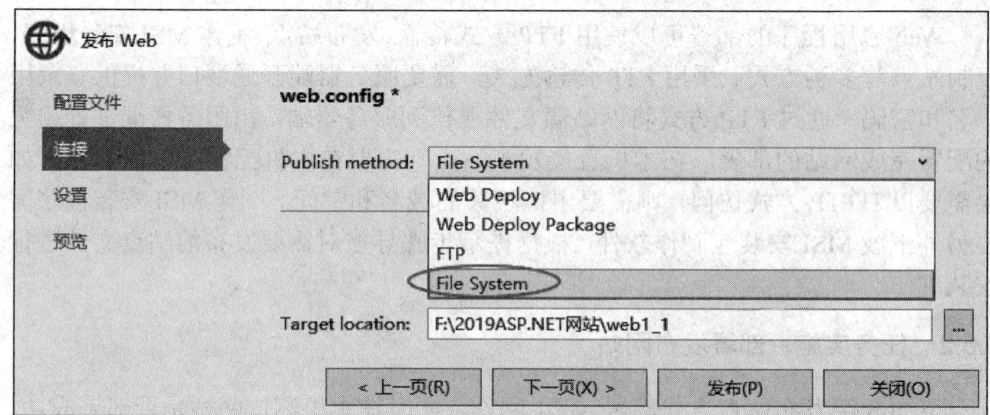

图 1-32 发布方式和发布路径

在图 1-32 中可选择多种方式发布，这里选择文件系统方式发布，在目标位置中选择需要发布网站的路径。单击“下一页”按钮进入图 1-33 所示的设置界面，按需要勾选发布选项，单击“下一页”按钮，进入“预览”发布界面，单击“发布”按钮，完成发布后可在图 1-32 中指定的发布网站文件夹中查看到所发布生成的网站。

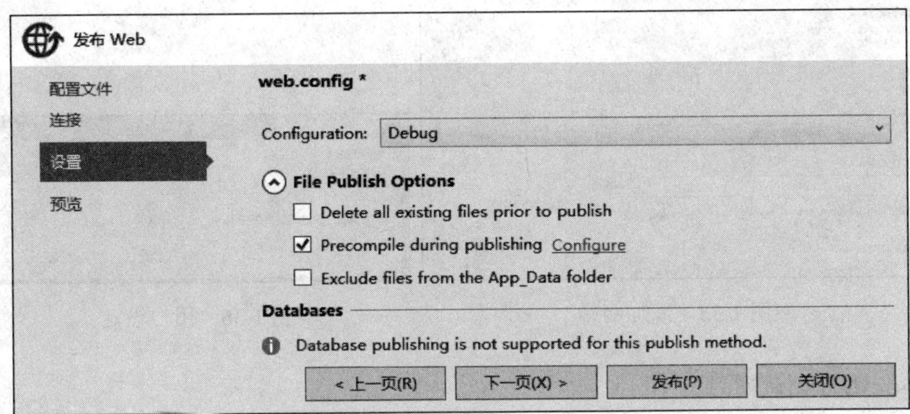

图 1-33 发布设置界面

3. 配置服务器

在控件面板中，通过“管理工具”进入“Internet 信息服务（IIS）管理器”界面，或在“开始”菜单的“运行”对话框中输入 inetmgr，单击“确定”按钮后进入“Internet 信息服务（IIS）管理器”界面，如图 1-34 所示。在左边“连接”栏选择网站，在右边的操作栏单击“添加网站”图标，进入图 1-35 所示对话框，在“网站名称”文本框中填写 web1（可以和实际网站名不同），“应用程序池”可选择 DefaultAppPool，或单击“选择”按钮选择合适的框架版本。物理路径选择刚发布的网站路径，绑定端口号改为 81。

单击图 1-35 中“连接为”按钮，进入图 1-36 所示的传递身份验证的用户设定对话框，选择“特定用户”，用户名和密码为登录操作系统的用户名和密码。设置完后再单击“测试设置”按钮，身份验证和授权验证都通过。

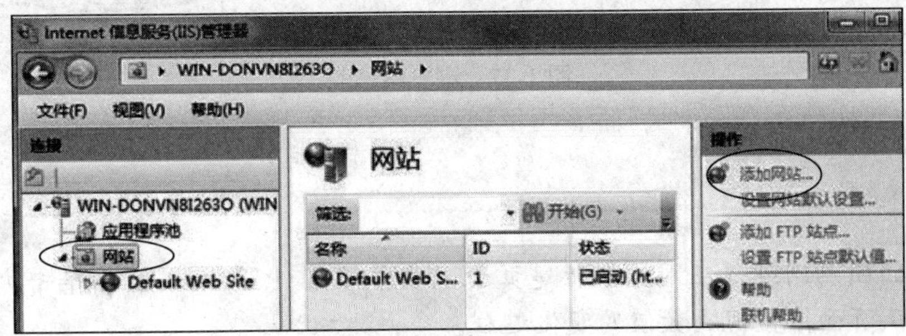

图 1-34 IIS 信息服务器

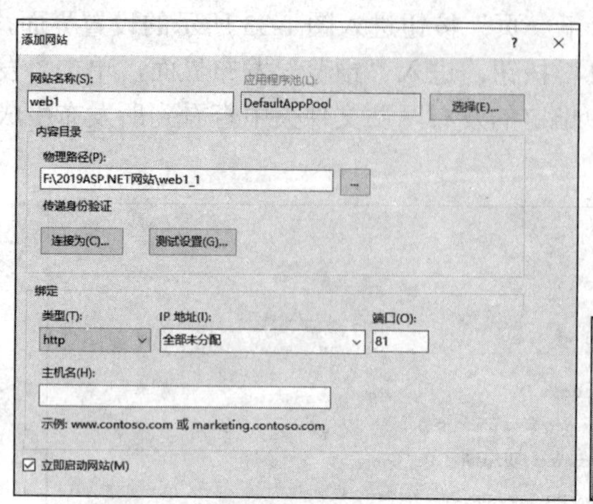

图 1-35　添加网站

图 1-36　用户设定

4. 运行测试网站

如图 1-37 所示，单击“Internet 信息服务（IIS）管理器”界面右侧的“浏览*：81（http）”链接，或在浏览器地址栏输入 http://localhost:81/，可看到运行结果。

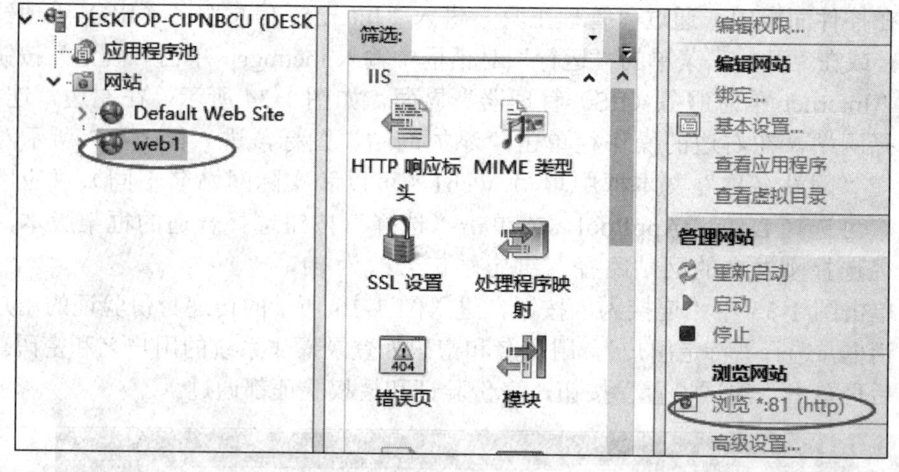

图 1-37　浏览网站

独立实践

创建一个自己的团购网站，在网站中新建页面，参考任务 1.3，编写页面单击次数统计，并设置断点调试页面，监视次数值的变化过程。

课 后 习 题

1. 多选题：下列选项中，可以存放所创建的网站的位置有哪些？（　　）

A. 以文件系统的方式存放在本机

B. 以 HTTP 方式存放在互联网上指定的远程站点

C. 以 FTP 方式存放在局域网指定的站点上

D. 以 HTTP 方式存放在本地 IIS 服务器的一个站点上

2. 单选题：用文件系统方式创建了 ASP.NET 网站后，下面哪种说法是正确的？（　　）

A. 可以用 Visual Studio 内置的 Web 服务器进行调试

B. 需要安装 Tomcat 服务器

C. 必须要编写 WebServer.exe 程序支持

D. 操作系统必须安装 IIS 信息服务器

3. 多选题：网页默认的生命周期包括下面哪些事件？（　　）

A. 初始化　　B. 加载　　C. 页面呈现　　D. 页面验证

4. 多选题：设置断点调试程序的好处有哪些？（　　）

A. 查看阶段性变量值　　B. 快速排错

C. 监视变量的变化过程　　D. 让程序慢下来

5. 判断题：在生命周期的 Init 初始化阶段会对控件值进行初始化。（　　）

6. 填空题：设置标签的 Text 属性初始值为“标签 1”，如果在按钮单击事件中给标签赋新值为“标签 2”，则在单击按钮后，页面刷新的生命周期的 Init 初始化阶段标签值是________，在初始化完成，进入页面 PreLoad 加载阶段时标签值是__________。

7. 多选题：ASP.NET 网站可用什么语言开发？（　　）

A. Visual C#语言　　B. VB 语言　　C. C++语言　　D. JAVA 语言

8. 判断题：Page_Load 事件是在控件的加载事件完成后，在页面的 LoadComplete 事件之前运行的。（　　）

项目2 数据的绑定

学习目标

知识教学目标

- 掌握将属性、方法、变量表达式、数组绑定到控件或直接在前端页面显示的方法
- 通过数据控件获取并管理数据库信息
- 绑定值的获取

技能培养目标

- 掌握数据绑定的方式方法
- 能够通过数据控件和数据源控件管理数据库

数据的绑定表达式可以是一个变量、一个带返回值的方法、某个控件的某个属性值、某个对象的某个字段或者属性值，也可以直接就是一个字符串等。ASP.NET 开发平台创建的每个网页可以包括两个文件：一是前端窗体页面，二是后台后置代码页面，通过数据的绑定，实现前端页面和后置代码页面之间的数据传递。

任务2.1 绑定到属性

任务描述：

本任务要将后置代码页面中定义的公共属性绑定到窗体页面上直接显示或绑定到服务器控件上，也可将一个控件的属性值绑定到另一个控件上。

绑定到属性（视频）

2.1.1 关键知识：公共属性的绑定

将后置代码文件中定义的公共属性绑定到前端页面的绑定书写方式为<%#属性名%>。基于属性的数据绑定所涉及的属性必须包含 get 访问器。在数据绑定过程中，数据显示控件需要属性的 get 访问器从属性中读取数据。

除了在源代码视图进行属性绑定外，还需要后置代码页面的 Page_Load 事件中调用 Page 类的 DataBind()方法，以便执行<%#...%>代码块中的代码，在 Web 页面上从属性 get 访问器中读取数据并显示出来。

绑定到属性、方法和变量（图片）

2.1.2 任务实施：将公共属性绑定到前端页面

1. 绑定到公共属性

将后置代码文件中定义的公共属性绑定到前端页面，步骤如下。

（1）新建网站及文件

新建名为 web2 的空网站，右击网站名，在弹出的快捷菜单中选择“添加→Web 窗体”命令，修改网页名称为 task1.aspx；右击网站名，在弹出的快捷菜单中选择“添加→样式表”命令，样式文件命名为 StyleSheet.css，双击 task1.aspx，在源代码视图的<head>标签中添加对样式文件的引用，代码如下：

```
<link href="StyleSheet.css" rel="Stylesheet" type="text/css" />
```

（2）定义并引用样式

在样式文件 StyleSheet.css 中定义样式，代码如下：

```
.font16  {    font-family: 黑体;font-size:16px;    }
.font16 span  {     color: #336699;    }
```

在 task1.aspx 源代码的视图层引用 font16 类样式，代码如下：

```
<div class="font16">
</div>
```

（3）定义公共属性

在 task1.aspx.cs 页面上定义两个公共属性，分别为 dt 和 hello。定义 dt 公共属性，返回字符串，代码如下：

```
public string dt {
        get {
            string date;
            date=System.DateTime.Now.ToString();
```

```
            return date;  }
  }
```

定义 hello 公共属性，返回字符串，代码如下：

```
public string hello {
        get {
           return "hello,你好！";    }
}
```

（4）源代码视图进行属性绑定

1）在 task1.aspx 页面引用了样式的层中添加引用标题样式的说明文字，代码如下：

```
<h3>绑定到公共属性</h3>
```

2）直接引用公共属性，在层里直接添加如下代码：

```
<span>直接显示数据属性的值：</span><%# hello %>
```

3）添加一个标签控件 Label1，将标签控件的属性绑定到公共属性<%# 公共属性名 %>，代码如下：

```
 <span>绑定到标签控件：</span><asp:Label ID="Label1" runat="server"
Text="<%# hello %>"></asp:Label>
```

添加一个文本框控件 TextBox1，将文本框控件的属性绑定到公共属性<%# 公共属性名 %>，代码如下：

```
    <asp:TextBox ID="TextBox1" runat="server" Text="<%# dt %>">
</asp:TextBox>
```

（5）后置代码页面绑定

除了在源代码视图进行属性绑定外，还需要在 task1.aspx.cs 页面的 Page_Load 事件中调用 Page 类的 DataBind()方法，执行<%#...%>代码块中的代码，在 Web 页面上从属性 get 访问器中读取数据并显示出来。

```
protected void Page_Load(object sender,EventArgs e)
    {  Page.DataBind();   }
```

运行页面，效果如图 2-1 所示。

绑定到公共属性
直接显示数据表达式的值：hello,你好！
绑定到标签控件：hello,你好！
绑定到文本框控件： 2015-2-17 8:26:16

图 2-1　绑定到公共属性

2. 绑定到控件属性

将一个控件的值绑定以另一个控件，步骤如下。

（1）添加层和样式引用

在 task1.aspx 的源代码视图中继续添加一个层，在层里面添加引用标题样式的说明文字，代码如下：

```
<div class="font16">
<h3>绑定到控件属性</h3>
</div>
```

（2）添加控件和绑定

1）在层里添加一个文本框控件 TextBox2，将标签控件 Label1 属性值绑定到文本框控件，代码如下：

```
    <asp:TextBox ID="TextBox2" runat="server" Text="<%#Label1.Text %>">
</asp:TextBox>
```

2）在层里添加一个单选列表框控件 RadioButtonList1。在设计视图中，选择单选列表框控件右上角的任务窗口图标 ▷，在弹出的任务窗口选项里勾选 ☑ 启用 AutoPostBack，如图 2-2 所示，勾选 AutoPostBack 后，单击单选按钮中的任一个选项，可自动刷新页面。再单击任务窗口中的“编辑项”选项，设置单选列表项内容，如图 2-3 所示。

图 2-2 单选列表按钮任务窗口

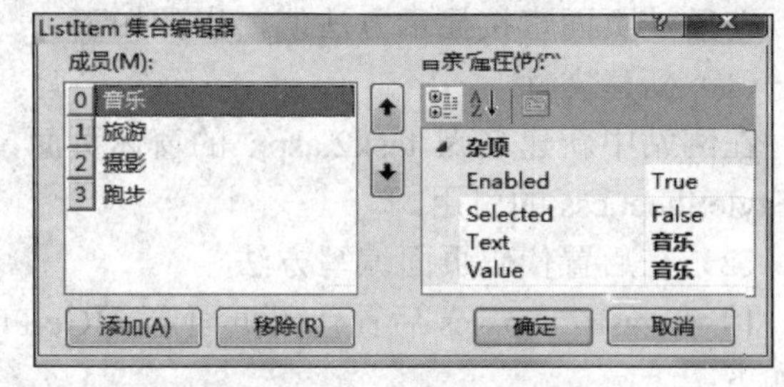

图 2-3 编辑单选列表按钮项

源视图生成的代码如下：

```
<asp:RadioButtonList ID="RadioButtonList1" runat="server"
AutoPostBack ="True">
            <asp:ListItem>音乐</asp:ListItem>
            <asp:ListItem>旅游</asp:ListItem>
            <asp:ListItem>摄影</asp:ListItem>
            <asp:ListItem>跑步</asp:ListItem>
</asp:RadioButtonList>
```

3）继续添加一个标签控件 Label2，将单选按钮中选中的值绑定到标签控件，代码如下：

```
<span>你的爱好是:</span><asp:Label ID="Label2" runat="server"
Text= "<%#RadioButtonList1.SelectedValue %>"></asp:Label>
```

运行页面，得到绑定到控件属性的页面效果，如图 2-4 所示。

绑定到控件属性
hello,你好！
你的爱好是：音乐
◉ 音乐
○ 旅游
○ 摄影
○ 跑步

图 2-4 绑定到控件属性

任务 2.2 绑定到方法

任务描述：

本任务将后置代码页面定义的方法绑定到前端页面的控件属性上，或通过直接绑定方法的方式在前端页面显示结果。

绑定到方法（视频）

2.2.1 关键知识：方法的绑定

将后置代码文件中定义的方法直接显示到前端页面的绑定书写方式为：<%#方法名（参数）%>或<%=方法名（参数）%>。也可以将方法绑定到服务器控件属性，服务器控件属性="<%#方法名（参数）%>"进行绑定。

同样，除了在源代码视图进行方法绑定外，还需要后置代码页面的 Page_Load 事件中调用 Page 类的 DataBind()方法。

2.2.2 任务实施：将方法绑定到前端页面

1. 直接应用绑定方法

在前端页面直接显示方法值，步骤如下。

（1）新建文件

在网站中新建名为 task2.aspx 的窗体页面，在源代码视图中添加对样式表文件 StyleSheet.css 的引用。

（2）在后置代码页面编写方法

1）在 task2.aspx.cs 后置代码页面定义 GetFunctionStr()，返回字符串类型，代码如下：

```
protected string GetFunctionStr()
    {   return "function";    }
```

2）在 task2.aspx.cs 后置代码页面定义方法 str()，判断是否为空字符，返回字符串类型，代码如下：

```
public string str()  {
   string a="abc";
   if( a=="")
     return "空字符";
   else
     return a;    }
```

3）在 task2.aspx.cs 后置代码页面定义带参数的方法 EvenOrOdd（string strNumber)，判断参数值的奇偶数，返回字符串类型，代码如下：

```
protected string EvenOrOdd(string strNumber) {
   int intNumber=int.Parse(strNumber);
   if (intNumber%2==0)
    return "偶数";
   else
    return "奇数"; }
```

（3）在前台代码页面绑定方法

1）在 task2.aspx 源代码视图界面添加层，并引用类样式 font16，然后添加标题，代码如下：

```
<div class="font16"><h3>绑定到方法</h3></div>
```

2）在层中继续添加两个层，分别绑定到 GetFunctionStr()方法和 str()方法，代码如下：

```
<div> <span>获得第一个方法值：</span> <%= GetFunctionStr() %></div><br />
<div><span>获得第二个方法值：</span> <%# str() %> <br /></div><br/>
```

以 if 语句为例，将方法应用到语句中，代码如下：

```
<div> <span>应用到表达式自动解释为该方法的返回值：</span>if("<%= GetFunctionStr()
%>"= ="")</div><br />
```

运行页面，可得到图 2-5 所示页面。

绑定到方法

获得第一个方法值： function

获得第二个方法值： abc

应用到表达式自动解释为该方法的返回值：if("function"=="")

图 2-5 绑定到方法

2. 绑定到控件

将后置代码页面定义的方法绑定到服务器控件属性值步骤如下。

（1）添加新层、样式的引用和标题栏

在上一节任务的基础上，继续在 task2.aspx 源代码视图界面添加层，并引用类样式 font16，然后添加说明文字并引用标题样式，代码如下：

```
<div class="font16"><h3>绑定到方法</h3></div>
```

（2）将方法绑定到控件

1）绑定到 EvenOrOdd（string strNumber）方法。在源代码视图添加一个层，在层中添加文本框控件，将文本框的 ID 值命名为 txtinputNumber，Text 属性值设置为 1，AutoPostBack 属性值设置为 True；再添加一个标签控件，设置标签控件的 Text 属性值绑定到 EvenOrOdd 方法，Text="<%# EvenOrOdd (txtinputNumber.Text) %>"，文本框控件中输入的值为方法的参数值，使得用户在文本框中输入一个整数值后可进行奇偶数判断。代码如下：

```
<div> <span>奇偶判断，请在文本框中输入整数值：</span>
<asp:TextBox ID="txtinputNumber" runat="server" AutoPostBack="True" Width="40px"> 1</asp:TextBox>
<span>你在文本框中输入了：</span>
<asp:Label ID="Label2" runat="server" Text="<%# EvenOrOdd (txtinputNumber.Text)%>"> </asp:Label>
</div>
```

2）在页面中添加层，再在层中添加标签控件，将标签控件的文本属性值绑定到方法 str()，即为 Text= "<%# str() %>"，代码如下：

```
<div>  <span>绑定到标签控件：</span>
<asp:Label ID="Label1" runat="server" Text="<%# str() %>">
   </asp:Label>
</div> <br />
```

3）在页面中添加层，再在层中添加文本框控件，将控件的文本属性值绑定到方法 str()，即为 Text= "<%# str() %>"，代码如下：

```
<div><span>绑定到文本框控件：</span> <asp:TextBox ID="TextBox1" runat="server" Text= "<%# str() %>"></asp:TextBox>    </div>
```

（3）后置代码页面绑定

除了在源代码视图进行方法绑定外，还需要在 task2.aspx.cs 页面的 Page_Load 事件中调用 Page 类的 DataBind()方法，执行<%#...%>代码块中的代码，在 Web 页面上从方法中读取数据并显示出来。

```
protected void Page_Load(object sender, EventArgs e)
  {  Page.DataBind();   }
```

运行页面，可得到图 2-6 所示页面，在文本框中输入偶数，因为文本框设置了 AutoPostBack 属性值为 True，当鼠标离开文本框后自动提交页面事件，绑定了奇偶判断方法的控件可获得奇偶判断的结果。

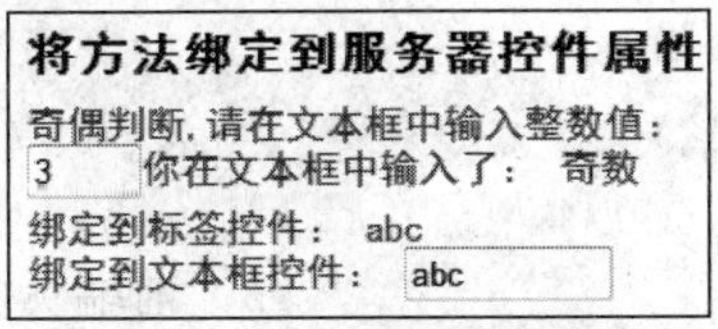

将方法绑定到服务器控件属性
奇偶判断，请在文本框中输入整数值：
3 你在文本框中输入了： 奇数
绑定到标签控件： abc
绑定到文本框控件： abc

图 2-6 将方法绑定到服务器控件

任务2.3 绑定到变量

任务描述：

在前端页面通过绑定直接显示获得后置代码页面定义的公共变量值；在前端页面通过绑定获得后置代码页面定义的公共变量表达式的值。

2.3.1 关键知识：变量的绑定

绑定到变量（视频）

前端页面通过绑定获得后置代码文件中定义的变量有两种方法：<%=变量名%>和<%# 变量名 %>。还可以在绑定的同时对字符串变量进行一些基本操作，如截取部分字符串、获得字符串长度等操作。也可以跟服务器控件属性值进行绑定，方法为：控件属性="<%#变量名 %>"或控件属性="<%=变量名 %>"。另外，还可以对变量进行基本运算后再进行绑定。

同样，除了在源代码视图进行方法绑定外，还需要后置代码页面的 Page_Load 事件中调用 Page 类的 DataBind()方法。

2.3.2 任务实施：将变量绑定到前端页面

1. 绑定到公共变量

在前端页面中通过绑定获得后置代码定义的公共变量值，步骤如下。

（1）新建文件

在网站中新建名为 task3.aspx 的窗体页面，在源代码视图中添加对样式文件 StyleSheet.css 的引用。

（2）在后置代码页面定义变量并绑定页面

绑定到后台代码中的变量必须是 public 类型。在后置代码页面定义一个公共字符串变量 str，定义两个公共静态类字符串变量 str1 和 str2。在页面加载事件中分别对三个变量赋初值，并添加页面绑定语句，使得前端页面服务器控件可以获取绑定的变量值，代码如下：

```
public partial class task3:System.Web.UI.Page
{   public string str;
    public static string str1,str2;
    protected void Page_Load(object sender,EventArgs e)  {
        str="字符串变量";
        str1="aa";
        str2="bb";
        Page.DataBind();
    }
}
```

（3）前端页面获取变量值

在 task3.aspx 页面的源代码视图中添加层，引用类样式 font16，添加引用标题样式的说明文字，然后在页面中添加两个层，分别用两种绑定方式获取变量值，再添加一个层，获取字符串变量的子串，代码如下：

```
<div class="font16"><h3>绑定到变量</h3>
   <div><span>绑定到变量值：</span> <%=str %></div>
   <div><span>绑定到变量另一种写法：</span><%# str1 %> </div>
   <div> <span>获取字符子串：</span>
      <%# str.Substring(0,3).ToString()%>
</div> <br />
```

（4）绑定到控件

在 task3.aspx 页面的源代码视图中再添加两个层，在第一个层中添加一个标签控件，将控件的 Text 属性绑定到变通公共变量 str，在第二个层中添加另一个标签，将 Text 值绑定到静态变量 str1，代码如下：

```
<div> <span> 绑定到服务器控件的是普通变量：
</span>
   <asp:Label ID="Label2" runat="server" Text=
"<%#str %>"> </asp:Label> </div>
   <div> <span> 绑定到服务器控件的是静态变量：
</span> <asp:Label ID= "Label1" runat="server"
Text="<%#str1 %>"></asp:Label></div>
```

绑定到变量

绑定到变量值： 字符串变量
绑定到变量另一种写法：aa
获取字符子串： 字符串

绑定到服务器控件的是普通变量：字符串变量
绑定到服务器控件的是静态变量： aa

图 2-7 绑定到变量

运行页面，效果如图 2-7 所示。

2. 绑定到变量表达式

（1）添加新层并引用样式

在上一节任务基础上，继续在 task2.aspx 源代码视图界面添加层，并引用类样式 font16，然后添加引用标题样式的说明文字，代码如下：

```
<div class="font16"><h3>绑定到变量表达式</h3></div>
```

（2）添加表达式绑定

在第一步的层中添加三个层，第一个层为两个静态变量的连接运算绑定，第二个层进行普通公共变量和静态变量的连接运算绑定，第三个层绑定到三目运算符表达式，代码如下：

```
<div> <span >绑定到变量表达式：</span>  <%#
str1+"+"+str2 %></div>
<div> <span >绑定到变量表达式：</span>  <%#
str+"+"+str1 %></div>
<div> <span>三目运算符表达式：</span> <%#
5>3?str:str1 %></div>
```

绑定到变量表达式

绑定到变量表达式： aa+bb
绑定到变量表达式： 字符串变量+aa
三目运算符表达式： 字符串变量

图 2-8 绑定到变量表达式

运行页面，可得到图 2-8 所示的页面效果。

任务 2.4 绑定到数组

任务描述：

在后置代码页面定义数组后，在前端页面将数组绑定到各类列表控件；在后置代码页面定义数组后，在页面第一次加载的同时将数组绑定到各列表控件；读取绑定了数组的列表项控件值。

2.4.1 关键知识：数组的绑定

多值列表控件（视频）

1. 多值列表框控件

数组是一个多值的变量，能与数组进行绑定的主要是多值列表控件。多值列表控件主要有 CheckBoxList 多选列表框控件、RadioButtonList 单选列表框控件、DropDownList 下拉列表框控件、ListBox 列表控件和 BulletedList 符号列表控件，可将数据绑定到多值列表控件，并读取控件的值。

（1）CheckBoxList 多选列表框控件

1）基本概念和属性。CheckBoxList 代表一组复选项，多个 CheckBox 复选框控件可以用一个 CheckBoxList 控件代替。CheckBoxList 控件的常用属性如表 2-1 所示。

表 2-1　CheckBoxList 控件的常用属性

属　性	说　明
Items	控件的复选项集合
RepeatColumns	控件的列数，即一行显示几个复选项
RepeatDirection	控件选项的排列方向
RepeatLayout	控件选项的布局方式
SelectedIndex	获取或设置选中项的最小索引值（运行时属性）
SelectedItem	获取选中项（运行时属性）
SelectedValue	获取选中项的值，或选择包含指定值的列表项（运行时属性）
DataSource	向控件填入数据的数据源
DataSourceID	数据源控件的 ID
DataMember	用于绑定的数据源中的表或视图
DataTextField	数据源中提供选项文本的字段
DataValueField	数据源中提供选项值的字段

2）可用于绑定相关的属性。CheckBoxList 控件的 DataSourceID、DataMember、DataTextField 和 DataValueField 用于从数据库中获取数据进行数据绑定。

DataSource 属性用于设置 CheckBoxList 控件选项的数据来源，可以是数组或数据表，通过 DataSource 设置数据源之后，一定要调用控件的 DataBind 方法，才会执行数据绑定。

3）Items 选项。Items 属性用于输入 CheckBoxList 控件的选项，并可设置各选项的选中状态。Items 是一个 ListItemCollection 对象，是 CheckBoxList 控件的选项集合，它的常用属性如表 2-2 所示，常用方法如表 2-3 所示。

表 2-2　Items 的常用属性

属　性	说　明
Count	只读属性，用于获取控件的选项个数
Item(index)	只读属性，用于获取控件中的索引值为 index 的选项，返回值是 ListItem 类型的对象

表 2-3 Items 的常用方法

方法	说明
Add(ListItem)或 Add(String)	添加一个选项
Insert(ListItem)或 Insert(String)	插入一个选项
Remove(ListItem)或 Remove(String)	删除一个选项
RemoveAt(index)	删除索引值为 index 的一个选项
Clear()	清除所有选项
FindByText(String)	根据选项文本，查找选项
FindByValue(String)	根据选项值，查找选项

4）获取选中项相关信息。CheckBoxList 控件选项的主要属性有 Text、Selected 和 Value，分别表示选项文本、选项的选中状态和选项值。

CheckBoxList1 控件的第 i 项是否被选中，一般用一个条件表达式进行判断，代码如下：

```
if (CheckBoxList1.Items[i].Selected)
```

结果为 True，则表示该选项被选中。当第 i 项被选中后可获取 CheckBoxList1 控件的第 i 项文本值和第 i 项选项值，表达式如下：

```
CheckBoxList1.Items[i].Text
CheckBoxList1.Items[i].Value
```

5）常用的事件。CheckBoxList 控件的常用事件是 SelectedIndexChanged，如果控件的 AutoPostBack 属性设为 True，当控件选项的状态改变时，将触发该事件。

（2）单选列表框控件

RadioButtonList 控件表示一组单选项，基本属性与 CheckBoxList 控件相同。由于 Radio ButtonList 是单选组控件，可以通过运行时属性 SelectedIndex、SelectedItem 或 SelectedValue 得到选中项的相关信息。RadioButtonList 控件的常用事件也是 SelectedIndexChanged，如果 RadioButtonList 控件的 AutoPostBack 属性为 True，当选中项改变时，将触发该事件。

获得 RadioButtonList1 控件选中相关信息表达式如下：

- RadioButtonList1.SelectedValue
- RadioButtonList1.SelectedItem.Text
- RadioButtonList1.SelectedItem.Value

（3）ListBox 列表框控件

1）基本属性。ListBox 控件以列表框的形式显示列表项，主要属性有 DataSourceID、DataMember、DataTextField、DataValueField、Items，与 CheckBoxList 相似，可参考 CheckBoxList 控件的介绍。Rows 属性表示 ListBox 控件的可见行数。

2）多选模式。SelectionMode 属性可以设置 ListBox 控件是否允许多选，属性值默认选择为 Single，表示只允许用户在列表框中选择一个选项。当属性值设置为 Multiple 时，表示允许用户使用 Ctrl 键或 Shift 键在列表框中选择多个选项。

3）获得选中项相关信息。如何判断某项是否被选中和获得选中项的相关信息，ListBox 与 CheckBoxList 控件相同。

4）与绑定相关的属性。ListBox 控件的选项可以通过 DataSource 属性设置数据源，可以是数组、集合和数据表。

5）常用事件。ListBox 控件的常用事件是 SelectedIndexChanged，与 CheckBoxList 和 RadioButtonList 控件相同。

（4）下拉列表框控件

DropDownList 控件以下拉列表的方式显示选项，没有多选模式，其他的基本属性、获得选中项相关信息以及绑定相关的属性和常用事件与单选列表框控件相同。

DropDownList 控件的 DataSourceID、DataTextField 和 DataValueField 可用于从数据库中获取数据进行数据绑定。

（5）符号列表框控件

1）基本介绍。BulletedList 控件可以显示带项目符号的列表，列表项是 ListItem 对象。BulletedList 控件可以通过 DataSource 属性与数据源进行绑定，获取列表项，常用的数据源可以是数组或数据表，也可以在属性窗口中通过 Items 属性输入列表项。

2）主要属性。BulletedList 控件的主要属性如下。

- BulletStyle：设置列表项显示的符号。
- BulletImageUrl：当 BulletStyle 属性为 CustomImage 时，用图片代替列表符号。
- DisplayMode：可设置列表项为默认的文本模式 Text、超链接模式 HyperLink 和链接按钮模式 LinkButton。当为超链接模式时，可设置超链接的 URL，运行时可跳转到其他页面；设置为链接按钮模式时，可触发单击事件。

3）获取选中项相关信息。获取 BulletedList1 控件第 i 项被选中项相关信息表达式如下。

- BulletedList1.Items[i].Text
- BulletedList1.Items[i].Value

2. 关于数组

使用 ArrayList 定义的动态数组容量可以根据需要在程序运行过程中动态添加，使用动态数组需要添加 Collections 名称空间的引用，代码如下：

```
using System.Collections;
```

使用 string[]定义的数组，是一个长度固定的数组，一般在页面第一次加载时进行实例化并赋值。

3. 数组与控件的绑定

将后置代码页面定义的数组绑定到多值列表控件，有两种方式：

1）一种是前端页面绑定到控件的属性：DataSource="<%# 数组名 %>"；同时，在后置代码文件的页面加载事件中添加 Page.DataBind();语句。

2）另一种是在后置代码页面写如下代码：

```
列表控件名.DataSource=数组名;
列表控件名.DataBind();
```

2.4.2　任务实施：将数组绑定到多值列表控件

1. 前端页面将数组绑定到控件

前端页面将数组绑定到控件（视频）

后置代码页面定义数据并赋值后，在前端页面列表控件通过绑定方式获得数组的值，步骤如下。

（1）新建文件

在网站中新建名为 task4.aspx 的窗体页面，在源代码视图中添加对样式文件 StyleSheet.css 的引用。

（2）在后置代码页面定义数组

在 task4.aspx.cs 页面定义一个 ArrayList 类公共类数组 arraylist，再定义一个字符串数组 string[] strSports，分别在页面第一次加载时给数组赋值，代码如下：

```
public partial class task4:System.Web.UI.Page
{ public ArrayList arraylist;
 Public string[] strSports;
 protected void Page_Load(object sender, EventArgs e)//页面加载事件
 { if(!Page.IsPostBack)
   {  strSports=new string[] { "旅游", "摄影", "跑步", "羽毛球" };
     arraylist=new ArrayList();
     arraylist.Add("新闻公告");
     arraylist.Add("IT技术");
     arraylist.Add("教育咨询");
   }
 }
}
```

（3）添加层并添加引用标题样式的文字

在 task4.aspx 页面的源代码视图中添加层，并添加类样式的引用，然后添加说明文字并引用标题 3 样式，代码如下：

```
<div class="font16"><h3>在前台源视图页面进行绑定</h3><div>
```

（4）将数组绑定到各类列表框控件

1）绑定到下拉列表框控件。添加新层，在层中添加下拉列表框控件，设置下拉列表框控件的源属性值绑定到后置代码页面中定义好的数组，代码如下：

```
<div><span>1、绑定到下拉列表框控件:</span> <asp:DropDownList
runat="server" DataSource="<%# arraylist %>"  ID="DropDownList1" >
</asp:DropDownList></div>
```

2）绑定到复选列表框控件。添加新层，在层中添加复选列表框控件，设置复选列表框控件的源属性值绑定到后置代码页面中定义好的数组，设置复选列表框显示方式为水平排列模式，即设置属性 RepeatDirection 值为 Horizontal，代码如下：

```
<div><span>2、绑定到复选框控件:</span><asp:CheckBoxList
ID="CheckBoxList1"  runat="server"  DataSource="<%#  arraylist  %>"
RepeatDirection="Horizontal" > </asp:CheckBoxList>  </div>
```

3）绑定到单选列表框控件。添加新层，在层中添加单选列表框控件，设置单选列表框控件的源属性值绑定到后置代码页面中定义好的数组，设置单选列表框显示方式为水平排列模式，即设置属性 RepeatDirection 值为 Horizontal，

代码如下：

```
    <div><span>3 、 绑 定 到 单 选 框 控 件 :</span><asp:RadioButtonList
ID="RadioButtonList1" runat="server" DataSource="<%# arraylist %>"
RepeatDirection="Horizontal" >
    </asp:RadioButtonList> </div>
```

4）绑定到列表框 ListBox 控件。添加新层，在层中添加 ListBox 列表框控件，设置 ListBox 列表控件的源属性值绑定到后置代码页面中定义好的数组，设置列表框的选择模式为多选模式，即设置属性 SelectionMode 值为 Multiple，代码如下：

```
    <div><span>4、绑定到列表框ListBox控件:</span>
    <asp:ListBox ID="ListBox1" runat="server"
    DataSource="<%# arraylist %>"  SelectionMode="Multiple" >
     </asp: ListBox>  </div>
```

5）绑定到符号列表框 BulletedListd 控件。添加新层，在层中添加 BulletedList 符号列表框控件，设置符号列表控件的源属性值绑定到后置代码页面中定义好的数组，代码如下：

```
    <div><span>5、绑定到符号列表框BulletedList控件:</span>
    <asp:BulletedList ID="BulletedList1" runat="server"
DataSource= "<%# arraylist %>" ></asp:BulletedList>
</div>
```

（5）后置代码页面绑定

除了在源代码视图进行方法绑定外，还需要在 task4.aspx.cs 页面的 Page_Load 事件中调用 Page 类的 DataBind()方法，执行<%#...%>代码块中的代码，在 Web 页面上读取数组数据并显示出来。

```
    protected void Page_Load(object sender, EventArgs e)
      {  Page.DataBind();   }
```

运行页面，效果如图 2-9 所示。在列表框控件按 Shift 键或 Ctrl 键可实现多选，符号列表框控件以默认的文本形式显示。

在前台源视图页面进行绑定

1、绑定到下拉列表框控件: 新闻公告

2、绑定到复选框控件:
□新闻公告 □IT技术 □教育咨询

3、绑定到单选框控件:
◎新闻公告 ◎IT技术 ◎教育咨询

4、绑定到列表框ListBox控件: 新闻公告 IT技术 教育咨询

5、绑定到符号列表框BulletedList控件:
- 新闻公告
- IT技术
- 教育咨询

图 2-9 前台将数组绑定到列表控件

2. 后台将多值控件绑定到数组

后台将多值控件绑定到数组（视频）

后置代码页面定义数组并赋值后，同时将数组绑定到多值控件，步骤如下。

（1）添加新层并引用样式

在 task4.aspx 源代码视图中继续添加层，并引用类样式 font16，作为本节的容器层，添加引用了标题样式的文字说明，代码如下：

```
    <div class="font16"><h3>在后置代码页面进行绑定</h3></div>
```

（2）前端页面添加列表框控件

1）添加单选列表框控件。在步骤（1）中的容器层中添加新层，在层中添加单选列表框控件，设置列表框控件的显示方式为水平显示，代码如下：

```
    <div><span>1、编写代码绑定到单选列表控件: </span> <asp:RadioButtonList
```

```
runat="server" ID="RadioButtonList2" RepeatDirection="Horizontal" ">
</asp:RadioButtonList></div>
```

2）添加多选列表框控件。在步骤（1）中的容器层中添加新层，在层中添加多选列表框控件，设置列表框控件的显示方式为水平显示，代码如下：

```
<div> <span>2、编写代码绑定到多选列表控件：</span><asp:CheckBoxList
runat="server" ID="CheckBoxList2" RepeatDirection="Horizontal" >
</asp:CheckBoxList> </div>
```

3）添加下拉列表框控件。在步骤（1）中的容器层中添加新层，在层中添加下拉列表框控件，代码如下：

```
<div> <span>3、编写代码绑定到下拉列表控件：</span> <asp:DropDownList
runat="server" ID="DropDownList2" > </asp:DropDownList></div>
```

4）添加符号列表框控件。在步骤（1）中的容器层中添加新层，在层中添加符号列表框控件，设置列表框控件的显示模式为超链接模式，即设置属性DisplayMode值为HyperLink，代码如下：

```
<div> <span>4、编写代码绑定到符号列表控件：</span> <asp:BulletedList
runat="server" ID="BulletedList2" DisplayMode="HyperLink"> </asp:
BulletedList> </div>
```

（3）后台绑定到列表框控件

在后台页面第一次加载事件中，将步骤（2）中添加的控件绑定到上一节任务中定义好的数组中，并在页面加载事件中添加页面绑定Page.DataBind();语句，代码如下：

```
protected void Page_Load(object sender, EventArgs e)
 { if(!Page.IsPostBack)
    { string[] strSports={ "旅游", "摄影", "跑步", "羽毛球" };
      DropDownList2.DataSource=strSports;
      DropDownList2.DataBind();
      CheckBoxList2.DataSource=strSports;
      CheckBoxList2.DataBind();
      RadioButtonList2.DataSource=strSports;
      RadioButtonList2.DataBind();
      BulletedList2.DataSource=strSports;
      BulletedList2.DataBind();
    }
   Page.DataBind();
 }
```

运行页面，效果如图2-10所示，符号列表框控件以超链接的形式显示。

在后置代码页面进行绑定

1、编写代码绑定到单选列表控件：
◎旅游 ◎摄影 ◎跑步 ◎羽毛球

2、编写代码绑定到多选列表控件：
□旅游 □摄影 □跑步 □羽毛球

3、编写代码绑定到下拉列表控件： 旅游

4、编写代码绑定到符号列表控件：

- 旅游
- 摄影
- 跑步
- 羽毛球

图2-10 后台将数组绑定到控件

3. 读取列表控件的值

多值控件绑定到数组后，可通过相应的事件获取控件的选项值，步骤如下。

（1）添加属性值设置

在完成“前端页面将数组绑定到控件”和“后台将多值控件绑定到数组”的基础上，对下拉列表框控件、单选列表框控件、多选列表框控件、ListBox列表框控件的AutoPostBack

属性值均设置为 True，使选中项变化时触发 SelectedIndexChanged 事件。

在 task4.aspx 网页设计视图中添加三个标签，ID 值分别设置为 lblmessage、lblcheckbox 和 lbllistbox，标签的 Text 值均设置为空。

（2）编写事件代码

选择 task4.aspx 网页中的下拉列表框控件、单选列表框控件、多选列表框控件、ListBox 列表框控件，分别在事件属性窗口中双击 SelectedIndexChanged，则在 task4.aspx.cs 页面中自动生成控件相应的事件代码，如在 RadioButtonList1 单选列表框控件的事件属性窗口中双击 SelectedIndexChanged，则在后置代码页面生成 RadioButtonList1_SelectedIndexChanged 事件。同样选中多选列表框控件 CheckBoxList1，在事件属性窗口中双击 SelectedIndexChanged，则在后置代码页面对应生成 CheckBoxList1_SelectedIndexChanged 事件。

1）获得单选列表框选中项的值。获取单选列表框控件被选中项的值有下面三种方式。

读取单选控件值（视频）

- RadioButtonList1.SelectedValue
- RadioButtonList1.SelectedItem.Text
- RadioButtonList1.SelectedItem.Value

在 RadioButtonList1 控件的 RadioButtonList1_SelectedIndexChanged 事件中编写代码如下：

```
lblmessage.Text="你在第一个单选列表框中选择了：" + RadioButtonList1.SelectedItem.Value;
```

在 RadioButtonList2 控件的 RadioButtonList2_SelectedIndexChanged 事件中编写代码如下：

```
lblmessage.Text="你在第二个单选列表框中选择了：" + RadioButtonList2.SelectedValue;
```

2）获取下拉列表框选中的值。获取下拉列表框控件被选中项的值与获得单选列表框选中的值一样，有下面三种方式。

- DropDownList1.SelectedValue
- DropDownList1.SelectedItem.Text
- DropDownList1.SelectedItem.Value

在 DropDownList1 控件的 DropDownList1_SelectedIndexChanged 事件中编写代码如下：

```
lblmessage.Text="你在第一个下拉列表框中选择了："+DropDownList1.SelectedItem.Text;
```

在 DropDownList2 控件的 DropDownList2_SelectedIndexChanged 事件中编写代码如下：

```
lblmessage.Text="你在第二个下拉列表框中选择了："+DropDownList2.SelectedValue;
```

读取多选控件值（视频）

3）获取复选框选中的值。复选框可选择多项，因此在获取复选框控件被选中项值之前先要判断该项是否被选中，获得选中项值方法有两种。

- CheckBoxList1.Items[i].Text
- CheckBoxList1.Items[i].Value

用 if 语句判断第 i 项是否被选中，用 CheckBoxList1.Items.Count 计算控件有多少项，用 for 循环遍历每一项，在 CheckBoxList1 控件的 CheckBoxList1_SelectedIndexChanged 事件中编写代码如下：

```
int i;
string strMessage="你选择的新闻类型是：";
for (i=0;i<CheckBoxList1.Items.Count;i++)
  { if (CheckBoxList1.Items[i].Selected)
        strMessage+=CheckBoxList1.Items[i].Text+"，";
  }
strMessage = strMessage.Substring(0,strMessage.Length-1)+"。";
 //将最后一个逗号改为句号
lblcheckbox.Text=strMessage;
```

除了用 for 循环遍历多选列表框控件外，还可以用 foreach 循环进行遍历，把 CheckBoxList 的每一项当成是 ListItem 对象，代码如下：

```
string strMessage="你在第二个多选列表框中选择的爱好是：";
foreach (ListItem itemTemp in this.CheckBoxList2.Items)
  { if (itemTemp.Selected==true)//判断列表项是否选中
       {  strMessage+=itemTemp.Text+"，";   }
  }
strMessage=strMessage.Substring(0,strMessage.Length-1);
lblcheckbox.Text=strMessage;
```

4）获取列表框 ListBox 控件选中的值。ListBox 控件的 SelectionMode 属性值默认为单选 single 模式，单选模式时选中值的获取类似于单选列表框控件。修改 SelectionMode 属性值为 Multiple，设置为多选模式，多选模式时选中值的获取类似复选列表框控件。

ListBox 多选模式（视频）

获取 ListBox 控件选中的值，可以参考多选列表框控件用 for 循环遍历每一项，判断每一个项是否被选中，然后获取选中的值。也可以把 ListBox1 的每一项当作是 ListItem 对象，用 foreach 循环进行遍历 ListBox1，获得选中的列表项值，foreach 循环进行遍历代码如下：

```
string str="";
 foreach (ListItem itemTemp in this.ListBox1.Items)
   { if (itemTemp.Selected==true)//判断列表项是否选中
      {  str+=itemTemp.Text+"，";    }
   }
 str=str.Substring(0,str.Length-1);
 lbllistbox.Text="你在ListBox列表框中选择了："+str;
```

5）跳转到符号列表控件链接的页面。在上一节任务中将符号列表控件显示模式选择为超链接模式，因此可设置当单击每一项时跳转的页面链接，获得符号列表控件选中值的方法有两种。

符号列表控件的超链接模式（视频）

- BulletedList2.Items[i].Text
- BulletedList2.Items[i].Value

在页面预呈现事件中，用 for 循环读取每一项的值，并将相应的链接页面的网址赋值给每一项，运行页面后，单击任一项，可跳转到相应的网页，代码如下：

```
protected override void OnPreRender(EventArgs e) {
for (int i=0; i<BulletedList2.Items.Count;i++)
 BulletedList2.Items[i].Value="task"+(i+1).ToString()+".aspx"; }
```

运行页面，分别选择各列表框的值，查看标签显示结果，单击符号列表项，可跳转到相应的页面。对部分列表框控件操作后结果如图 2-11 所示。

你在第一个单选列表框中选择了：新闻公告
你在ListBox列表框中选择了：新闻公告，教育咨询
你在第二个多选列表框中选择的爱好是：摄影，羽毛球

图 2-11　读取列表框控件的值

任务2.5　绑定到数据库数据

任务描述：

本任务主要实现数据库信息的读取、插入、编辑和删除，具体包括通过数据源控件连接到数据库的某个表，用列表控件显示数据库字段信息，读取并显示数据库中以二进制方式存储的图片，读取并显示数据库中以路径方式存储的图片，使用不同的数据控件显示数据库信息，并实现对数据库信息的插入、删除和更新操作。

了解ADO.NET和单双向数据绑定（视频）

2.5.1　关键知识：ADO.NET 和数据控件概述

1. ADO.NET 简介

ASP.NET 默认是通过 ADO.NET 来访问数据库的。ADO.NET 是一种以面向对象的设计方法构建数据访问和操作的类库，通过 ADO.NET 类库，可方便操作各种各样的数据源，如数据库、文本文件、Excel 文件和 XML 文件等。

.NET 框架提供了 4 种连接数据库的方法用于访问不同的数据源，每种连接方法对应的命名空间和所访问的数据源如下。

1）SQLClient 方法：命名空间为 System.Data.SQLClient，用于访问 Microsoft SQL Server 7.0 及以上版本的数据库，是.NET 中访问 SQL Server 数据库最有效的方法。

2）OleDB 方法：命名空间为 System.Data.OleDb，允许.NET 程序调用存在于 OleDb Data Provider 中的数据源。

3）ODBC 方法：命名空间为 System.Data.Odbc，允许.NET 程序使用所有兼容的 ODBC 驱动程序。

4）Oracle 方法：命名空间为 System.Data.OracleClient，用于访问 Oracle 数据库。

ASP.NET 4.0 以上版本包括支持不同数据绑定的数据源控件：SqlDataSource 控件、AccessData Source 控件、ObjectDataSource 控件、XmlDataSource 控件、SiteMapDataSource 控件、EntityDataSource 控件和 LinqDataSource 控件。下面分别介绍 SqlDataSource 控件数据源控件。

通过 SqlDataSource 控件可访问 SQL Server 数据库、Oracle 数据库、通过 OLE DB 或 ODBC 方式连接的数据库，只需要提供用于连接到数据库的连接字符串，并定义使用数据的 SQL 语句或存储过程即可。将 SqlDataSource 控件与数据绑定控件（如 GridView、FormView 和 DetailsView 控件等）结合使用，可以提供丰富的功能显示和操作数据库中的数据。

说　明

本项目中所用示例数据库 Northwind，可从微软网站中下载 SQL2000SampleDb.msi 安装，安装默认路径和文件夹名称为 C:\ SQL Server 2000 Sample Databases，然后在 SQL Server Management Studio 中运行 instnwnd.sql 文件创建所需数据库，或通过附加数据库的方式安装数据库。本书配套素材资源中也提供所用的数据库文件和数据库脚本文件。

本书所使用数据库为 Express 2017 免费版，启动的数据库服务为 SQLEXPRESS，所以在启动数据库管理器时，服务器名称为.\SQLEXPRESS。如果安装开发版或专业版 SQL 数据库，则用.或 localhost 登录。

2. Eval 和 Bind 方法

ASP.NET 支持分层数据绑定模型，数据绑定表达式使用 Eval 和 Bind 方法将数据绑定到控件，并将更改提交给数据库。

Eval 方法是静态单向（只读）方法，所以 Eval 函数用于单向（只读）绑定，该方法采用数据字段的值作为参数并将其作为字符串返回。在 task5_2.aspx 示例中可看到图片控件的图片链接属性设置为 ImageUrl='<%# Eval("PhotoPath") %>'，这里 Eval("PhotoPath ")是指绑定到名为 PhotoPath 的字段。标签控件的文本属性 Text='<%# Eval("LastName") %>' 指绑定到名为 LastNamer 的字段。

Bind 方法支持读/写功能，所以 Bind 函数用于双向（可更新）绑定。该方法可以检索数据绑定控件的值并将任何更改提交给数据库。

3. 数据控件主要功能

数据控件介绍
（视频）

ASP.NET 4.0 以上版本提供的数据显示控件主要有 GridView、DetailsView、FormView 和 DataList，这些控件具有以下主要功能。

1）提供了以下两种用于绑定到数据的选项。

① 使用 DataSourceID 属性与数据源控件进行数据绑定，GridView、DetailsView 和 FormView 控件可利用数据源控件提供的内置的排序、分页和更新功能，支持数据的双向绑定，可对数据进行选择、排序、分页显示、编辑、删除、插入（GridView 控件除外，它没有内置插入功能）操作。建议使用这种绑定方式。但 DataList 控件不能利用数据源控件所提供的自动分页和排序功能。若要使用 DataList 控件执行更新、分页和排序，必须在后置类文件中编写代码实现分页和排序功能。ListView 控件类似 GridView 控件，也类似 DataList 控件，可与分页控件共同使用实现分页功能。

② 使用 DataSource 属性进行数据绑定，可绑定到包括 ADO.NET 数据集和数据读取器在内的各种对象，此方法需要为排序、分页、更新等功能编写代码。

2）设置数据显示格式。可以指定各数据显示控件的行的布局、颜色、字体和对齐方式；可以指定行中包含的文本和数据的显示；使用 HeaderStyle、RowStyle、AlternatingRowStyle、CommandRowStyle、FooterStyle、PagerStyle 和 EmptyDataRowStyle 这样的样式属性自定义控件的用户界面。

3）提供编辑、删除、更新和插入数据功能。

4）排序功能。GridView 数据显示控件支持在不需要任何编程的情况下通过单个列排序。通过使用排序事件以及提供排序表达式，还可以进一步自定义控件的排序功能。但 DetailsView 控件和 FormView 控件不支持排序。

5）模板功能。FormView 控件、DataList 控件和 ListView 控件属于模板控件，数据信息的显示通过单向 Eval 或双向 Bind 绑定到字段实现，可以通过修改源代码视图的绑定方式而修改数据显示形式。GridView 和 DetailsView 控件的数据显示方式需要修改，则需要将字段转换为模板字段再重新编辑绑定。

6）分页功能。通过使用控件的 PagerTemplate 属性来自定义控件的分页功能；设置 PagerSetting 属性定义分页导航的外观；另外，还可以通过处理事件来自定义控件在分页导航或编辑操作之前和之后发生的事件。

4. 数据控件概述

（1）GridView 控件

GridView 控件可通过数据源控件自动绑定和分页显示数据，以表格的形式显示数据，支持对绑定数据的更新和删除操作，可自定义 GridView 控件的外观和行为。

（2）DetailsView 控件

DetailsView 控件用来在表格中显示来自数据源的单条记录，其中记录的每个字段显示在表格的一行中，使用 DetailsView 控件可从数据源中一次显示、编辑、插入或删除一条记录，可选择提供的分页功能在记录之间进行导航。通常用于查看主/详细方案、更新和插入记录操作。

（3）FormView 控件

FormView 控件与 DetailsView 控件类似，可用于分页显示、编辑、删除、插入所绑定的数据源数据，每页以一条记录的形式显示。所不同的是，DetailsView 控件使用表格布局，记录中每个字段显示为一行；而 FormView 每条记录的内容显示在模板中，可以通过创建模板来为 FormView 控件生成更灵活的用户界面，可以使用 PagerTemplate 模板控制分页，还可以使用 HeaderTemplate 和 FooterTemplate 模板分别自定义 FormView 控件的页眉和页脚，通过模板设置 FormView 的外观和布局。为不同操作指定不同的模板，只读状态的显示模板 ItemTemplate，编辑模板 EditItemTemplate，插入模板 InsertItemTemplate。

（4）DataList 控件

DataList Web 服务器控件以可自定义的格式显示数据库行的信息。可以指定控件以流模式（类似于 Word 文档）或以表模式（类似于 HTML 表）呈现，将 DataList 控件的 RepeatLayout 属性设置为 Flow 或 Table。显示数据的格式在创建的模板中定义。可以为项、交替项、选定项和编辑项创建模板。标头、脚注和分隔符模板也用于自定义 DataList 的整体外观。

（5）ListView 控件

可以将 ListView 控件理解为一个超灵活的 GridView 控件，也可以理解为 DataList 控件的替代者，可以对数据库数据进行显示、插入、编辑、删除、选择、分页、排序操作。不同的是，ListView 控件是一个模板驱动的，对模板的编辑需要在源视图下进行，如需要添加样式的引用等，需要在源代码中进行操作。如果选择了分页设置，则 ListView 控件的源代码内包括有分页控件 DataPager 的代码，选择分页控件代码，可重新设置分页数等属性。

ListView 控件有如下模板。

- LayoutTemplate：为 ListView 的内容指定包含元素。
- ItemTemplate：格式化 ListView 所呈现的每一项。
- ItemSeparatorTemplate：显示 ListView 所呈现的项之间的内容。
- GroupTemplate：为 ListView 所呈现的分组项指定包含的元素。
- GroupSeparatorTemplate：显示 ListView 呈现的分组项之间的内容。
- EmptyItemTemplate：呈现 GroupTemplage 保留项的内容。
- EmptyDataTemplate：指定 ListView 控件的数据源为空时所显示的内容。
- SelectedItemTemplate：指定 ListView 中的选中项所显示的内容。
- AlternatingTemplate：指定 ListView 交替项所呈现的不同的内容。
- EditItemTemplate：呈现 ListView 编辑项的内容。
- InsertTemplate：呈现 ListView 中插入项的内容。

（6）DataPager 控件

DataPager 控件与任何支持 IPageableItemContainer 接口的控件一起使用进行分页设置，目前数据控件中只有 ListView 控件支持这个接口。DataPager 控件的主要属性如下。

- Pagesize：获取或设置一次所显示的项的数量。
- Fields：获取 DataPager 所包含的字段。
- NextPreviousPagerField：用来显示 Next、Previous、First 和 Last 链接。
- NumericPagerField：用来显示 Next、Previous 和页数链接。

2.5.2 任务实施：使用数据控件管理数据库信息

1. 使用数据源控件连接数据库

通过下面步骤配置连接字符串，同时将所配置的字符串存储到 Web.config 配置文件中，步骤如下。

（1）新建网页文件，添加数据源控件

新建窗体页面文件，命名为 task5_1.aspx，在设计视图添加一个“SqlDataSource”

控件，设置 ID 属性为 SqlDataSource1。

（2）配置数据源控件

1）右击该控件右上角的任务窗口图标，在弹出的任务窗口中选择“配置数据源”命令，进入如图 2-12 所示界面。

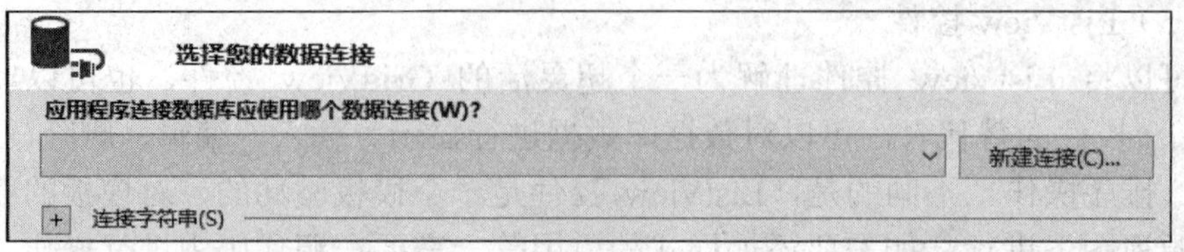

图 2-12　配置数据连接

2）单击“新建连接”按钮，进入“选择数据源”对话框，如图 2-13 所示，这里选择 Microsoft SQL Server。单击“继续”按钮，进入“添加连接”对话框，如图 2-14 所示。

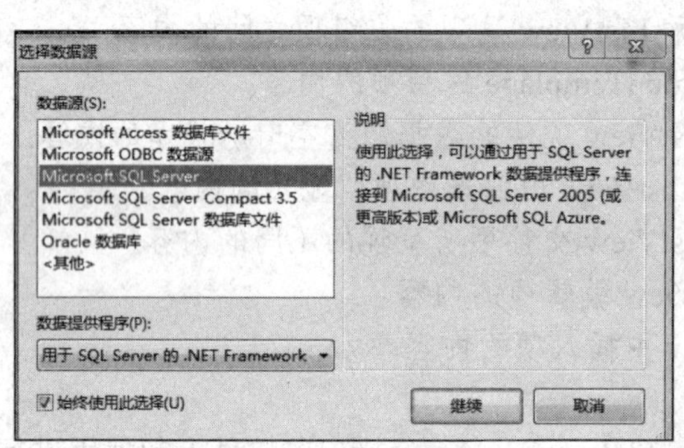

图 2-13　“选择数据源”对话框

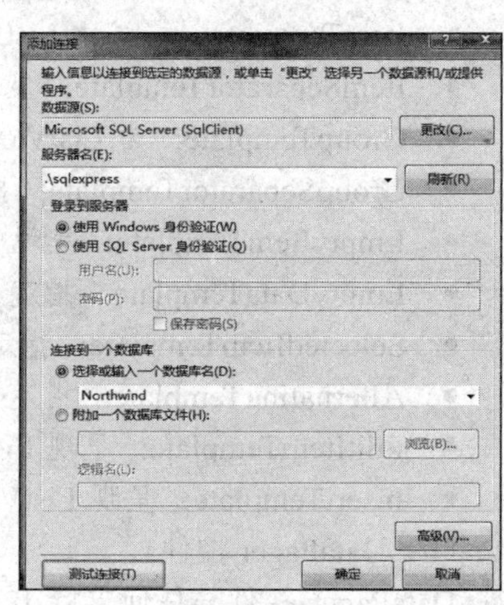

图 2-14　“添加连接”对话框

对话框设置步骤如下：

① 在图 2-14 中，如果“数据源”显示框显示的数据源不是 Microsoft SQL Server(SqlClient)，则单击“更改”按钮，进入如图 2-13 所示对话框。在该对话框中选择 Microsoft SQL Server 数据源。若连接到其他数据库，则选择相应合适的数据源。

② 在“服务器名”框中输入登录数据库 SQL Server Express 的登录名.\sqlexpress 作为本地服务器（如果是开发版数据库或专业版的数据库，则登录数据库服务器名为 localhost 或用点符号代表本地机进行登录）。

③ 服务器登录方式可以选择 Windows 身份验证和 SQL Server 身份验证，这里选择 Windows 身份验证。

④ 在“连接到一个数据库”标签中，选中“选择或输入一个数据库名”单选按钮，单击右边下拉箭头，选择数据库 Northwind，单击“测试连接”按钮，连接成功，则弹出如图 2-15 所示的连接成功的对话框，单击“确定”按钮。

3）单击图 2-14 中的“确定”按钮后，返回“选择您的数据连接”界面，单击“下一步”按钮，进入图2-16所示对话框，选中该对话框中的复选框，并输入连接字符串名称，将连接配置保存到Web.config配置文件中。

4）单击“下一步”按钮开始配置SQL语句或存储过程，如图2-17所示，选择数据库表Categories，选择表中的字段，单击“下一步”按钮可进行查询测试，或直接单击“完成”按钮完成数据源的配置。

图2-15 连接成功

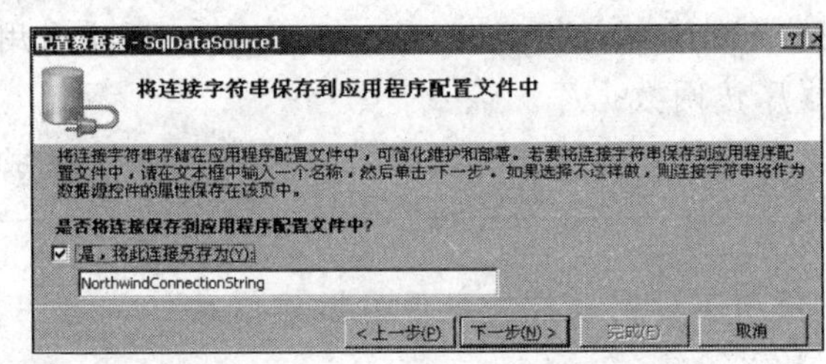

图2-16 保存连接配置

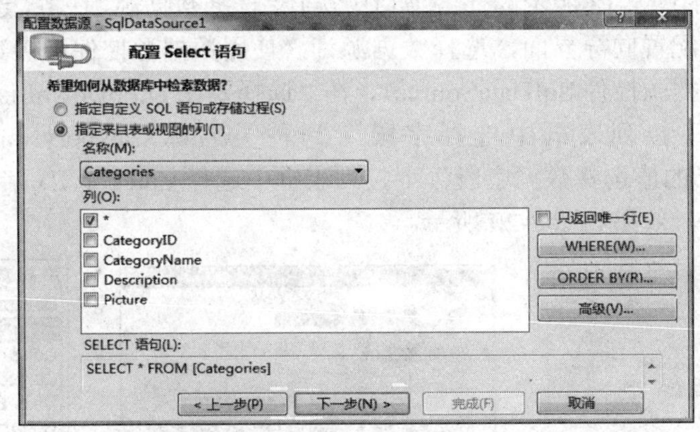

图2-17 配置Select语句

（3）查看配置文件代码

查看网站中的配置文件Web.config，可看到在配置文件里已经自动生成数据库连接字符串，代码如下：

```
  <connectionStrings>
  <add name="NorthwindConnectionString" connectionString="Data
Source=.\sqlexpress;Initial Catalog=Northwind;Integrated
Security=True" providerName="System.Data.SqlClient" />
  </connectionStrings>
```

说 明

- name的属性值NorthwindConnectionString为数据库连接字符串名称，用于设置SqlDataSource数据源控件的ConnectionString属性值。
- Data Source=.\sqlexpress表示数据库服务器登录时的服务器名称，本书数据库采用SQL Server Express 2017，具体名称要与登录数据库时输入服务器名称文本框中的名字一致，否则无法访问数据库。
- Initial Catalog= Northwind表示连接字符串所连接的数据库为Northwind数据库。

- Integrated Security=True 表示数据库采用 Windows 身份登录验证，若采用 SQL Server 身份登录验证，则 Integrated Security=False，同时提供登录数据库的用户名和密码，如登录用户名为 sa，密码为 123456，则要添加：uid=sa;pwd=123456。
- providerName="System.Data.SqlClient"表示采用 ADO.NET 提供的 SqlClient 程序访问数据库。
- 一个 Web.config 文件可建立多个数据库连接字符串。

2. 使用下拉列表控件显示数据库信息

使用下拉列表控件显示数据库信息（视频）

在 task5_1.aspx 设计视图中添加下拉列表框控件，单击控件右上角的▷任务图标，在弹出的图 2-18 所示的任务窗口中选择“选择数据源”任务，进入如图 2-19 所示的数据源配置向导界面，选择数据源为“使用数据源控件连接数据库”一节中配置好的数据源控件 SqlDataSource1，在“选择要在 DropDownList 中显示的数据字段”的下拉列表框中选择字段名为种类名称 CategoryName，在“为 DropDownList 的值选择数据字段”下拉列表框中选择 CategoryID 字段。

运行网页，效果如图 2-20 所示。

使用下拉列表控件显示数据库信息（图片）

图 2-18　下拉列表任务

图 2-19　下拉列表控件数据源配置

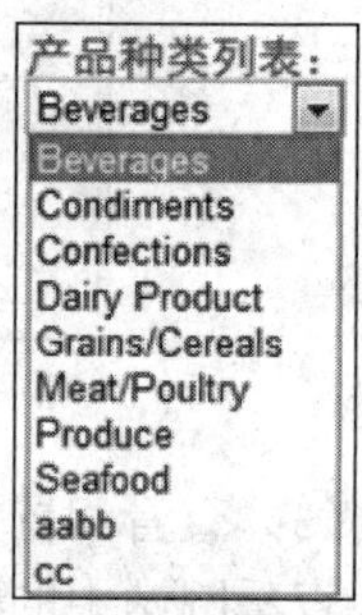

图 2-20　显示内容

说　明

图 2-19 中配置的数据源使得下拉列表框中虽然看到的是种类名称，但却与种类 ID 的关键字关联，特别适合于对数据库进行编辑和插入操作时使用。

3. 显示以路径方式存储的数据库图片

显示以路径方式存储的数据库图片（视频）

（1）创建文件，配置数据源控件

创建两个 Web 窗体，命名为 task5_2.aspx。在 task5_2.aspx 设计视图添加一个 SqlDataSource 控件，ID 属性为 SqlDataSource1，配置数据源，选择之前建立的连接字符串 Northwind ConnectionString 进行数据库连接，再绑定到表 employees，勾选 EmployeeID、LastName 和 PhotoPath 三个字段，查询语句如下：

```
SELECT [EmployeeID],[LastName],[PhotoPath] FROM [Employees]
```

（2）完成数据源控件与数据控件的绑定

1）设置 DataList 数据源和属性值。在 task5_2.aspx 设计视图添加一个 DataList 控件，设置数据源为配置好的 SqlDataSource1 控件，设置 DataList 控件的 RepeatColumns 属性值为 3，即设置每一行显示三条记录，设置 GridLines 属性为 Both，显示网格线，设置 ItemStyle 样式的宽度（width）值为 200px，高度（height）值为 120px。

2）编辑 DataList 模板，设置图片控件的绑定。单击 DataList 控件右上角的任务窗口图标▷，在弹出的任务窗口中选择“编辑模板→项模板”命令，进入 ItemTemplate 项模板编辑窗口，在 ItemTemplate 项中保留标签[LastNameLabel]，删除其他标签和字符，然后添加一个 Image 图片控件，单击图片控件右上角的任务窗口图标▷，在弹出的任务窗口中选择“编辑 DataBindings”命令，进入如图 2-21 所示界面，编辑图片控件的 ImageUrl 属性绑定到 PhotoPath 字段，与雇员相片进行绑定，设置图片宽度为 94px，高度为 112px。结束模板编辑。

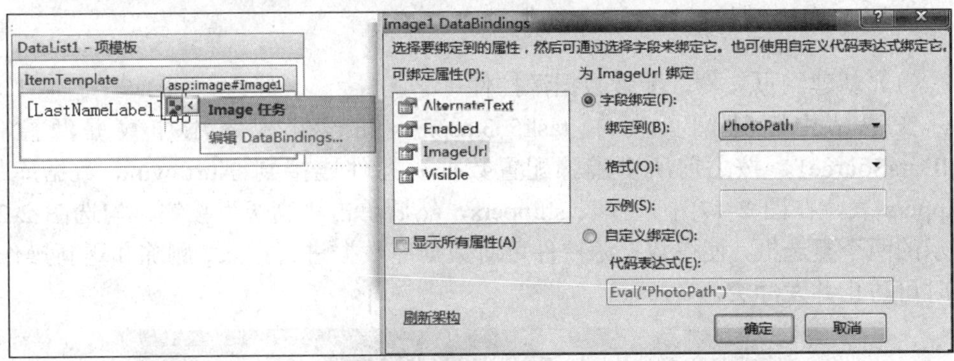

图 2-21　DataList 的图片控件与字段的数据绑定

运行页面，效果如图 2-22 所示。

图 2-22　雇员信息表

雇员信息表（图片）

说　明

- 在 Web.config 中配置好连接字符串后，以后所有连接到 Northwind 数据库表的 SqlDataSource 数据源控件都可以直接选择此连接字符串。
- Northwind 数据库 employees 表中字段 PhotoPath 中的图片是以路径形式存储的，若该网站路径无法访问，则可在本地网站中建一个 Photo 文件夹，将图片存储在该文件夹中，同时修改数据库中该字段的图片路径值为：~/Photo/图片名，如雇员 Davolio 存储相片路径的 PhotoPath 字段值为：~/Photo/davolio.bmp。
- 在 employees 表中有一个 Photo 字段，所存储的图片是以二进制方式保存的，必须通过自定义一个类文件实现二进制信息到输出流的转换来读取二进制图片信息。

4. 插入、编辑与删除数据库信息

（1）新建网页文件，配置数据源控件

在网站中新建网页文件 task5_3.aspx。在设计视图添加数据源控件 SqlDataSource1，按之前所讲步骤配置数据源控件连接到 Northwind 数据库的 shippers 表，在图 2-17 中选择表 shippers，然后单击“高级”按钮，勾选图 2-23 所示的两个复选框，使得数据源控件可对数据库数据进行插入、删除和更新操作，同时可防止并发冲突。

图 2-23　高级 SQL 生成选项

（2）显示数据库信息

绑定到 4 个数据控件（视频）

在文件 task5_3.aspx 设计视图中添加 GridView、DetailsView、FormView、DataList 和 ListView 控件，数据源均选择 SqlDataSource1，再设计各控件任务和属性如下。

1）设置 GridView、DetailsView、FormView 和 DataList 控件的 Caption 属性值为各控件名称。

2）单击 GridView、DetailsView 和 FormView 控件右上角的任务窗口图标，在弹出的任务窗口中勾选“启用分页”选项，对三个控件的页码格式进行设置。

3）设置 DataList 控件的 RepeatColunms 属性值为 3。

4）单击 ListView 控件右上角的任务窗口图标，在弹出的任务窗口中选择“配置 ListView...”，在弹出的配置窗口中选择“网格”布局，样式选择“蓝调”，勾选“启用分页”选项。

5）单击 GridView、DetailsView、FormView 和 DataList 控件右上角的任务窗口图标⊡，在弹出的任务窗口选择“自动套用格式...”，选择“传统型”样式。

运行页面，各控件显示效果如图 2-24 所示。

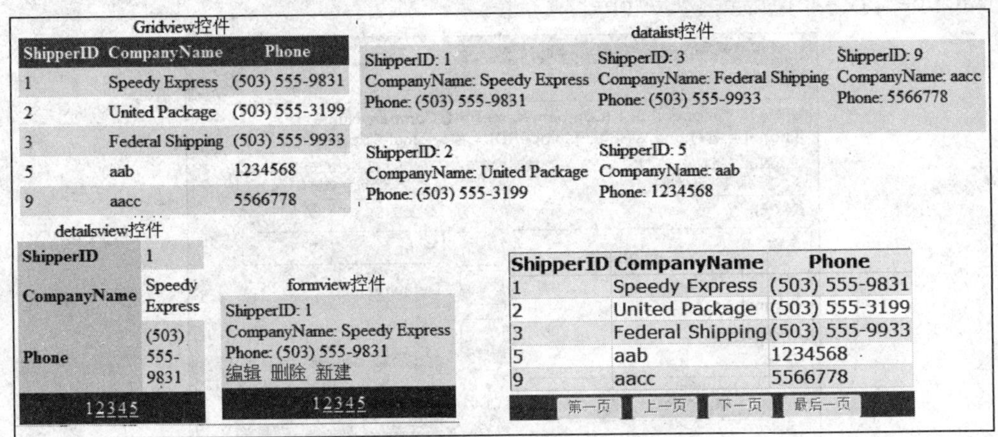

图 2-24 各控件显示数据库信息效果

（3）插入数据库信息

对数据控件做如下设置。

1）GridView 控件没有插入功能，FormView 控件在数据显示信息界面就默认带新建（插入数据信息）功能，两个控件都不做任何设置。DataList 控件没有自带的插入编辑删除功能，如果需要这些功能，需要重新设置模板并编程实现。

2）单击 DetailsView 控件右上角的任务窗口图标⊡，在弹出的任务窗口勾选“启用插入”选项，则控件界面添加了用于插入信息的“新建”链接按钮。

3）单击 ListView 控件右上角的任务窗口图标⊡，在弹出的任务窗口中选择“配置 ListView...”，在弹出的配置窗口中选择“网格”布局，样式选择“蓝调”，勾选“启用分页”“启用插入”选项。

运行页面，各控件插入界面显示效果如图 2-25 所示，单击 DetailsView 控件和 FormView 控件的“新建”可进入插入界面进行操作，ListView 控件则可直接在文本框中输入信息后单击“插入”按钮进行数据库信息插入，单击“清除”按键取消插入操作。

图 2-25 有插入功能数据控件

（4）编辑数据库信息

对数据库信息进行编辑，需要修改数据源控件的更新查询语句，选择

SqlDataSource1 控件，在属性面板中选择 UpdateQuery 属性，单击属性右边的按钮，进入更新语句编辑框，如图 2-26 所示，修改 Update 语句，使得 where 条件后只留下关键字 shipperID 判断表达式，代码如下：

插入、编辑与删除数据库信息（视频）

```
    UPDATE [Shippers] SET [CompanyName]=@CompanyName,[Phone]=@Phone WHERE
[ShipperID]=@original_ShipperID
```

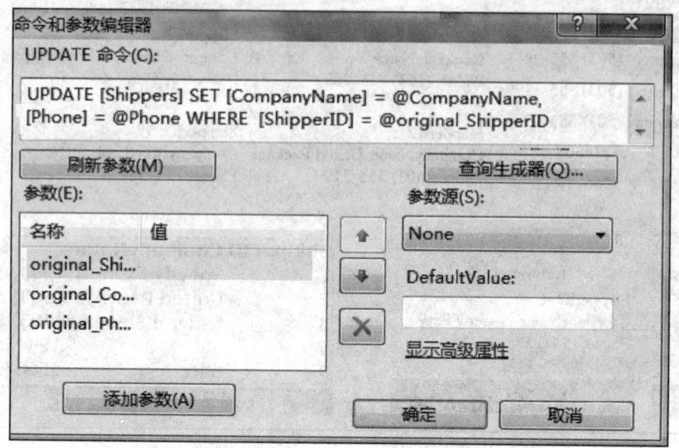

图 2-26　修改数据源控件的更新语句

对各类数据控件完成下面操作。

1）单击 GridView 控件、DetailsView 控件右上角的任务窗口图标，在弹出的任务窗口勾选“启用编辑”选项。

2）FormView 控件在数据显示信息界面就默认带编辑功能，不用做任何设置。

3）单击 ListView 控件右上角的任务窗口图标，在弹出的任务窗口中选择“配置 ListView...”，在弹出的配置窗口中选择“网格”布局，样式选择“蓝调”，勾选“启用分页”“启用插入”“启用编辑”选项。

运行页面，各控件编辑界面显示效果如图 2-27 所示，单击各个控件的“编辑”按钮，可进入编辑界面对数据进行修改操作，单击“更新”按钮完成修改操作，单击“取消”按钮则对数据不做修改。

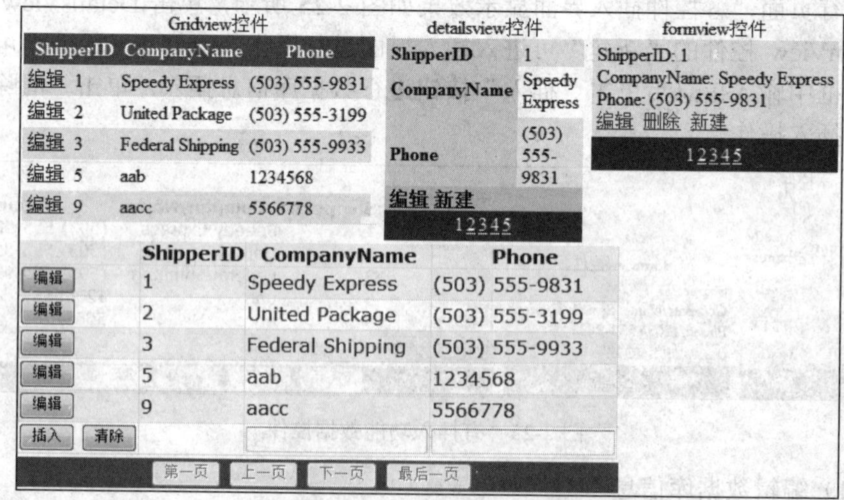

图 2-27　添加编辑功能的数据控件

（5）删除数据库信息

对数据库信息进行删除，需要修改数据源控件的属性，选择 SqlDataSource1 控件，在属性面板中选择 ConflicDetection 属性，修改值为 OverwriteChanges，然后选择 DeleteQuery 属性，单击属性右边的⋯按钮，进入删除语句编辑框，如图 2-28 所示，修改 Delete 语句，使得 where 条件后只留下关键字 shipperID 判断表达式，代码如下：

```
DELETE FROM [Shippers] WHERE [ShipperID]=@original_ShipperID
```

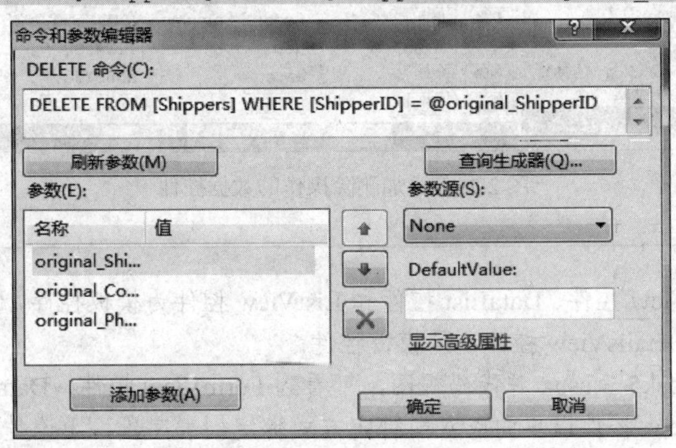

图 2-28 修改数据源控件的删除语句

对各类数据控件完成下面操作。

1）单击 GridView 控件、DetailsView 控件右上角的任务窗口图标▷，在弹出的任务窗口勾选“启用删除”选项。

2）FormView 控件在数据显示信息界面就默认带删除功能，不用做任何设置。

3）单击 ListView 控件右上角的任务窗口图标▷，在弹出的任务窗口中选择“配置 ListView…”，在弹出的配置窗口中选择“网格”布局，样式选择“蓝调”，勾选“启用分页”“启用插入”“启用编辑”“启用删除”选项。

4）单击 ListView 控件，在源代码视图中找到控件中的页码控件代码，修改 PageSize 属性值为 4，页面控件代码如下：

```
<asp:DataPager ID="DataPager1" runat="server" PageSize="4">
<Fields>
  <asp:NextPreviousPagerField ButtonType="Button" ShowFirstPageButton
="True" ShowLastPageButton="True" />
</Fields>
</asp:DataPager>
```

运行页面，各控件编辑界面显示效果如图 2-29 所示，单击各个控件的“删除”按钮，当记录没有被其他数据库使用时可删除该条记录，如与其他数据表有外键关联，则需要先删除关联的记录。

添加删除操作的数据控件（图片）

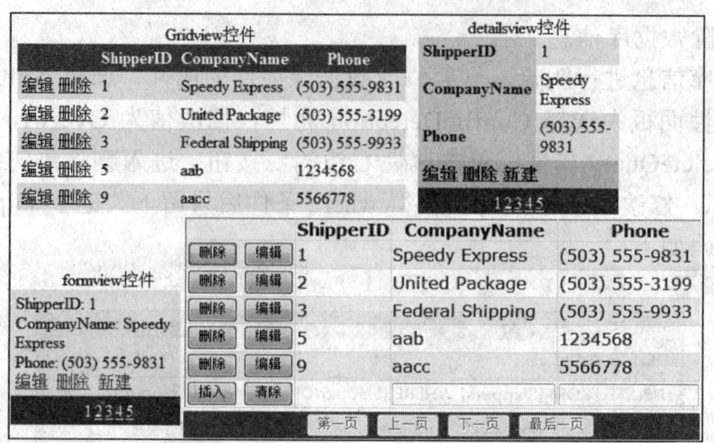

图 2-29　添加删除操作的数据控件

说　明

- FormView 控件、DataList 控件和 ListView 控件为模板控件，GridView 控件和 DetailsView 控件不是模板控件。
- 查看 task5_3.aspx 源代码视图，可看到 FormView 控件、DataList 控件和 ListView 控件以单向或双向绑定方式绑定到表字段，无论是不是以标签或文本框方式显示数据，关键字 ShipperID 均以单向绑定的方式进行数据绑定：Text='<%# Eval("ShipperID") %>'，其他字段以双向绑定的方式进行数据绑定，如公司名字段的绑定：Text='<%# Bind("CompanyName") %>'。
- GridView 控件和 DetailsView 控件的字段如果需要编辑绑定，则需要将字段转换为模板字段后才可修改绑定方式。

任务 2.6　图表控件的数据绑定

使用图表控件显示数据库信息（视频）

任务描述：

获得 Northwind 数据库中每个种类的产品总数量，并以图片显示。涉及两张表：种类表和产品表，并对同一种类的产品进行数量统计。

2.6.1　关键知识：Chart 控件

ASP.NET 的 Chart 控件可以向 Web 应用程序添加动态的数据绑定的图形，通过 Chart 控件制作不同类型的图表，如柱形图、面积图、条形图、折线图、饼图等，可以通过修改绘图区以及添加边框、背景和图例定制图表的外观。

Chart 控件主要有下面三个组件。

1）系列（Series）：系列是数据点的集合，不同类型的图表呈现系列的方式不同。

2）图表区（Chararea）：定义绘制系列的绘图区。

3）数据点：系列内的一个数据点。

编写 Chart 控件的 DataBound 事件，在 DataBound 事件中利用 Chart 控件的 DataManipulator 属性的 Sort 方法可对图表任意轴上的系列进行升序或降序排序。同样，DataManipulator 提供了过滤图表数据、统计平均值等方法。修改 Area3DStyle 属性设置，可以制作有 3D 效果的图表。

2.6.2　任务实施：使用图表控件统计数据表信息

获取数据库中数据并以图片进行显示，步骤如下。

（1）创建文件，配置数据源控件

添加 Web 窗体文件，命名为 task6.aspx。在窗体中添加一个 SqlDataSource 数据源控件，配置数据源，选择 NorthwindConnection String 连接字符串，在配置 Select 语句对话框中选择“指定自定义 SQL 语句或存储过程”单选按钮，单击“下一步”按钮，进入“定义自定义语句或存储过程”对话框，选择“SQL 语句”单选按钮，如图 2-30 所示。

图 2-30　自定义 SQL 语句

根据案例分析，需要对种类表和产品表进行内连接，并以种类名称进行分类汇总，统计每个种类下的产品数据，在图 2-30 的“SELECT”标签中填写数据库访问代码如下：

```
select CategoryName,COUNT(*) as Count
from products p inner join Categories c
on p.CategoryID=c.CategoryID
group by CategoryName
```

单击“下一步”按钮，完成数据源的配置。

（2）将图片控件绑定到数据源控件

在窗体页面添加一个 Chart 控件，如图 2-31 所示设置 Chart 任务，选择配置好的数据源，在“Series1 数据成员”中分别设置 X 轴坐标和 Y 轴坐标所对应的内容值，在图表类型中进行图表选择。

回到源代码视图，可看到在源代码视图页面顶部声明了 Register，将图表控件包含进页面，代码如下：

```
<%@ Register assembly="System.Web.DataVisualization, Version=4.0.0.0,
Culture=neutral, PublicKeyToken=31bf3856ad364e35" namespace=" System.
Web.UI. DataVisualization.Charting" tagprefix="asp" %>
```

图表控件使用单独的 HTTP 处理程序来呈现图像，在 Web.config 的<system.web>节中有如下代码：

```
<httpHandlers>
    <add path="ChartImg.axd" verb="GET,HEAD,POST" type="System.Web.UI.
       DataVisualization.Charting.ChartHttpHandler, System.Web.Data
       Visualization, Version=4.0.0.0, Culture=neutral, PublicKeyToken=
       31bf3856ad364e35"
        validate="false" />
</httpHandlers>
```

运行程序，得到如图 2-32 所示的图表。

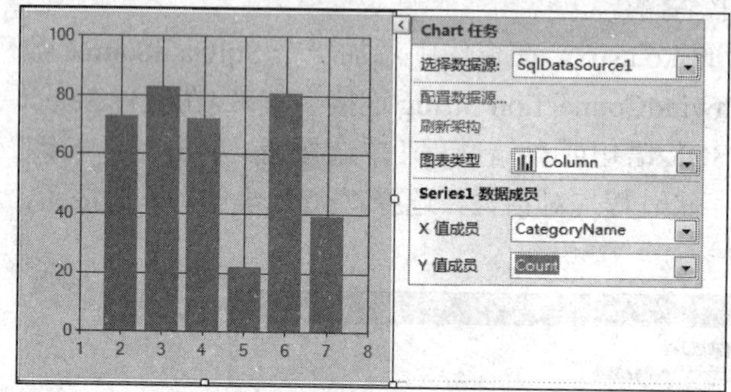

图 2-31　设置 Chart 控件任务

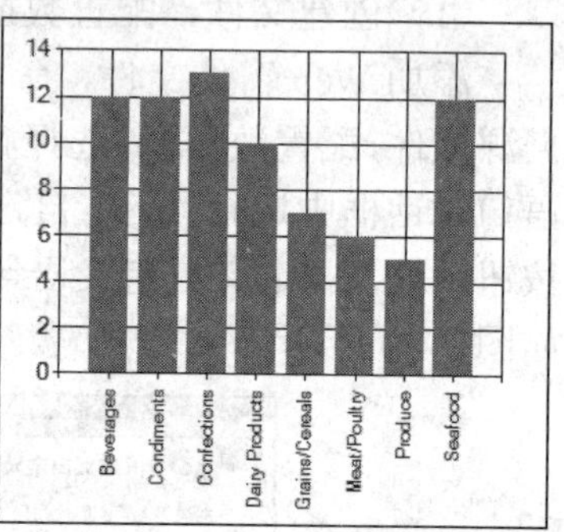

图 2-32　Chart 图表

独立实践

1. 参考任务 2.4，完成最受欢迎团购产品的调查表制作。
2. 用 ListView 控件显示任务 2.5 中图 2-22 的运行效果图，并加分页显示。
3. 修改任务 2.6，选择不同的图表类型，查看运行效果。

课 后 习 题

1. 多选题：下列选项中，（　　）可用于将后置代码页面定义的方法 hello( ) 直接绑定到前端页面。

A. <%# hello( ) %>　　B. <%= hello( ) %>
C. <% hello( ) %>　　D. <%#= hello( ) %>

2. 多选题：将后置代码页面定义的变量 str 绑定到前端页面的标签控件 Label1，该标签控件的 Text 属性值可设置为哪些方式?（　　）

A. Text="<%#str %>">　　B. Text="<%=str %>"
C. Text="<% str %>">　　D. Text="<%#=str %>">

3. 单选题：在前端页面显示后置代码页面定义的变量、方法、属性或数组时，除了需要在前端页面写绑定方式外，还需要在后置代码页面的 Page_Load 页面加载事件中写下列哪个语句?（　　）

A. Page.DataBind();　　B. Page.Bind();
C. Page.Data();　　D. DataBind();

4. 判断题：数组值只能通过多值列表控件显示，不能通过文本框、标签这类控件显示。（　　）

5. 多选题：下列选项中，（　　）可用于下拉列表框 DropDownList1 读取选中的值。

A. DropDownList1.SelectedItem.Value　　B. DropDownList1.SelectedItem.Text

C. DropDownList1.SelectedValue　　D. DropDownList1.SelectedText

6. 多选题：下列选项中，（　　）可用于多选列表框组 CheckBoxList1 读取选中的值。

A. CheckBoxList1.Items[i].Text　　B. CheckBoxList1.Items[i].Value

C. CheckBoxList1.SelectedItem　　D. CheckBoxList1.SelectedValue

7. 判断题：ListBox 控件可通过属性 SelectionMode 设置为单选控件或多选控件。（　　）

8. 单选题：下列选项中，（　　）可用于多选列表组控件 CheckBoxList1 计算选项个数。

A. CheckBoxList1.Items.Count　　B. CheckBoxList1.Count

C. CheckBoxList1.Items　　D. CheckBoxList1.Items.Length

9. 多选题：绑定到数据库后，用 ID 值显示 lblname 标签数据库中字段名为 name 的字段值，下列写法正确的是（　　）。

A. lblname.Text='<%#Eval("name")%>'　　B. lblname.Text='<%# Bind("name")%>'

C. lblname.Text='<%#("name")%>'　　D. lblnamc.Text='<%# name %>'

10. 多选题：下列数据源中，可通过 ADO.NET 类库操作的是（　　）。

A. 数据库文件　　B. Excel 文件　　C. XML 文件　　D. 文本文件

项目 3 页面导航与视图切换

学习目标

知识教学目标

- 使用 CSS+DIV 设置一级横向导航和竖向导航
- 使用 Menu 控件建立一级横向导航和竖向导航
- 使用 Menu 控件建立二级横向导航
- 使用 TreeView 控件建立树状导航
- 使用 MultiView 控件实现视图切换

技能培养目标

- 根据页面设计需求，使用多种方式制作横向一级和多级导航
- 根据页面设计需求，使用多种方式制作竖向一级和多级导航
- 根据页面设计需要，制作多视图切换模块

导航是网页中不可缺少的元素，按导航的层次结构可分为一级导航、二级导航和多级导航；按导航的排列方式可分为横向导航和竖向导航；按导航创建方式可分为使用控件制作的导航和使用 CSS+DIV 制作的导航；横向导航的位置一般在网页的头部页眉处；竖向导航的位置一般在网页的左侧栏处，实际摆放位置可根据页面视图效果设置。本项目介绍导航的多种创建方式。

任务3.1 使用 CSS+DIV 创建导航

任务描述：

本任务基于 CSS+DIV 完成横向导航和竖向导航的制作，导航块内容可以是列表项，也可以采用链接文字，通过外部样式使得导航块内容按需要的方式横向或竖向显示。

3.1.1 关键知识：导航样式

使用 CSS＋DIV 制作导航需要掌握下列知识。

1）浮动设置：采用 ul-li 列表项的形式制作横向导航时，关键点是需要设置每一个 li 列表项由默认的竖向排列转成横向排列，通过 CSS 样式控制这种转向，需要设置 li 样式向左或向右浮动。

2）复合链接样式的设置：文字链接有默认的链接样式、鼠标经过样式和访问过后的样式，如果需要改变默认的样式，则需要对链接样式进行复合样式定义，两个样式如果一样，可用逗号隔开。

3）外部样式的应用：本项目所有样式均保存在 css 文件夹下的样式文件中，需要在网页文件源代码视图的<head>标签内添加对外部样式文件的引用。

3.1.2 任务实施：使用 CSS+DIV 创建横向和竖向导航

CSS+DIV 横向列表导航制作（视频）

1. 使用 ul 列表项制作横向导航

如图 3-1 所示导航所在的位置在页眉偏左下位置，先要估算导航所在层的上边距、左边距及总层宽等，导航分中英文字样显示，链接文字需要设置英文文字的大小。创建导航步骤如下。

图 3-1 横向导航的制作

（1）新建网站及相关文件

新建网站名为 web3 的空网站，在网站中新建名为 task1.aspx 的窗体页面，新建样式文件夹命名为 css，再在 css 文件夹中新建样式文件命名为 layout.css。

（2）添加样式引用

在 task1.aspx 的窗体页面源代码视图的<head>标签内添加对外部样式文件的引用。

```
<link href="css/layout.css" rel="stylesheet" type="text/css"/>
```

（3）添加导航块代码

完成如图 3-1 所示的横向导航，可用列表项设置浮动样式的方式实现。针对 li 项设置左浮动，在 task1.aspx 的窗体页面<body>标签内编写列表项代码如下：

```
<div class="nav1">
    <ul>
        <li><a href="task1.aspx">首页<h5>Home</h5></a></li>
        <li><a href="#">产品展示<h5>products</h5></a></li>
        <li><a href="#">客户案例<h5>Solutions</h5></a></li>
        <li><a href="#">新闻中心<h5>News Center</h5></a></li>
        <li><a href="#">服务支持<h5>Services</h5></a></li>
        <li><a href="#">联系我们<h5>Contact Us</h5></a></li>
    </ul>
</div>
```

在样式文件表中设置样式，若要去掉本页面导航栏中 h5 标题和 ul 默认外边距的影响，则需将外边距设置为 0px，代码如下：

```
h5,ul{   margin: 0px; }
```

针对列表项设置列表项样式、链接样式和鼠标经过的样式，代码如下：

```
.nav1{ background:url(../images/headerBg.gif) repeat-x;width:
600px;   height: 84px;}
.nav1 ul{padding-top:40px;}
.nav1 ul li {list-style-type:none;float:left; }
.nav1 ul li a:link,.nav1 ul li a:visited{text-decoration:none;
display:block;  padding:0 16px; font-size:14px;color:#2D79A5;
background:url(../images/navBg.gif)no-repeat top right;
font-weight:bold;  font-family:"宋体"; }
.nav1 a h5{ color:#C8C8C8; font-size:11px; float:none !important;
float:left;margin-top:0px;}
.nav1 a:hover{ color:#292929; }
```

2. 使用链接文字制作导航

可采用传统的 CSS+DIV 链接文字的方式实现图 3-1 所示导航的制作，具体创建步骤如下。

CSS+DIV 链接文字导航制作（视频）

1）在 task1.aspx 的窗体页面的<body>标签内编写导航代码如下：

```
<div >
    <a href="#">首页<h5>Home</h5></a>
    <a href="#">产品展示<h5>products</h5></a>
    <a href="#">客户案例<h5>Solutions</h5></a>
    <a href="#">新闻中心<h5>News Center</h5></a>
    <a href="#">服务支持<h5>Services</h5></a>
    <a href="#">联系我们<h5>Contact Us</h5></a>
</div>
```

2）估计导航总宽度、高度、上边距、左边距等，在样式文件中设计名为 nav 的类样式，并在 task1.aspx 窗体页面的层 div 中进行引用。修改导航代码框第一行层代码为：<div class="nav">。

3）在样式表文件中编写链接及访问过后的复合样式.nav a, .nav a:visited。两个样式用逗号隔开，表示样式内容一样，编写鼠标经过链接样式.nav a:hover，编写英文导航字母的样式.nav a h5，在样式文件 layout.css 中添加代码如下：

```
.nav  { width:600px;height:40px;padding-top:40px;  }
```

```
    .nav a:link,.nav a:visited{ height:40px;float:left; background:url
(../images/navBg.gif)no-repeattopright;display:block;padding:0 16px;
font-size:14px;font-weight:bold;color:#2D79A5;font-family:" 宋 体 ";
text-decoration:none; }
    .nav  a  h5{  color:#C8C8C8;font-size:11px;float:none  !important;
float:left;  }
    .nav a:hover{ color:#292929;  }
```

说　明

样式代码 float:none !important; float:left; ，!important 对 firefox 有效，对 IE 无效，故{ float:none !important; float:left;},在 firefox 中解释为{ float:none;}, 在 IE 中解释为{ float:left;}。

4）运行页面可得到如图 3-1 所示页面效果。

竖向导航制作（视频）

3. 竖向导航的制作

完成如图 3-2 所示竖向导航。图中第一个导航背景和下面几个导航背景不同，鼠标经过导航时有变换背景图片要求。另外，导航文字的水平位置需要设置合适的左边距。友情链接栏有背景和小图标，需要计算小图标的水平位置和文字的水平位置。步骤如下。

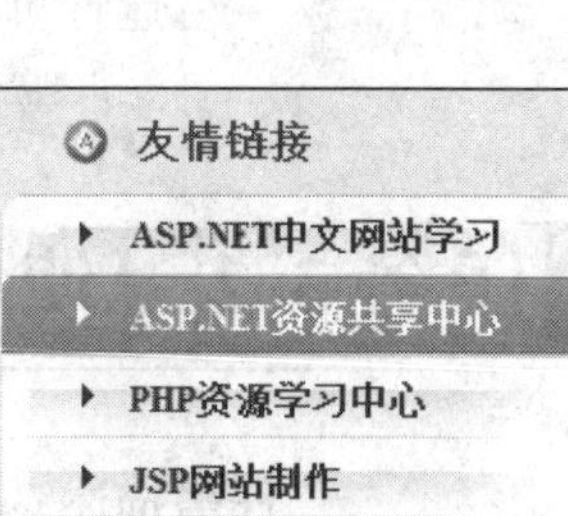

图 3-2　竖向导航的制作

（1）友情链接文字效果的实现

友情链接文字和小图标可放在一个层里，也可以通过样式中设置背景图方式添加小图标，本例中通过样式实现。为了达到文字和小图标分开控制的效果，把友情链接文字设置成链接形式，通过设置链接样式中的左内边距，控制文字的水平位置。具体效果由类样式 curShow 实现，在 task1.aspx 的窗体页面的源代码视图代码如下：

```
    <p class="curShow"><a href="#">友情链接</a> </p>
```

在样式文件中设置 curShow 类样式宽度与下面导航背景图片宽度一致，为 226px，在链接样式中调整左内边距 padding-left 和宽度的值，以调整文字及图片的位置，在样式文件 layout.css 中添加代码如下：

竖向导航的制作（图片）

```
    .curShow{ width:206px;height:40px;background:#F5F5F5;line-height:
40px;padding-left:20px;}
    .curShow a{ width:150px; color:#045D97;font-size:16px;font-weight:
bold;background:url(../images/icon02.gif) no-repeat; padding-left:
30px;text-decoration:none;font-family:"隶书","黑体";}
```

（2）编写竖向导航代码

竖向导航块内容采用链接文字方式实现，定义链接样式为类样式 menu，考虑到第一个导航块背景图不同，增加.menu a.first 样式变换背景，在窗体页面的源代码视图中添加如下代码：

```
    <div class="menu">
          <a href="#" class="first">ASP.NET中文网站学习</a>
          <a href="#">ASP.NET资源共享中心</a>
```

```
        <a href="#">PHP 资源学习中心</a>
        <a href="#">JSP 网站制作</a>
        <a href="#">安卓移动编程</a>
    </div>
```

（3）编写导航样式代码

在样式文件中通过设置类样式 menu 及 menu 的复合链接样式实现导航效果。menu 类样式中设置宽度值为背景图片的宽度 226px，在链接样式中，根据文字在图片中的位置设置好左内边距为 50px 后，再由 226px-50px=176px，设定链接样式的宽度为 176px，使得链接文字在背景图的合适位置。样式文件 layout.css 中添加样式代码如下：

```
    .menu{ width:226px; height:auto; line-height:32px;}
    .menu a:link,.menu a:visited{ background:url(../images/nav.gif)
left top no-repeat;text-decoration:none; padding-left:50px;
width:176px;color:#124A6D;font-size:14px;font-weight:bold;
display:block;}
    .menu a.first{ background:url(../images/nav01.gif) no-repeat;}
    .menu a:hover{ background:url(../images/navHover.gif) no-repeat;
color:#FFFFFD; }
```

运行页面，可得到如图 3-2 所示的竖向导航效果图。

任务 3.2 使用 Menu 控件建立网站导航

任务描述：

本任务主要是了解 Menu 控件的基本属性，并能够使用 Menu 控件建立一级横向导航、二级横向导航、一级竖向导航和二级竖向导航。

3.2.1 关键知识：认识 Menu 控件

1. 认识 Menu 控件

Menu 控件是一个菜单控件，由一个或多个菜单子项（MenuItem）组成，并且菜单子项之间可以形成一定的层次关系。菜单控件包含两种菜单：静态菜单（StaticMenu）和动态菜单（DynamicMenu）。静态菜单总是一直显示在网页上充当一级菜单的作用，而动态菜单由菜单的父菜单弹出，充当二级菜单作用。

2. 静态的方式添加 Menu 控件的菜单

Menu 控件的 Items 属性表示 Menu 控件的所有菜单项，可以在设计视图中以静态的方式添加 Menu 控件的菜单。

单击 Menu 控件上的▶标记，然后在如图 3-3 所示的 Menu 控件的任务窗口中选择“编辑菜单项”命令，进入如图 3-4 所示的“菜单项编辑器”窗口，单击“添加根项”按钮，可以添加根菜单项。若要删除某个节点，则选择要删除的节点，然后单击“移除节点”按钮 。通过单击上下箭头可移动菜单项的前后位置。选择某个根节点菜单后，再单击 按钮，可添加下一级子菜单，实现二级导航的效果。如图 3-4 所示分别添加根结点菜单，名称为“首页”“产品展示”“客户案例”“新闻中心”“服务支持”“联系我们”，作为一级导航菜单项，设置如下属性。

- NavigateUrl 属性：单击菜单项后要跳转的页面 Url。
- Text 属性：菜单项显示的文本。
- Value 属性：菜单项的值。
- Target 属性：设置为_blank 时，每一个导航块均在新的页面打开 NavigateUrl 中指定的页面；设置为 new 时，则在第一次单击导航时在新的页面打开导航所指向的网页，再次单击其他导航块时，其他导航所指向的页面将取代第一个导航打开的页面。

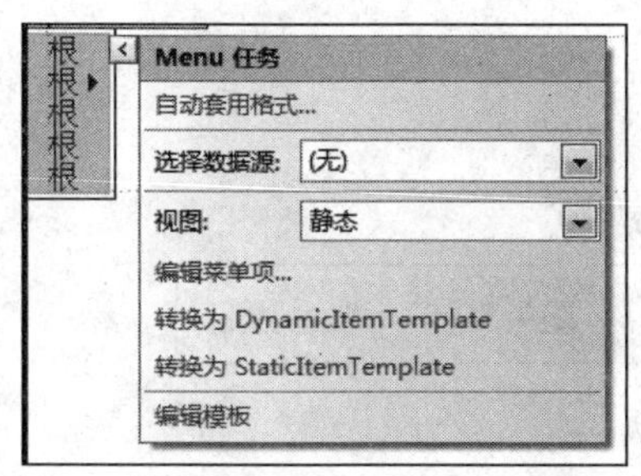

图 3-3 Menu 控件的任务菜单

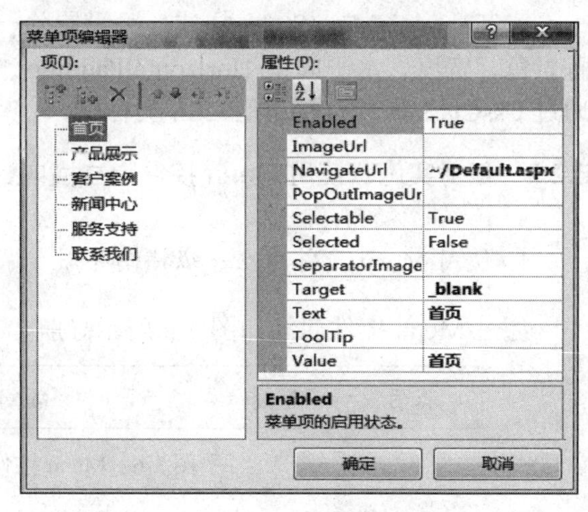

图 3-4 菜单编辑器

3. Menu 控件的常用属性

1）Orientation 属性：用于设置控件的呈现方向（Vertical、Horizontal）。设置为 Horizontal 时，为横向导航菜单；设置为 Vertical 时，为竖向菜单，默认是 Vertical。

2）StaticDisplayLevels 属性：用于设置静态菜单显示级别数。默认值是 1，也就是第一层，如果设置为 1 以上数值，则为对应的多层菜单。

3）MaximumDynamicDisplayLevels 属性：指定在静态显示层后应显示的动态显示菜单节点层数。如果将 MaximumDynamicDisplayLevels 设置为 0，则不会动态显示任何菜单节点；如果将 MaximumDynamicDisplayLevels 设置为负数，则会引发异常。

4）DisappearAfter 属性：设置菜单动态显示部分从显示到消失所需的时间长度，默认值为 500 毫秒。如果将 DisappearAfter 的值设置为 0，在 Menu 控件之外暂停便会使其立即消失；将此值设置为-1，指示暂停时间无限长，只有在 Menu 控件之外单击，才会使动态部分消失。

5）CssClass 属性：可引用类样式。添加静态菜单项后可通过引用链接类样式实现导航的效果。

6）StaticEnableDefaultPopOutImage 属性：该属性默认为 True，有多级导航菜单时，菜单项之间会出现▶的间隔符号，如图 3-5 所示。设为 False，则不出现间隔符号。

首页　产品展示 ▶　客户案例 ▶　新闻中心　服务支持
办公管理

图 3-5　多级导航时一级导航间隔符号

7）StaticMenuStyle 样式：可设置一级静态菜单项的背景色、字体、宽度、高度、对齐方式等，也可通过 CssClass 属性直接引用 CSS 类样式。

8）DynamicMenuStyle 样式：可设置除一级静态菜单项外的其他动态菜单的背景色、宽度、水平间距 HorizontalPadding、垂直间距 VerticalPadding 等，也可通过 CssClass 属性直接引用 CSS 类样式。

3.2.2　任务实施：使用 Menu 控件建立横向、竖向导航

使用Menu控件建立一级横向导航（视频）

1. 使用 Menu 控件建立一级横向导航

通过 Menu 控件建立如图 3-6 所示导航，步骤如下。

首页　产品展示　客户案例　新闻中心　服务支持　联系我们

图 3-6　Menu 控件导航

（1）新建窗体页面，并引用外部样式

新建名为 task2.aspx 的窗体页面，在源代码视图的<head>标签内添加对外部样式文件的引用。

```
<link href="css/stylesheet.css" rel="stylesheet" type="text/css"/>
```

在 task2.aspx 页面中添加 Menu 控件，按如图 3-4 所示添加根节点并分别设置各根节点的 NavigateUrl 属性、Text 属性、Value 属性和 Target 属性。

（2）撰写 CSS 样式

假设导航放在左上角坐标（100px,40px）位置，估算导航宽度为 600px，复合链接样式中设置每个导航项宽度为 80px，文字在块内水平居中，因此设置显示模式为 block 模式，设置行高为 35px，与高度一致，使得内容在垂直方向也居中。在 CSS 文件夹下的 stylesheet.css 样式文件中添加样式代码如下：

```
.nav{ width: 600px;  height: 35px;  }
.nav a:link, .nav a:visited{  height: 35px;  width: 80px;
display: block;  background: url (../images/navBg.gif) ;
   padding: 0 15px; font-size: 14px;  color: #000000;
   font-family: "宋体";   text-align: center;   line-height:35px;}
.nav a:hover{ color:#292929; }
```

（3）设置属性

选择 Menu 控件，设置属性 Orientation 值为 Horizontal，为横向显示模式；设置属性 CssClass 引用类样式名为 nav。

运行页面，可看到如图 3-6 所示的页面效果。

说　明

该导航应用到页面时，可根据页面存放导航的位置修改类.nav 样式中的 left 和 top 的值，也可增加 position 属性值，并修改宽度和高度。

2. 使用 Menu 控件建立二级横向导航

使用 Menu 导航控件完成如图 3-7 所示带二级横向导航的效果图，步骤如下。

使用 Menu 控件建立二级横向导航（视频）

首页　产品展示　客户案例　新闻中心　服务支持　联系我们

办公管理

教务管理系统

图 3-7　二级横向导航

二级横向导航（图片）

1）在页面中添加 Menu 控件，按如图 3-4 所示添加根节点，然后选择需要设置二级导航的根节点“产品展示”，单击添加子节点按钮，添加两个子节点，再继续选择“客户案例”根节点，添加两个子节点，分别设置各根节点的 NavigateUrl 属性、Text 属性、Value 属性和 Target 属性，如图 3-8 所示。

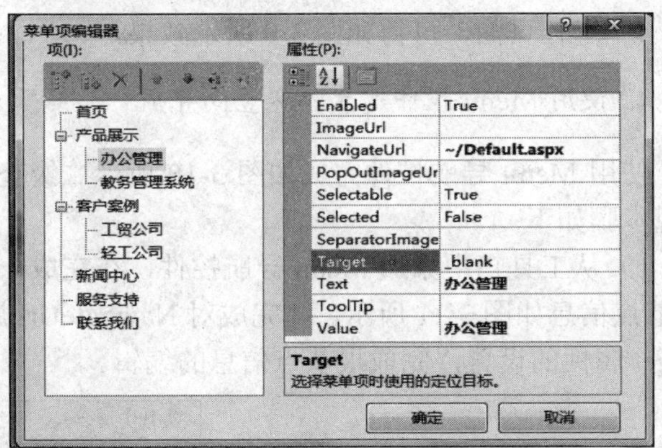

图 3-8　含二级子节点的 Menu 导航控件设置

2）分析导航能的总宽度、每项的宽度、高度、水平对齐方式、垂直对齐方式、字体样式等，在样式文件 stylesheet.css 中添加编写如下样式代码：

```
.nav2{ left: 50px; width:600px;height:35px; }
.nav2 a:link, .nav2 a:visited{ height: 35px;width:80px;
display:block;background:url (../images/navBg.gif);
padding:0 15px;font-size:14px;font-weight:bold;
color: #000000;font-family:"宋体"; text-align:center;
line-height:35px; }
.nav2 a:hover{ color:#292929;}
```

3）选择 Menu 控件，设置属性如下。

- 属性 Orientation 值为 Horizontal，为横向显示模式。
- 属性 CssClass 引用类样式名为 nav2。
- 属性 StaticEnableDefaultPopOutImage 值为 False，去掉默认的静态节点图标▶。

4）运行页面，可得如图 3-7 所示效果。

3. 使用 Menu 控件建立一级竖向导航

使用 Menu 控件建立一级竖向导航（视频）

使用 Menu 导航控件完成如图 3-9 所示导航效果图，实现步骤如下：

1）从工具箱中添加 Menu 导航控件，参考图 3-4 完成根节点信息的编辑，根节点文字分别为“ASP.NET 中文网站学习、ASP.NET 资源共享中心、PHP 资源学习中心、JSP 网站制作、安卓移动编程”，并完成对 NavigateUrl 属性、Text 属性、Value 属性和 Target 属性的设置。

2）根据导航的背景图大小、鼠标经过变换背景图的要求、测算文字在背景图的位置设置 CSS 类样式，在文件 stylesheet.css 中添加代码如下：

```
.menu{ width:226px;height:auto; }
.menu a:link,.menu a:visited{ background:url(../images/nav.gif) left top no-repeat;width:176px; height:32px;padding-left:50px; display:block; color:#000000;font- size:14px;line-height:32px;}
.menu a:hover{ background:url(../images/navHover.gif) no-repeat; color:#FFFFFD; }
```

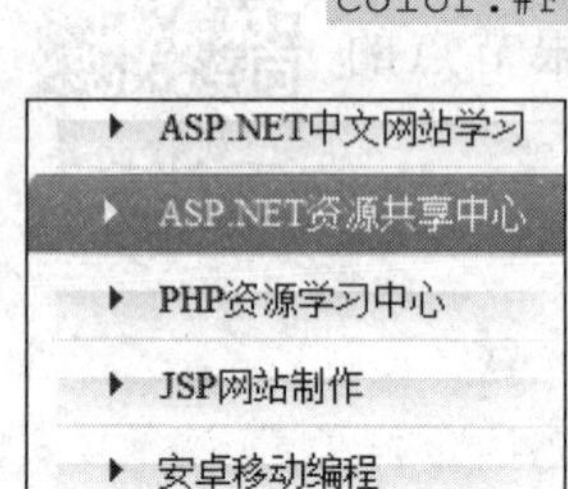

图 3-9 竖向导航效果图

3）选择 Menu 导航控件，设置 CssClass 属性值为上面完成的 menu 样式。

4）运行页面，可得如图 3-9 所示效果。

4. 使用 Menu 控件建立二级竖向导航

使用 Menu 控件建立二级竖向导航（视频）

使用 Menu 导航控件完成如图 3-10 所示二级竖向导航效果图，实现步骤如下。

1）从工具箱中添加 Menu 导航控件，在完成一级竖向导航任务的基础上添加子节点信息如图 3-11 所示，并完成对 NavigateUrl 属性、Text 属性、Value 属性和 Target 属性的设置，完成根节点信息的编辑。

二级竖向导航（图片）

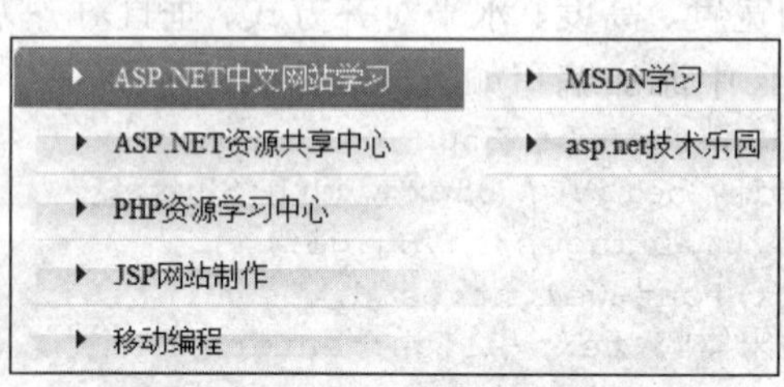

图 3-10 二级竖向导航效果图

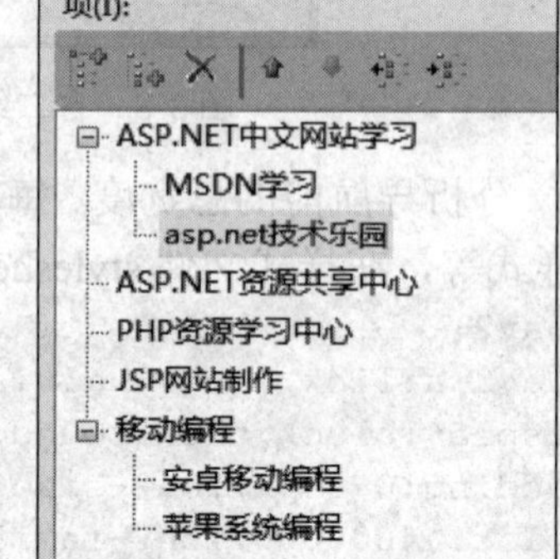

图 3-11 二级竖向导航节点信息

2)选择 Menu 导航控件,设置 CssClass 属性值为一级竖向导航中完成的 Menu 样式，并设置 DisappearAfter 属性值为 1500ml。

3）修改 StaticEnableDefaultPoputImage 属性值为 False。如果有三级导航，同时修改 DynamicEnableDefaultPoputImage 属性值为 False。

4）运行页面，可得如图 3-10 所示效果。

任务 3.3 使用 TreeView 导航控件建立树状导航

任务描述：

网站的后台管理主页面通常需要设置一个导航，通过该导航，使得管理员可链接到各个页面，从而实现数据库的插入、删除、更新和修改用户信息等任务，本任务使用 TreeView 控件建立一个管理员后台主页面的树状导航。

3.3.1 关键知识：TreeView 控件

TreeView 控件由一个或多个节点构成，通过树状视图形式展示。可以将控件绑定到 SiteMapDataSource 控件上、绑定到 XMLDataSource 控件上和绑定到数据库上，树中的每个项都被称为一个节点，由 TreeNode 对象表示。每个节点都具有一个 Text 属性和一个 Value 属性。Text 属性的值显示在 TreeView 控件中，而 Value 属性则用于存储有关该节点的任何附加数据。

除了将 TreeView 控件绑定到站点地图数据源以显示网站结构以外，用户还可以在设计视图中以静态的方式添加 TreeView 控件的静态数据。单击 TreeView 控件上的标记▸，然后在“TreeView 任务”菜单上单击“编辑节点”，在“TreeView 节点编辑器”对话框中依次添加根节点和子节点，并设置相关属性，完成树状导航的编辑。

常用节点属性值如下。

- Expanded 属性：指定默认情况下节点是否打开。
- NavigateUrl 属性：菜单被选中是被定位到的页面的 Url。
- SelectAcion 属性：指定节点被选中时执行的操作，例如展开和折叠。
- Text 属性：节点项显示的文本。
- Value 属性：节点项的值。
- Target 属性：设置为_blank，从空白页打开跳转的页面。
- CssClass 属性：引用 CSS 类样式。
- NodeIndent 属性：设置节点的缩进量。
- NodeStyle 样式：设置节点的样式，包括类样式的引用、水平间距、字体等样式的设置。
- HoverNodeStyle 样式：鼠标经过节点样式的设置。

- ExpandDepth 样式：默认为 FullExpand，当有多级菜单时可设置为只显示前面的级数。

3.3.2 任务实施：使用 TreeView 控件创建导航

使用 TreeView 控件创建导航（视频）

使用 TreeView 导航控件完成如图 3-12 所示的树状导航效果图，鼠标经过时可变换背景颜色，实现步骤如下：

1）新建名为 task3.aspx 的窗体页面，在源代码视图的<head>标签内添加对外部样式文件的引用。

```
<link href="css/stylesheet.css" rel="stylesheet" type= "text/css"/>
```

2）在页面中添加 TreeView 导航控件，单击左上角的 ▷ 进入 TreeView 任务窗口，选择“编辑节点”，进入节点编辑窗口，如图 3-13 所示，添加两个根节点，Text 属性值分别为“文件管理”和“用户管理”。然后选择“文件管理”根节点，添加四个子节点；再选择“用户管理”根节点，添加三个子节点，分别设置各根节点和子节点的 NavigateUrl 属性、Text 属性、Value 属性和 Target 属性值。

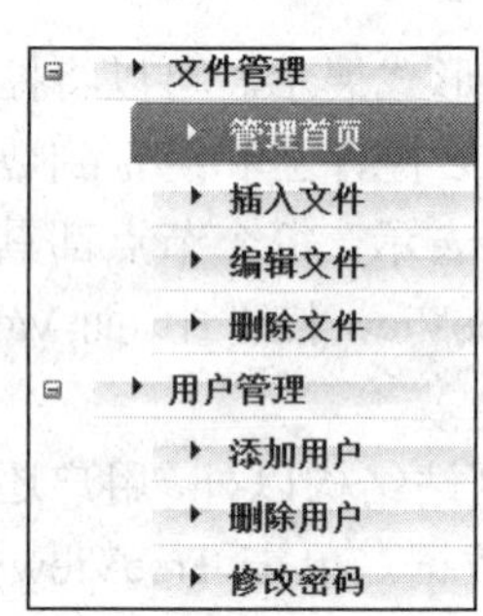

图 3-12 TreeView 导航

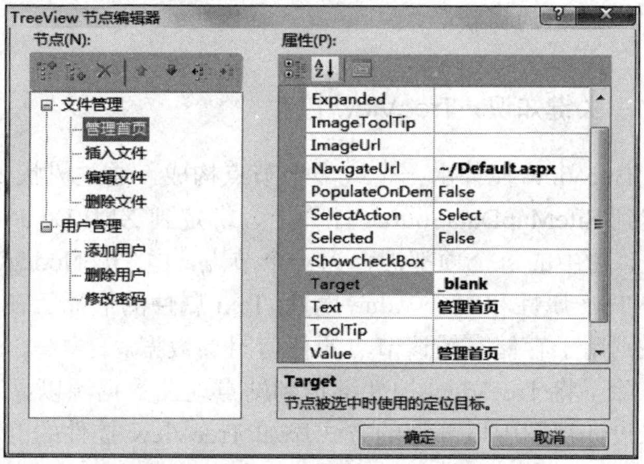

图 3-13 TreeView 控件节点编辑窗口

3）根据背景图片调整文字在背景图中的位置，设置好链接样式的宽度和左内边距，编写样式代码如下：

```
    .menu2{  height:auto;overflow:hidden;}
    .menu2 a:link{ background:url(../images/nav.gif)  no-repeat;
width:130px;height:32px;line-height:32px;float:left;color:#124A6D;
padding-left:50px;font-size:14px;font-weight:bold;}
    .menu2 a:hover{ background:url(../images/navHover.gif) no-repeat;
color:#FFFFFD;text-decoration:none;}
```

4）选择 TreeView 导航控件，设置属性如下：

- 属性 NodeIndent 值为 30px，设置节点缩进量。
- 样式 NodeStyle 的 CssClass 属性值为类样式 menu2。

5）运行页面，可得到如图 3-12 所示效果。

任务3.4 使用 MultiView 控件实现多视图切换

任务描述：

在各类门户网站中通常会设计一个多视图切换层，如在一个布局位置，用户可通过单击切换按钮实现同一位置查看新闻或通知或公告等信息，如图 3-14 所示效果。本任务使用 MultiView 和 View 控件结合，实现多视图的切换。

3.4.1 关键知识：多视图控件

1. MultiView 和 View 控件

在 ASP.NET 中，使用 MultiView 和 View 控件可以做出选项卡的效果，一个 MultiView 控件可以包含多个 View 控件，View 控件可以包含子控件，一个 View 控件相当于一个选项卡。MultiView 控件一次只能显示一个 View 视图，与按钮、链接按钮或图片按钮控件结合使用，可通过单击按钮，切换到不同的 View 控件，从而看到不同的内容。

MultiView 控件的主要属性是 Views 和 ActiveViewIndex。Views 属性是一个 ViewCollection 对象，是一个 View 对象的集合，存储了 MultiView 控件中所包含的 View 对象。ActiveViewIndex 属性表示 MultiView 控件中当前处于活动状态的视图（View）的索引值，通过设置 ActieViewIndex 属性值，可以实现 MultiView 控件的视图切换，如将 ActiveViewIndex 属性设为 1，则在 MultiView 控件中显示第二个视图（索引值从 0 开始）；将 ActiveViewIndex 属性设为-1，则在 MultiView 控件中不显示任何视图。ActiveViewIndex 的属性默认值为-1。

2. 按钮控件的参数设置

按钮与 MultiView 控件配合使用时，按钮属性参数主要设置 CommandName 属性和 CommandArgument 属性，多个按钮需要设置相同的 Command 命令事件。

3.4.2 任务实施：使用多视图控件实现界面切换

如图 3-14 所示，单击 通知公告 时，切换到通知公告视图界面；单击 学院新闻 时，切换到学院新闻视图界面；单击 部门动态 时，切换到部门动态视图界面。实现步骤如下。

使用多视图控件实现界面切换（视频）

（1）添加样式文件和布局页面

在网站中新建窗体页面，命名为 task4.aspx。在 CSS 样式文件夹中新建样式表文件，命名为 multiviewcss.css。在 task4.aspx 文件源代码视图的<head>标签内添加样式文件 multiviewcss.css 的引用，代码如下：

```
<link href="css/multiviewcss.css" rel="Stylesheet" type="text/css" />
```

多视图切换
（图片）

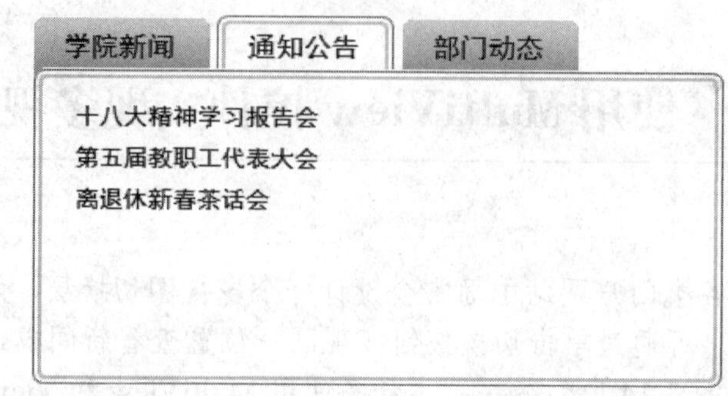

图 3-14　单击链接按钮实现视图切换

分析所给的图片素材和最终要完成的效果图，设计类样式 tab_box 作为容器层，以给定的素材 tab_box.png 为容器层的背景图，在样式表文件中编写样式代码如下：

```
    .tab_box{ background-image:url('../images/tab_box.png');width: 512px;
height:497px;background-repeat:no-repeat;margin:auto; }
```

在源代码视图的<body>标签内添加新的层，并引用样式 tab_box。

（2）定位并设置链接按钮

根据容器层的背景图大小估算三个链接按钮的总宽度和高度，在样式表文件中编写样式代码如下：

```
    .tab_menu{ width:320px;height:38px; }
```

在窗体页面的 tab_box 层中添加新的层，并引用类样式 tab_menu，在这个层中添加<ul><li>列表项，每个链接按钮为一个<li>列表项，CommandArgument 属性参数值分别设为 0、1 和 2，Text 属性值分别设为学院新闻、通知公告和部门动态，Command 命令事件名称均设为 ViewChangeCommand，在窗体页面 tab_menu 层中添加代码如下：

```
    <div class="tab_menu"> <ul>
      <li><asp:LinkButton ID="lbtxinwen" runat="server"
CommandArgument="0"   oncommand="ViewChangeCommand">学院新闻
</asp:LinkButton></li>
      <li><asp:LinkButton ID="lbtgonggao" runat="server"
CommandArgument="1"   oncommand="ViewChangeCommand">通知公告
</asp:LinkButton> </li>
      <li><asp:LinkButton ID="lbtdongtai" runat="server"
CommandArgument="2"   oncommand="ViewChangeCommand">部门动态
</asp:LinkButton></li> </ul></div>
```

（3）设置链接样式

设置链接按钮的链接样式，因为鼠标经过时需要变换背景图片，因此设置每个 li 链接项以块状形式显示，即 display 属性值设为 block，在 li 样式中设置高度 height 与行高 line-height 值一样，使得文字在块内垂直方向居中，鼠标经过时变换背景图样式的高度值根据实际运行效果进行调整。在样式表文件中编写样式，代码如下：

```
    .tab_menu ul{  margin:0px;padding:0px 0px 0px 2px; }
    .tab_menu ul li{  float:left;height:38px;line-height:38px;
```

```
list-style-type:none;text-align:center; }
  .tab_menu ul li a:link, .tab_menu ul li a:visited{ color:#000000;
font-family:黑体;font-size:16px;font-family:黑体;display:block;width:
106px;text-decoration:none;}
  .tab_menu ul li a:hover{ height:32px;background-image:url('../images/
tab.png'); background-repeat:no-repeat;  }
```

在设计视图可看到链接按钮的效果图如图3-15所示，鼠标经过后的效果图如图3-16所示。

图3-15　链接按钮样式　　　图3-16　鼠标经过按钮样式

（4）添加MultiView和View控件

在tab_menu层下方添加新的层，层引用命名为newslist的类样式。在层中添加一个MultiView控件，再在MultiView控件中添加三个View控件，按View控件添加的顺序，ID名默认为View1、View2、View3，对应MultiView的ActieViewIndex属性值编号从0开始记录，分别为0、1、2。

在每个View控件中添加相应的列表项，第一个View控件中添加与学院新闻相关的列表项，第二个View控件中添加与通知公告相关的列表项，第三个View控件中添加与部门动态相关的列表项，所有标题列表项设计为空链接，在窗体页面的newslist样式层中添加代码如下：

```
<div class="newslist">
    <asp:MultiView ID="MultiView1" runat="server">
        <asp:View ID="View1" runat="server">
            <li> <a href="#">十八大精神学习报告会</a></li>
            <li> <a href="#">第五届教职工代表大会</a></li>
            <li> <a href="#">离退休新春茶话会</a></li>    </asp:View>
        <asp:View ID="View2" runat="server">
            <li> <a href="#">开学放假通知</a></li>
            <li> <a href="#">转专业公示</a></li>
            <li> <a href="#">寒假火车票订票通知</a></li>  </asp:View>
      <asp:View ID="View3" runat="server">
            <li> <a href="#">公司调研</a></li>
            <li> <a href="#">民主生活会</a></li>
            <li> <a href="#">教学指导委员会会议</a></li> </asp:View>
    </asp:MultiView>
</div>
```

（5）设计链接标题样式

根据运行效果设计.newslist类样式的内上边距值，设计li列表项的左内边距值，设计链接文字的字体、字号、颜色及行距等，设计鼠标经过时文字改变颜色，在样式文件中添加样式代码如下：

```
  .newslist{padding-top:10px;}
  .newslist li {list-style-type:none;padding-left:30px;  }
  .newslist li a:link, .newslist li a:visited{ color:#000000;text-
decoration:none;font-family:黑体;font-size:14px;line-height:24px; }
   .newslist li a:hover{ color:#FF0000;}
```

（6）编写事件代码

在 task4.aspx.cs 后置代码页面编写页面加载事件代码。当页面第一次加载时，MultiView 控件中当前活动 View 视图的索引号为 0，即看到添加的第一个 View 视图，代码如下：

```
protected void Page_Load(object sender,EventArgs e)
   { if (Page.IsPostBack==false)
      { MultiView1.ActiveViewIndex=0;   }
   }
```

task4.aspx 设计视图中双击任意一个链接按钮，或选择其中一个链接按钮，在事件属性中的 Command 事件值已经在第 3 步“定位并设置链接按钮”时设置为 ViewChangeCommand，双击该事件后进入 task4.aspx.cs 编写 ViewChangeCommand 事件，定义一个整形变量，变量值为第 3 步“定位并设置链接按钮”时设置的每个链接按钮控件对应的 CommandArgument 属性值，单击第一个按钮时，事件 e.CommandArgument 的参数值为 0，单击第二个链接按钮时，事件 e.CommandArgument 的参数值为 1，然后设置该整形变量值为 MultiView 控件的当前活动视图索引号值，这样使得每次单击链接按钮都可切换到一个对应的 View 视图，task4.aspx.cs 文件中的事件代码如下：

```
protected void ViewChangeCommand(object sender, CommandEventArgs e)
   {  int viewIndex=int.Parse(e.CommandArgument.ToString());
      //将 LinkButton 所代表的视图在 MultiView1 中显示
      MultiView1.ActiveViewIndex=viewIndex;      }
```

运行页面，可得到如图 3-14 所示的效果。

任务 3.5 站点地图应用

任务描述：

根据网站的文件结构创建站点地图，并依据站点地图与 SiteMapPath 控件结合，实现站点路径导航；与 Menu 控件和 TreeView 控件结合，实现页面导航。

3.5.1 关键知识：站点地图控件

站点地图文件按站点的分层形式组织页面，用于描述站点的逻辑结构，根节点是 SiteMap。可以为网站中的每个页面添加一个 SiteMapNode 元素，并通过嵌入 SiteMapNode 元素来创建层次结构。每一个 SiteMapNode 元素都有一些常用属性，如表 3-1 所示。

SiteMapPath 站点地图路径控件向用户显示当前页面的位置，并以链接的形式显示返回主页的路径。此控件提供了许多可供自定义链接的外观选项。

SiteMapPath 控件自动从站点地图 Web.sitemap 文件中读取数据，提供了从当前位置沿页层次结构向上的跳转功能。默认情况下，根节点显示在导航路径的最左侧，当前节点显示在最右侧，根节点和所有父节点均以超级链接形式呈现，当前节点则以普通文本形式呈现。单击任意一个链接，可跳转到节点对应的页面。

表 3-1 SiteMapNode 元素的常用属性

属 性	说 明
url	设置 SiteMapNode 节点所代表的 URL
title	设置 SiteMapNode 节点的标题，这个属性经常由导航控件用于显示 URL 的标题
description	指定关于这个页面的描述
roles	通过使用安全整修（后面将讨论），这个属性指定允许存取这个页面的角色

SiteMapPath 控件的主要属性如下。

- PathDirection 属性：可以反转 SiteMapPath 控件所显示的路径的方向，分为根节点指向当前节点方向，也可以设置为从当前节点指向根节点方向。
- PathSeparator 属性：设置路径之间的间隔符号。

与 SiteMapPath 控件一样，可以使用 Menu 控件来表现站点地图，通过将 Menu 控件绑定到 SiteMapDataSource 控件上、绑定到 XMLDataSource 控件上、绑定到数据库上显示站点地图的节点，让用户可以遍历访问站点中的不同页面。

与 Menu 控件在使用方式上相似，通过将树状视图控件绑定到 SiteMapDataSource 控件上、绑定到 XMLDataSource 控件上、绑定到数据库上以树状方式显示站点地图结构，让用户可以遍历访问站点中的不同页面。

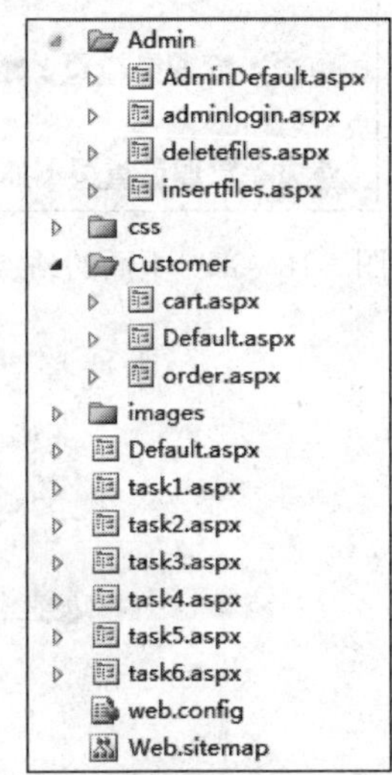

图 3-17 网站文件结构

3.5.2 任务实施：使用站点地图控件实现页面导航

Visual Studio.NET 使用 Web.sitemap 站点地图文件来描述网站的层次结构。站点地图文件与导航控件结合使用，可显示文件的层次结构和快速定位到所需要的文件。

1. 建立站点地图

根据网站的文件结构建立站点地图，步骤如下。

1）新建站点地图文件。右击站点名称，在弹出的快捷菜单中选择“添加新项”命令，在弹出的对话框中添加“站点地图”类型文件 Web.sitemap。

2）根据如图 3-17 所示网站的文件结构编写站点地图文件，代码如下：

```
<?xml version="1.0" encoding="utf-8" ?>
<siteMap xmlns="http://schemas.microsoft.com/AspNet/SiteMap-File-1.0" >
  <siteMapNode url="Default.aspx" title="首页"  description="导航站点介绍">
   <siteMapNode url="~/Admin/AdminDefault.aspx" title="管理员首页">
   <siteMapNode url="~/Admin/adminlogin.aspx" title="管理员登录" />
   <siteMapNode url="~/Admin/deletefiles.aspx" title="删除文件" />
   <siteMapNode url="~/Admin/insertfiles.aspx" title="插入文件" />
```

使用站点地图控件实现页面导航（视频）

```
    </siteMapNode>
    <siteMapNode url="~/Customer/Default.aspx" title="客户端首页" >
       <siteMapNode url="~/Customer/cart.aspx" title="购物车"/>
       <siteMapNode url="~/Customer/order.aspx" title="订单页面"/>
    </siteMapNode>
       <siteMapNode url="task1.aspx" title="产品查询"  />
       <siteMapNode url="task2.aspx" title="产品结构" />
       <siteMapNode url="task3.aspx" title="项目案例"  />
       <siteMapNode url="task4.aspx" title="人才招聘"  />
       <siteMapNode url="task5.aspx" title="联系我们"  />
    </siteMapNode>
  </siteMap>
```

2. 站点地图与 SiteMapPath 控件

在网页中添加站点地图路径，显示网页的文件结构。

打开每一个网页文件，在文件空白处添加导航控件 SiteMapPath 控件，单击控件右上角的任务图标▷，选择“自动套用格式”中的其中一种格式，运行页面，可看到站点地图控件已自动从站点地图文件获取文件路径并显示在页面上，如图 3-18 所示。

首页：客户端首页：订单页面

首页：客户端首页：购物车

首页：管理员首页：删除文件

首页：管理员首页：插入文件

图 3-18　部分页面的站点地图路径

3. 站点地图与 Menu 控件

通过 Menu 控件显示站点地图路径，步骤如下。

1）新建页面。在网站中新建窗体页面，命名为 task6.aspx。

2）添加并设置控件。在网页中添加一个 Menu 控件，单击控件右上角任务图标▷，弹出如图 3-19 所示的任务窗口，从中选择数据源为“新建数据源”，在弹出的数据源配置向导中选择“站点地图”作为 Menu 控件数据源，如图 3-20 所示。

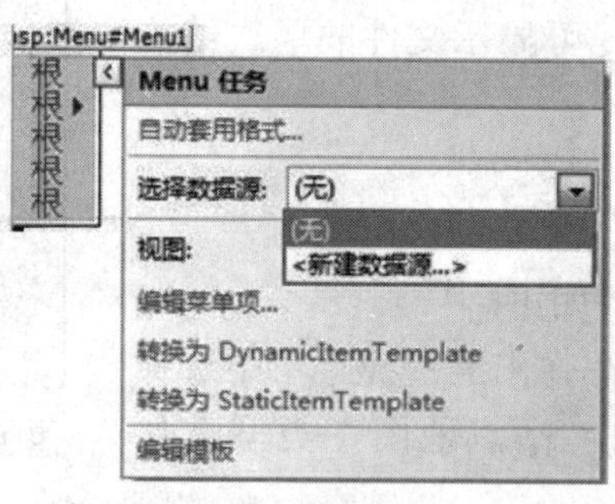

图 3-19　新建数据源

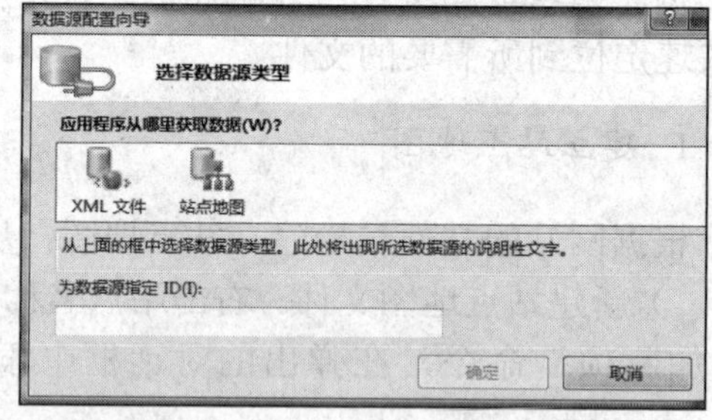

图 3-20　选择站点地图作为数据源

调整导航控件显示效果，设置 Menu 控件属性如下。

- Orientation 属性：值为 Horizontal，水平方向展示导航。
- StaticDisplayLevels 属性：值为 2。
- StaticEnableDefaultPopOutImage 属性：值为 False。
- StaticSubMenuIndent 属性：设置菜单之间的水平间隔，值为 40px。
- DynamicMenuStyle 动态样式属性：垂直间隔 VerticalPadding 值为 5px。

- DynamicMenuItemStyle 动态子菜单样式属性：设置二级菜单水平间隔 HorizontalPadding 值为 35px，垂直间隔 VerticalPadding 值为 5px。

3）运行页面。运行页面，Menu 控件将站点地图文件以导航的形式显示，当鼠标放在管理员页面时显示二级导航，显示效果如图 3-21 所示。

首页　管理员首页　客户端首页　产品查询　产品结构　项目案例　人才招聘　联系我们
管理员登录
删除文件
插入文件

图 3-21　Menu 控件显示站点地图文件

4. 站点地图与 TreeView 控件

用 TreeView 控件显示站点地图内容，步骤如下。

在 task6.aspx 文件中添加控件 TreeView 控件，单击控件右上角任务图标▷，在弹出的如图 3-19 所示的任务窗口中选择数据源为“新建数据源”，在弹出的数据源配置向导中选择“站点地图”作为 TreeView 控件的数据源。在如图 3-22 所示的 TreeView 控件任务窗口中勾选“显示行”复选框，选择“自动套用格式”为“简明型 2”样式，运行效果如图 3-23 所示。

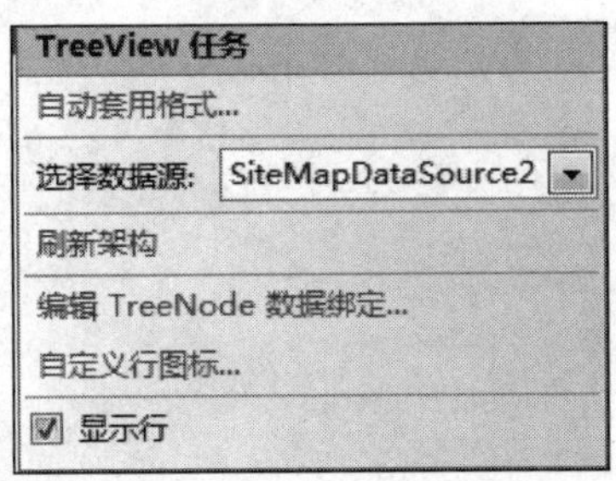

图 3-22　TreeView 控件任务窗口

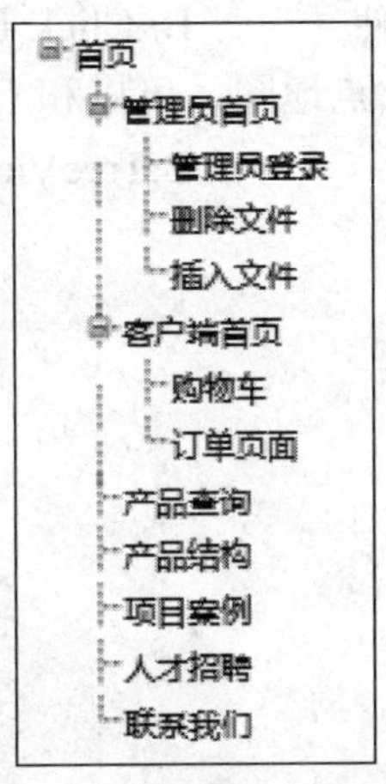

图 3-23　TreeView 控件运行效果图

独立实践

1. 创建团购页面横向导航。
2. 创建基于公司网站的竖向导航。
3. 根据所学知识创建二级树状导航。
4. 创建团购页面的管理员主页左侧树状导航，用于管理插入、删除、修改产品页面信息。

课 后 习 题

1. 判断题：使用 CSS 样式和<ul><li></li></ul>列表项，可以制作横向和竖向导航。（　　）

2. 判断题：使用 Menu 控件可以制作横向和竖向多级导航。（　　）

3. 判断题：TreeView 控件可以设置通过 ExpandDepth 属性控件显示的级数。（　　）

4. 判断题：在 CSS 样式中，h5、ul、p 这些元素都有默认外边距，为了避免外边距对布局的影响，一般事先设置样式：h5，ul，p{margin:0px;}。（　　）

5. 判断题：网站中的每个网页都可以通过站点地图的 SiteMapNode 节点进行关联。（　　）

6. 单选题：多视图控件运行时希望默认显示第 2 个视图，则 ActiveViewIndex 的值要设为（　　）。

A. 0　　B. 1　　C. 2　　D. -1

7. 单选题：在 LinkButton 按钮中设置了名为 CommandArgument 的属性值，该属性值可以通过下列（　　）进行传递。

A. Page_Load 事件　　B. Click 事件　　C. Command 事件　　D. Load 事件

8. 多选题：使用站点地图，可以和下列（　　）结合实现网站导航功能。

A. Menu 控件　　B.TreeView 控件　　C.SiteMapPath 控件　　D.Label 控件

网站前端页面设计

学习目标

知识教学目标

- CSS+DIV 布局网页
- 外部样式的应用
- 母版页的设计与应用

技能培养目标

- 能够熟练应用 CSS+DIV 布局前端页面
- 能够应用母版页设计网站页面

网站的前端设计一般根据被认可了的美工设计师或 UI 设计师设计的页面效果图进行图片的切片，再根据切片后的图片素材，结合相关网页制作技术完成网页的前端设计。目前流行的网页前端设计方法主要是 CSS+DIV，采用 DIV 布局，结构重构性强，能体现样式和结构相分离，加载速度快，容易被搜索引擎抓取。采用 CSS 样式进行布局，可方便进行页面的维护与修改。

任务4.1 CSS+DIV 布局网站 1 页面

任务描述：

本任务根据所给的图片素材及网页效果图完成一个企业网站的主页面和内容页面的前端页面设计，要求使用 CSS+DIV 技术进行页面设计。

4.1.1 关键知识：使用 CSS+DIV 布局页面

本节内容根据静态网页的基础知识完成页面制作，使用 CSS+DIV 布局企业网站主页面和内容页面。在样式设计过程中需留意如下几点。

1. 公共类样式的设定

一些网页元素有系统默认的标签样式，如 body、p、h5、ul、li、td 等元素，有默认的 margin 样式和默认的 padding 样式，可重新这些元素的外边距和内边距为 0。

对 img 链接图片元素，可去掉默认的图片边框，设置 border 属性值为 0。对页面的字体属性、对列表项和浮动设置等，都可以样式文件中进行重定义。

2. 页面的导航设计

网页的导航设计，可参考项目 3 中的方法来完成。

3. 页面居中设计

CSS 样式 margin 属性用于控制层的上、右、下、左四个方向的外边距，设置不同的边距可以控制层在页面的位置。实现层在页面居中效果有两种方式：

1）设置了层的宽度属性后，可将 Div 的样式 margin 属性值设为 auto，让浏览器自动判断边距，使 Div 的左右边距设为相等，并呈现为居中状态，从而实现层在页面居中的效果。假设页面宽度为 1000px，则容器层代码如下：

```
margin:auto;width:1000px;
```

2）将层的上下外边距设为 0，左右边距设为 auto，让浏览器根据页面大小自动调整左右外边距，从而实现页面自适应居中，代码如下：

```
margin:0 auto;
```

页面采用层布局时，一般设一个最外层的框架层作为其他层的容器，使框架层呈现居中状态，从而实现层布局页面时居中效果。

4.1.2 任务实施：企业网站 1 前端页面设计

1. 建立网站 1 主页面

建立如图 4-1 所示的网站主页面效果图，根据主页面结构，分解为页眉、左侧栏、右侧栏和页脚部分，其中页眉部分包括 logo、导航、登录注册和页眉广告图片。左侧栏包括竖向导航、搜索框和图片信息；右侧栏包括热点新闻标题信息，页脚包括版权信息等。

网站 1 主页页图（图片）

图 4-1　网站 1 主页面图

网站 1 主页分析和公共样式设计（视频）

效果图实现步骤如下。

（1）建立网站及相关文件

新建一个命名为 web4 的空网站，在网站中添加图片文件夹 images，将所给图片素材存放进图片文件夹；添加样式文件夹命名为 css，右击 css 文件夹，在弹出的快捷菜单中选择“添加→样式表”命令，命名为 layout.css；新建一个窗体文件 filetitles.aspx，在源代码视图的<head>标签头部添加样式文件的引用，代码如下：

```
<link href="css/layout.css" rel="stylesheet" type="text/css"/>
```

（2）公共样式设计

ASP.NET 网站开发平台事先定义了一些标签样式，如链接文字默认带下划线和蓝色字体，列表项文字默认圆点前缀，链接图片默认有一个边框，body 和 html 标签也有事先定义的样式。根据网站需要，可能需要对这些事先定义的标签样式重新定义，有一些样式可能适用于多个页面，如清除浮动和高度自适应样式等。根据网站的需要，在 layout.css 样式表文件中定义公共样式，代码如下：

```
body{ background:url(../images/bg.gif) repeat-x;font-size:12px;}
body,div,dl,dt,dd,ul,ol,li,h1,h2,h3,h4,h5,h6,pre,code,form,fieldset,
```

```
    legend,input,textarea,p,blockquote,th,td{margin:0;padding:0;}
    //修改这些标签的内外边距为 0
    html{color:#000; }
    html *{ color:#7C7B7B;} //html 未作定义的其他字体颜色
    img{border:0;} //去掉链接图片默认的边框
    a{outline:none; text-decoration:none;} a:hover{text-decoration:underline;}
    li{list-style:none;} //所有列表项的点去掉
    h1,h2,h3,h4,h5,h6{font-size:100%;font-weight:normal;}
    .clearfix:after {content:"."; display:block; height:0; clear:both;
visibility:hidden; }
    .clearfix {display:block;clear:both;}// 清除浮动
    .colwrapper { overflow:hidden; /*for ie*/; margin:5px auto; }
    //高度自适应
```

（3）总容器层设计

根据所给素材及主页图结构，页面最外围容器层 container 总宽度定为 950px，样式代码如下：

```
    .container{ width:950px; height:auto; margin:0 auto; padding:0;}
```

在网页的源代码视图的 body 标签中添加整个网页的容器层，引用 container 类样式，网页中添加的所有内容均放在这个容器层中。

网站 1 主页导航区设计（视频）

（4）页眉设计

页眉分两部分，上部为一幅背景图 headerBg.gif，背景图上左边为 logo 图标，右边为导航栏，页眉下半部分为 banner 广告图片。导航为项目 3 任务 3.1 中完成的横向导航，将导航样式复制到样式文件 layout.css 中，并撰写容器层、logo、登录注册定位样式和头部样式，其中 logo 和登录注册的左边距、顶边距、高度等具体值通过估算，然后根据实际运行效果进行调整，参考样式代码如下：

```
    .header{  width:100%;position:relative;height:84px;background:url(..
/images/headerBg.gif) }
    .logo{ position:absolute;height:auto;left:19px;top:9px; }
    .toper{ position:absolute;left:680px;top:8px;width:250px;text-align:
right;color:#5C5C5C;height:22px;}
    .banner{ height:250px;background:url(../images/banner.png);}
    .english{margin-bottom:-3px;margin-left:3px;}
```

导航样式参考项目 3 中的.nav 样式定义，此处不再赘述。

在 filetitles.aspx 文件的源代码视图中添加层和样式的引用，添加 logo 图片、导航代码、登录注册链接代码，步骤如下。

1）添加页眉样式层，引用 header 类样式，页眉上半部分的内容放在这个样式层中。

2）页眉层添加 logo 图片，并引用名为 logo 的类样式。

3）将项目 3 任务 3.1 中完成的横向导航源代码复制到页眉层，同时添加导航样式的引用。

4）在导航层下面继续添加层，添加登录和注册链接文字，并引用样式，结束 header 样式层。

5）添加层，引用 banner 样式完成页眉下半部分内容设计。

源代码视图代码如下：

```
    <div class="header">
        <div class="logo"><a href="#"><img src="images/logo.gif" alt=
" " /></a></div>
        <div class="nav">
           <a href="#">首页<h5>Home</h5></a>
           <a href="#">产品展示<h5>products</h5></a>
           <a href="#">客户案例<h5>Solutions</h5></a>
           <a href="#">新闻中心<h5>News Center</h5></a>
           <a href="#">服务支持<h5>Services</h5></a>
           <a href="#">联系我们<h5>Contact Us</h5></a>
        </div>
        <div class="toper"> <a href="#">登录</a> |  <a href="#">
注册</a>
           <a href="#"><img src="images/english.gif" alt=" " width="44"
height="16" class="english" /></a>
        </div>
    </div>
    <div class="banner"></div>
```

（5）内容区容器层设计

由如图 4-1 所示效果图中可看到内容区左右两边各有带背景的空白区域，假设左右各为 30px，内容区为带背景图 pagebodybg.gif 和背景颜色的背景，写样式代码如下：

```
    /*内容区页面外围控制整体布局宽度*/
    .wrapper{width:920px;overflow:hidden;background:#F5F5F5;padding-
left:30px;height:auto; }
    /*页面主体*/
    .pagebody{   width:890px;height:auto;overflow:hidden;background:url
(../images/pagebodybg.gif) #fff repeat-y;padding-bottom:21px;}
```

在源视图代码中添加这两个样式引用层，代码如下：

```
    <div class="wrapper">
       <div class="pagebody"></div>
    </div>
```

网站 1 主页左侧栏内容区设计（视频）

（6）左侧栏设计

根据整体结构进行布局，并根据所给的背景图设定左侧栏宽度为 226px，设定为向左浮动，高度为自动。其他样式设置如下：

1）左侧栏上方为项目 3 任务 3.1 中完成的竖向导航的制作的导航样式，将对应的样式复制到样式文件 layout.css 中，同时将源代码复制到源视图代码对应左侧栏层中。

2）搜索框根据所给图片素材和在左侧栏的实际位置，设定高度、宽度、内外边距、框内段落文字样式和搜索按钮样式，通过实际运行效果调整样式。

3）根据左侧栏广告图片大概位置设置广告样式，并通过实际运行进行调整。

左侧栏样式参考代码如下：

```
    /*页面左侧*/
    .leftpage{ width:226px;float:left;height:auto;}
    .search{ width:184px;height:59px; margin-left:12px; padding:11px 0
0  12px;overflow:hidden;background:url(../images/search.gif) no-repeat;
clear:both;margin-top:10px; color:#0F4B6F; font-weight:bold;}
    .search p{ color:#0F4B6F;margin-bottom:8px;height:25px;line-height:
```

```
25px;}
    .searchText{ background:url(../images/searchbg.gif) #fff no-repeat
left;width:110px;height:19px;border:#DBDBDB solid 1px;float:left; padding:
3px 0 0 20px;}
    .searchBtn{  background:url(../images/searchBtn.gif)  no-repeat;
width:35px;height:22px;border:none;color:#fff;font-size:12px;
float:left;margin-left:3px;}
    .leftad{ border:#F5F5F5 solid 1px;; width:192px; margin-left:12px;
margin-top:9px;}
```

在页面文件的源代码视图中按如下步骤添加内容。

1）在引用 pagebody 的层中添加左侧容器层引用 leftpage 类样式，左边层内容全部放在这个层中。

2）在左侧容器层中添加项目 3 任务 3.1 中完成的竖向导航的制作的源代码，并引用样式。

3）在导航源代码下方添加一个层作为搜索层，引用类样式 search，文本框和按钮引用相应的类样式。

4）在搜索框下方添加左侧广告图片，图片以链接形式展示，单击图片可进入广告链接页。

左侧栏源代码如下：

```
    <div class="leftpage">
       <p class="curShow"><a>友情链接</a> </p>
       <div class="menu">
          <a href="#" class="first">ASP.NET 中文网站学习</a>
          <a href="#">ASP.NET 资源共享中心</a>
          <a href="#">PHP 资源学习中心</a>
          <a href="#">JSP 网站制作</a>
          <a href="#">安卓移动编程</a>
       </div>
       <div class="search">
          <p>新闻搜索 </p>
          <p><asp:TextBox ID="txtsearch" runat="server" class="searchText" />
           <asp:Button  ID="btnsearch"runat="server"class="searchBtn"Text=
"搜索"/></p>
        </div>
        <a href="#"><img src="images/work.gif" alt=" " class="leftad" /></a>
    </div>
```

（7）右侧栏设计

右侧栏宽度由页面主体宽度 890px 减去左侧栏宽度 226px，再预留右边空白，根据运行效果设定右侧栏宽度为 614px，向左浮动。右侧栏内容为新闻标题，设定新闻标题区上下左右边距、背景、字号、字体等样式代码如下：

网站 1 主页右侧栏内容区设计（视频）

```
    /*页面右侧*/
    .rightpage{ width:614px;float:left;height:auto;padding:0 25px;}
    .title{ background:url(../images/titleBg.gif) left 18px no-repeat;
height:20px;padding-top:18px;padding-left:10px;line-height:20px;}
    .title span{ float:left;color:#005E94;font-size:14px;font- weight:
bold;}
    .title p{ float:right;}
```

在网页源代码视图中添加右侧栏层，引用 rightpage 样式，新闻标题内容写在这个层中，参考任务 3.4.2 节中的 newlist 链接标题样式设计名为 newsTitle 的标题样式，代码如下：

```
.newsTitle{font-size:18px;color:#000;margin-bottom:10px;padding-left:20px;}
.newsTitle ul { padding:0px;margin:0px;}
.newsTitle ul li {overflow:hidden;height:30px;line-height:30px;list-style-type:none;}
.newsTitle ul li a:link,.newsTitle ul li a:visited{color:#500;text-decoration:none;font-family:"宋体";}
.newsTitle ul li a:hover {color:#000;}
```

右侧栏源代码视图内容如下：

```
<div class="rightpage">
   <div class="title"><span >热点新闻</span> <p align="right">当前位置：<a href="#">首页</a> > <a href="#">新闻中心</a>  </p>
   </div>
   <p><img src="images/contentTigleBg.gif" alt="" /></p>
   <div class="newsTitle">
      <ul>
         <li><a href="#">“石头剪刀布”论文入选《麻省理工科技评论》年度最佳</a></li>
         <li><a href="#">便携式移动设备之发展及应用</a></li>
         <li><a href="#">传统手机销售渠道商没落</a></li>
         <li><a href="#">大屏手机能走多远</a></li>
         <li><a href="#">格力董明珠现场演讲</a></li>
         <li><a href="#">便携式移动设备之 Google 眼镜第三代</a></li>
         <li><a href="#">二维条形码</a></li>
         <li><a href="#">国信办发布十条规定分析及对 IBM 的影响</a></li>
         <li><a href="#">人工智能的昨天今天及明天</a></li>
         <li><a href="#">无人机主要应用在哪些领域</a></li>
         <li><a href="#">无人驾驶汽车会取代传统汽车吗？</a></li>
         <li><a href="#">无线充电技术</a></li>
      </ul>
   </div>
   </div>
```

（8）页脚设计

页脚由背景图和文字构成，由于页面主体内容部分设置了浮动样式，所以页脚层样式需要去掉浮动，设置背景图、高度、宽度、内边距、字体颜色等样式如下：

```
//底部
.footer{background:url(../images/footerbg.gif) no-repeat; width:920px;height:50px;padding:20px 30px 0 0;color:#AFAFAF;clear:both;}
.footer  p{ text-align:right;}
```

在源代码视图添加页脚层，并引用样式和写页脚文字如下：

```
<div class="footer">
   <p>Copyright 版权所有 asp.net 网站制作中心</p>
</div>
```

运行 filetitles.aspx 网页，可得如图 4-1 所示效果。

网站 1 内容页面设计（视频）

2. 建立网站 1 内容页面

根据所给图片素材完成如图 4-2 所示新闻内容页面设计。

图 4-2　网站 1 新闻内容页面

网站 1 新闻内容页面（图片）

图 4-2 所示内容页与图 4-1 主页面比较，主要是右侧栏内容区显示内容不相同，因此在第 1 步建立网站 1 主页面的基础上完成本步骤，具体步骤如下。

（1）创建网页

新建 Web 窗体页面命名为 readfiles.aspx，在源代码视图的<head>标签头部添加样式文件的引用。

（2）复制代码及样式

将 filetitles.aspx 文件源视图中<body>标签里的所有代码复制到 readfiles.aspx 的<body>标签内，删除内容区右侧栏 rightpage 层内的内容，在头部标签<head>内添加样式文件的引用。

（3）右侧栏设计

在样式表文件中添加右侧栏新闻标题样式 newsTitle2、文字内容样式 newsContent 和日期样式 newsDate，代码如下：

```
.newsTitle2{font-size:18px;font-weight:bold;color:#000;margin-bottom:10px;padding-left:20px;text-align:center;line-height:30px;}
.newsDate{background:url(../images/pageBg.gif)no-repeat;width:614px;height:30px;font-size:11px;line-height:30px;text-align:center;}
.newsContent{line-height:30px;padding:0px 10px; }
```

在 readfiles.aspx 文件的源代码视图编写右侧栏层内容代码如下：

```
<div class="rightpage">
    <div class="title"><span >IT 技术</span>
      <p align="right">当前位置：<a href="#">首页</a> <a href="#">新闻中心</a>  </p>
    </div>
    <p><img src="images/contentTigleBg.gif"/></p>
    <p><img src="images/contentTigleBg.gif"/></p>
    <h3 class="newsTitle2">大数据的初步理解</h3>
    <div class="newsDate">发布日期：2019 年 11 月 12 日</div>
    <div class="newsContent">
      /*添加文件内容*/
    </div>
</div>
```

运行 readfiles.aspx 网页，可得如图 4-2 所示效果。

任务 4.2 CSS+DIV 布局网站 2 页面

任务描述：

任务 4.1 中完成了一个企业网站的主页面和内容页的设计。实际网站的布局多种多样，本任务继续介绍另一个网站的前端页面设计过程。根据所给图片素材及页面效果图，完成如图 4-3 所示企业网站主页面和如图 4-14 所示内容页面的前端设计。

4.2.1 关键知识：网站 2 前端页面设计及导航设计

根据所给图片素材进行网页前端页面设计。本节内容根据静态网页的基础知识完成页面制作，使用 CSS+DIV 布局网站 2 主页面和内容页面。

导航设置：导航除了可项目 3 中的 CSS+DIV 和通过控件实现方式外，本节介绍通过图片背景+文字形式进行导航功能的实现，以椭圆图为背景，在椭圆背景图上添加文字并设置文字链接的方式设计导航，当鼠标经过背景图时背景图及文字均发生变化，需要编写导航链接样式和鼠标经过样式代码。

4.2.2 任务实施：企业网站 2 前端页面设计

1. 建立网站 2 主页面

根据所给图片素材完成如图 4-3 所示的网站 2 主页面前端设计。根据如图 4-3 所示图片效果图分析页面布局，网页包括页眉、内容区和页脚区，其中页眉区包括导航栏，内容区分左侧栏和右侧栏两部分，而左侧栏又分图片轮播层、最新图片新闻和新闻标题栏三部分，右侧栏包括 IT 技术新闻标题和广告图片，实施步骤如下。

网站 2 主页面图（图片）

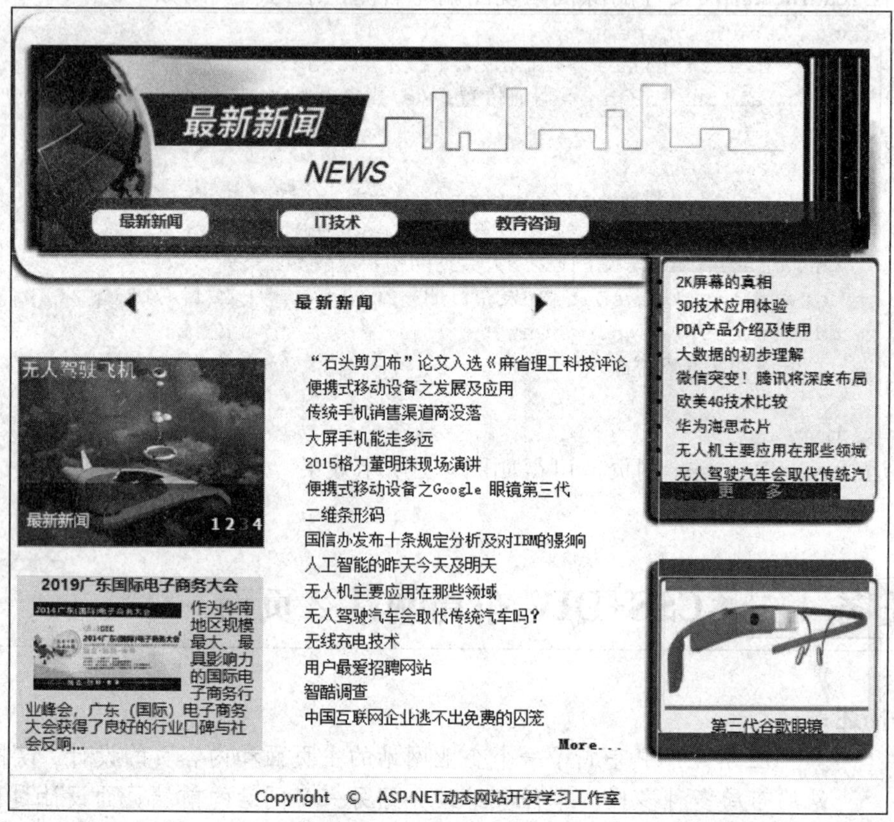

图 4-3 网站 2 主页面图

网站 2 主页头部 banner 区设计（视频）

（1）创建图片文件夹及网页文件

在 web4 网站中添加图片文件夹 images2，将所给图片素材保存到这个文件夹中，新建一个窗体文件命名为 newslist.aspx，在 css 样式文件夹中添加样式文件命名为 newscss.css，在网页文件源代码视图的<head>标签头部添加样式文件的引用，代码如下：

```
<link href="css/newscss.css" rel="stylesheet" type="text/css"/>
```

（2）总容器层设计

根据所给素材及主页图结构，将页面最外围容器层 box 总宽度定为 1004px，样式如下：

```
#box {width:1004px; margin:auto; }
```

在网页的源代码视图的 body 标签中添加整个网页的容器层，引用 box 样式，网页中添加的所有内容均放在这个容器层中。

（3）页眉设计

页眉分三部分：上半部分为图片背景层；中间部分为导航层；下半部分为间隔层。

1）图片背景层。在样式文件中添加ID样式，名为top，添加背景图片，样式代码如下：

```
#top {width:1004px;background-image:url(../images2/top.png); background-repeat:no-repeat;height:228px; }
```

在源代码视图中添加层，并引用top样式，代码如下：

```
<div id="top"></div>
```

2）导航层。导航层效果图如图4-4所示，当鼠标经过时有变换字体颜色变换背景图的效果。三个导航链接的背景图颜色有变化，以椭圆背景图为间隔，包括椭圆背景图在内整个导航块图片从左到右共划分为七个层，设置每个层向左浮动，其中椭圆图片背景放在链接样式中进行定义。定义ID样式#bar，控制导航层的总宽度、行高、字体样式等，再根据所给的图片素材从左到右定义七个样式，代码如下：

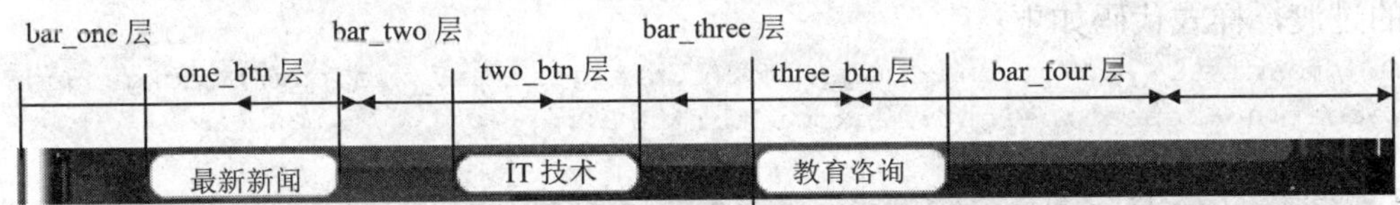

图4-4 导航图

```
#bar{height:32px;width:1004px;font-size:15px;font-weight:bold;
font-family:Arial,Helvetica,sans-serif;line-height:32px;text-align:
center;}
#bar_one{background-image:url(../images2/bar1.png);background-
repeat:no-repeat;float:left;height:32px;width:108px; }
#one_btn{float:left;height:32px;width:135px; }
#bar_two{background-image:url(../images2/bar2.png);background-
repeat:no-repeat;float:left;height:32px;width:77px; }
#two_btn{float:left;height:32px;width:135px; }
#bar_three{background-image:url(../images2/bar3.png);background-
repeat:no-repeat;float:left;height:32px;width:78px; }
#three_btn{float:left;height:32px;width:135px; }
#bar_four{background-image:url(../images2/bar4.png);background-
repeat:no-repeat;float:left;height:32px;width:336px; }
```

鼠标经过椭圆背景图时背景图更换，同时文字样式有变化，其他没设的样式默认跟链接样式一致。撰写导航链接样式和鼠标经过样式，代码如下：

```
#one_btn a {background-image:url(../images2/one_btn.png);background-
repeat:no-repeat;height:32px;width:135px;display:block;text-decoration:
none;color: #9B0000;}
#one_btn a:hover {background image: url(../images2/one_btn_hover.png);
color:#000; }
#two_btn a {background-image:url(../images2/two_btn.png);background-
repeat:no-repeat;display:block;height:32px;width:135px;color:#9B0000;
text-decoration:none;}
```

```
#two_btn a:hover {color: #000; background-image:url(../images2/two_btn_hover.png); }
#three_btn  a  {background-image:url(../images2/three_btn.png); display:block;background-repeat:no-repeat;height:32px;color:#9B0000; text-decoration:none;width:135px;  }
#three_btn  a:hover  {background-image:url(../images2/three_btn_hover.png);color:#000; }
```

在源代码视图添加层，并引用相关样式，代码如下：

```
<div id="bar">
     <div id="bar_one"></div>
     <div id="one_btn"><a href="#">最新新闻</a></div>
     <div id="bar_two"></div>
     <div id="two_btn"><a href="#">IT 技术</a></div>
     <div id="bar_three"></div>
     <div id="three_btn"><a href="#">教育咨询</a></div>
     <div id="bar_four"></div>
</div>
```

3）间隔层。间隔层为一张背景图片，如图 4-5 所示，用于实现页眉和内容区的过渡，样式代码如下：

```
#bar_xia {background-image: url(../images2/bar_xia.png); background-repeat:no-repeat;height:20px;width:1004px;}
```

图 4-5　导航间隔层

在源代码视图导航层下方添加层，并添加样式引用，代码如下：

```
<div id="bar_xia"></div>
```

（4）整体内容区容器层设计

定义 ID 样式#container 为整个内容区的容器层，定义 ID 样式#left 样式为左侧栏内容的容器层，左侧栏宽度为 749px，向左浮动。定义 ID 样式#right 为右侧栏容器层，右侧栏宽度为 255px，向左浮动，使得左右容器层可以并列排在引用#container 的容器层内。因为有多个页面引用该容器层样式，所以容器层样式高度设为自动高度，样式代码如下：

```
#container { height:auto;width:1004px; }
#left { height:auto;width:749px;float:left;  }
#right { float:right;height:auto;width:255px; }
```

在源代码视图页眉层下面添加层，代码如下：

```
<div id="container">
  <div id="left">  </div>
  <div id="right">   </div>
</div>
```

网站 2 主页过渡层设计（视频）

（5）左侧栏设计

1）过渡层设计。左侧栏上边为一个过渡图片层，过渡图片层下面为“最新新闻”字样的标题，如图 4-6 所示。

过渡层上是一张名为 left_one.png 的背景图，宽度为 749px，与左侧栏容器层宽度相同，定义样式为 ID 样式，命名为#left_one。

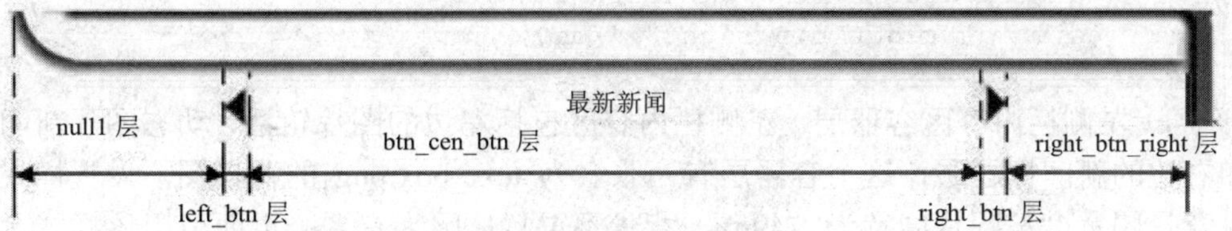

图 4-6　过渡层

2）过渡层标题设计。标题层有两个箭头图片和“最新新闻”文字，以箭头图片为间隔，下半部分可划分为五个层，层划分及命名如图 4-6 所示，五个层定义为向左浮动，根据“最新新闻”和左右箭头的摆放位置大致定义好各层的宽度，样式定义代码如下：

```
    #left_one {background-image: url(../images2/left_one.png); background-repeat:no-repeat;height:42px;width:749px;}
    #txt_title {height:26px;width:749px;}
    #txt_title #null1 {float:left;height:26px; width:145px;text-align:right;}
    #left_btn {background-image: rl(../images2/left_btn.png);background-repeat:no-repeat;height:26px;width:17px;float:left;}
    #btn_cen_btn {float:left;height:26px;width:444px;text-align:center;font-size:18px;font-family:Arial,Helvetica,sans-serif;font-weight:bold;line-height:26px;}
    #right_btn  {width:17px;background-image:url(../images2/right_btn.png);background-repeat:no-repeat;float:left;height:26px; }
    #right_btn_right {width:109px;background-image:url(../images2/right_btn_right.png);background-repeat:no-repeat;float:right;height:26px; }
```

说　明

#null1、#left_btn 等样式前面加上#txt_title，表示这些样式放在引用了样式#txt_title 的层中，在查看样式时方便知道样式的引用位置。

3）过渡层链接样式设计。当鼠标经过左右箭头时，箭头图片发生变化，因此将箭头做成空链接，并添加链接样式和鼠标经过样式，样式代码如下：

```
    #left_btn a {display:block;height:26px;width:17px; }
    #right_btn a {display:block;height:26px;width:17px; }
    #left_btn a:hover{background-image:url(../images2/left_btn_hover.png);background-repeat:no-repeat;   }
    #right_btn a:hover {background-image:url(../images2/right_btn_hover.png);background-repeat:no-repeat;   }
```

在源代码视图添加层，并引用样式，代码如下：

```
    <div id="left_one"></div>
    <div id="txt_title">
        <div id="null1"></div>
        <div id="left_btn"><a href="#"></a></div>
```

```
        <div id="btn_cen_btn">最 新 新 闻</div>
        <div id="right_btn"><a href="#"></a></div>
        <div id="right_btn_right"></div>
    </div>
```

网站2主页内容区左侧栏设计（视频）

4）左侧栏内容区容器层。左侧栏内容区包括左边的图片轮播、动态图片新闻和右边的新闻标题层，这个容器层有一张名为 text_box.png 的背景图，设置样式时背景图宽度与图片同宽为 749px，背景不重复，因为有多个页面引用该样式，高度为自动高度，有溢出时自动处理，样式代码如下：

```
    #textBox { width:749px;background-image:url(../images2/text_box.png);
background-repeat:no-repeat;height:auto;padding-top:20px;clear:both;
overflow:auto; }
```

在源代码视图添加层并引用样式，代码如下：

```
    <div id="textBox"></div>
```

图 4-7 图片轮播

5）左侧栏左边容器层。图片轮播（见图 4-7）和最新图片新闻在左侧栏层的左边层中，因此需要给这两部分内容添加一个容器层，层样式命名为#bofangqi，定义宽度和高度，并设置向左浮动，样式代码如下：

```
    #bofangqi {  height:506px;width:339px;float:left; }
```

在源代码视图添加层，并引用样式，代码如下：

```
    <div id="bofangqi"></div>
```

6）图片播放器层。将所给的图片轮播文件夹中的图片素材复制到网站的 images2 文件夹中，将样式代码复制到 CSS 文件夹的 newscss.css 样式文件中，将脚本文件夹复制到网站中，在 newslist.aspx 文件的<head>标签中添加脚本文件的引用，代码如下：

```
    <script type="text/javascript" src="js/funcs.js"></script>
```

将 photo.html 文件的<body>标签中的内容复制到引用了 bofangqi 样式的层中。

7）最新图片新闻层。图片新闻层如图 4-8 所示，当鼠标经过文字时样式如图 4-9 所示。

图 4-8 图片新闻

图 4-9 鼠标经过时图片新闻

层中文字环绕图片，因此要定义层中的图片向左浮动，层引用的类样式名为 pstyle，则要定义复合样式 pstyle img 向左浮动，图片与环线的文字有一定的间隔，因此需要添加内边距的设置。

因为鼠标经过文字时文字样式有变化，因此把文字设置成空链接，链接文字与层左右有一定的内边距，设置文字的链接样式和鼠标经过文字的样式，样式代码如下：

```
    #zuixindongtai { height:198px; width:280px;clear:both;float:left;
margin-left:25px;margin-top:20px;background-color:#EFEFEF; }
    #newstitlestyle {font-size:13px;color:#2F2F2F;font-weight:bold;
text-align:center;height:20px;line-height:20px;}
    .pstyle img{ float:left;padding:5px 10px;}
    .pstyle  { margin:0px;line-height:20px; }
    .pstyle a{ text-decoration:none;;display:block;color:#4F0000;padding:
5px 10px 0 10px;font-size:12px;}
    .pstyle a:hover { background-color:#C6C6C6;margin:0 10px; }
```

在源代码视图添加层和文字，并引用相应的样式，代码如下：

```
    <div id="zuixindongtai">
       <div id="newstitlestyle"> 2019 广东国际电子商务大会</div>
       <div class="pstyle"> <a href="#"><img src="images2/newsimg1.jpg"
width="168" height="100" alt=""/>作为华南地区规模最大、最具影响力的国际电子
商务行业峰会，广东（国际）电子商务大会获得了良好的行业口碑与社会反响…… </a>
       </div>
    </div>
```

8）新闻标题层。新闻标题栏位于左侧栏层的右边，与引用了#bofangqi 样式的左侧栏左边容器层并排，因此需要设置该层为浮动，样式命名为 newslist 类样式，层占位高度与#bofangqi 相同设为 506px。

网站 2 主页内容区中间栏设计（视频）

每个新闻标题以列表项的形式出现，鼠标经过时标题文字样式有变化，因此需要定义 ul、li 及链接的复合样式，样式定义代码如下：

```
    .newslist { float:left;height:486px;width:365px;padding-right:20px;
padding-top:20px;padding-left:15px;}
    .newslist ul { padding:0px;margin:0px;}
    .newslist ul li { width:360px;height:29px;white-space:nowrap; overflow:
hidden;line-height:29px;font-family: "宋体"; list-style-type: none;}
    .newslist ul li a { font-size:14px;text-decoration:none;color: #500;}
    .newslist ul li a:hover { color: #000;text-decoration:underline;}
```

标题下方有“More...”字样的链接，鼠标经过“More...”文字时文字样式有变化，因此另外设置样式代码如下：

```
    .li_style { text-align:right;list-style-type:none;}
    .li_style a { text-decoration:none;color:#333;font-weight: bold;}
```

在源代码视图添加层，并添加样式的引用，同时添加新闻标题列表项，代码如下：

```
    <div  class="newslist">
      <ul>  <li><a href="#">“石头剪刀布”论文入选《麻省理工科技评论》年度最
佳</a></li>
        <li><a href="#">便携式移动设备之发展及应用</a></li>
        ……//添加标题列表项
        <li class="li_style"><a href="#">More...</a></li>
      </ul>
    </div>
```

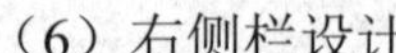

（6）右侧栏设计

- 2K屏幕的真相
- 3D技术应用体验
- PDA产品介绍及使用
- 大数据的初步理解
- 微信突变！腾讯将深度布局
- 欧美4G技术比较
- 华为海思芯片
- 无人机主要应用在那些领域
- 无人驾驶汽车会取代传统汽车吗？

更 多

图 4-10 右侧栏新闻标题栏层

1）右侧标题栏容器层。右侧栏标题栏包括了两部分：一部分是标题栏；另一部分是更多链接，如图 4-10 所示。因此，需要添加一个容器层，容器层有一张圆角背景图，定义#right_one 的样式，添加背景图，定义宽度和高度，样式代码如下：

```
#right_one { background-image:url(../images2/right_one_textArea.png);background-repeat:no-repeat;height:277px;width:250px;}
```

在引用 right 样式的右侧栏容器层中添加层，并引用 right_one 样式，代码如下：

```
<div id="right_one"></div>
```

2）标题栏层。标题栏采用列表项形式实现，根据 right_one 容器层的高度和宽度定义标题栏的高度和宽度，定义 ul、li 及链接的复合样式，代码如下：

网站 2 主页内容区右侧栏设计（视频）

```
#right_box { height:257px;width:240px;}
#right_box ul { margin:0px;padding-top:15px;padding-left:18px;}
#right_box ul li { list-style-type:disc;padding-bottom:2px;}
#right_box ul li a { font-size:14px;color:#000;text-decoration:none;font-family:黑体,楷体;line-height:23px; }
#right_box ul li a:hover { color:#CCC; }
```

在引用 right_one 的层内添加新的层，引用样式，代码如下：

```
<div id="right_box">
    <ul>
        <li><a href="#">2K 屏幕的真相</a></li>
        <li><a href="#">3D 技术应用体验</a></li>
        <li><a href="#">PDA 产品介绍及使用</a></li>
        <li><a href="#">大数据的初步理解</a></li>
        ......
    </ul>
</div>
```

3）右侧标题栏“更多”链接样式。“更多”链接文字有背景颜色，鼠标经过时文字样式和背景颜色都发生变化，如图 4-11 所示，定义文字、文字链接及鼠标经过样式代码如下：

```
.moreStyle { font-size:12px;line-height:20px;text-align:center;height:20px; }
.moreStyle a { color:#CCC;text-decoration:none;height:20px;width:205px;display:block;background-color:#424242;}
.moreStyle a:hover {color:#000;background-color:#808080;}
```

在引用 right_box 的标题栏层下方添加新的层，并引用样式，代码如下：

```
<div class="moreStyle"><a href="#">更多</a></div>
```

4）过渡层。过渡层为一张背景图片（见图 4-12），写样式代码如下：

```
#right_two { width:250px;height:89px;background-image: url(../images2/right1.png); background-repeat:no-repeat; }
```

图 4-11　鼠标经过“更多”时样式　　　　图 4-12　过渡层

在 moreStyle 样式层下面添加新的层，并引用样式，代码如下：

```
<div id="right_two"></div>
```

5）图片广告层。图片广告层（见图 4-13）位于过渡层下方，广告图片放在一张背景图片上，背景图片下面还有一张命名为 right2.png 的图片，为广告图片添加文字说明。层样式代码如下：

```
    #right_three { background-image: url(../images2/right_
two_textArea.png); background-repeat: no-repeat; height: 178px;
width:250px;padding-left:3px;}
    #img_box{width:240px;text-align:center;padding-top:2px;}
    #right_four { background-image:url(../images2/right2.png);
background- repeat:no-repeat;height:50px;width:250px;}
```

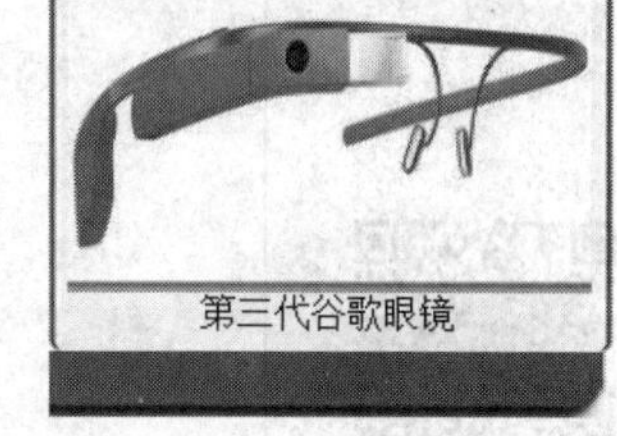

图 4-13　图片广告层

在源视图代码中添加新的层，并添加样式的引用，代码如下：

```
    <div id="right_three">
        <div id="img_box"> <img src="images2/06.jpg" alt="" /> 第三代
谷歌眼镜</div>
    </div>
    <div id="right_four"></div>
```

（7）页脚设计

页脚存放版权等信息，以一条水平线和内容层隔开，定义页脚样式代码如下：

```
    #bottom  {  height:60px;width:1004px;text-align:center;font-size:
13px;line-height:25px;clear:both;}
```

在源代码视图添加新的层，并引用样式，代码如下：

```
    <div id="bottom">  <hr />   Copyright © ASP.NET 动态网站开发学习工作室
</div>
```

运行页面，可得如图 4-3 所示运行效果。

2. 建立网站 2 内容页面

网站 2 内容页设计（视频）

如图 4-14 所示效果图与如图 4-3 所示效果的区别在于内容区的左侧栏部分不同，因此可以在第 1 步建立网站 2 主页面的基础上完成本步骤。具体步骤如下。

（1）新建网页和添加样式引用

在 web4 网站中新建窗体文件 newstext.aspx，在源视图代码的<head>标签内添加外部样式 newscss.css 样式的引用。

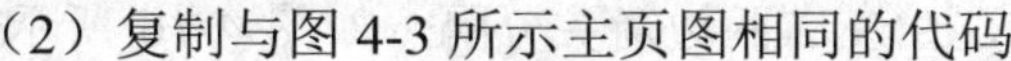

（2）复制与图 4-3 所示主页图相同的代码

比较图4-3和图4-14的效果图，将其中相同效果图部分的代码复制到newstext.aspx文件中，包括总容器层、页眉、内容区容器层、左侧栏内容区容器层、右侧栏和页脚部分，其中源代码视图中左侧栏代码如下所示：

任务 4.2 内容页效果图（图片）

图 4-14　任务 4.2 内容页效果图

```
<div id="left">
   <div id="left_one"></div>
   <div id="textBox"></div>
</div>
```

复制完成后页面效果如图 4-15 所示。

（3）内容页左侧栏设计

1）文章标题格式设计。文章标题由左右两边箭头分隔，如图 4-16 所示。左右箭头样式同前，增加三个样式，样式代码如下：

```
#null3{ float:left;width:50px;height:26px; }
#btn_cen_btn2  {height:26px;text-align:center;font-family:Arial,
Helvetica,sans-serif;font-size:17px;font-weight:bold;line-height:26px;
padding-right:20px;padding-left:20px;float:left;width:575px;}
```

```
#right_btn_right2 { background-image:url(../images2/right_btn_right.png);float:right;background-repeat:no-repeat;height:26px;width:50px;background-position:-59px 0px;}
```

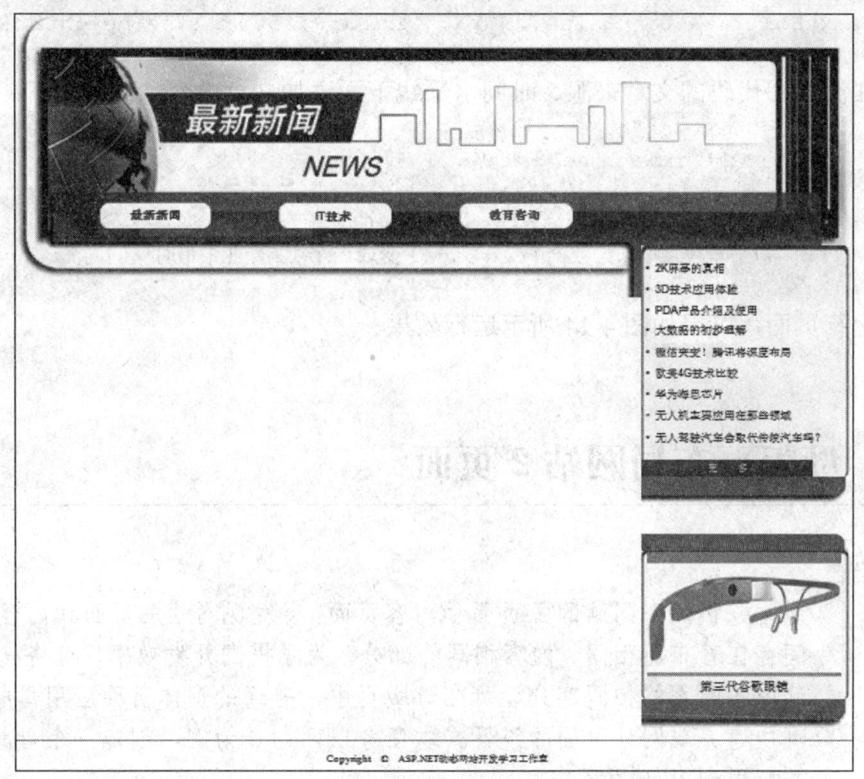

图4-15 内容页与主页相同部分效果图

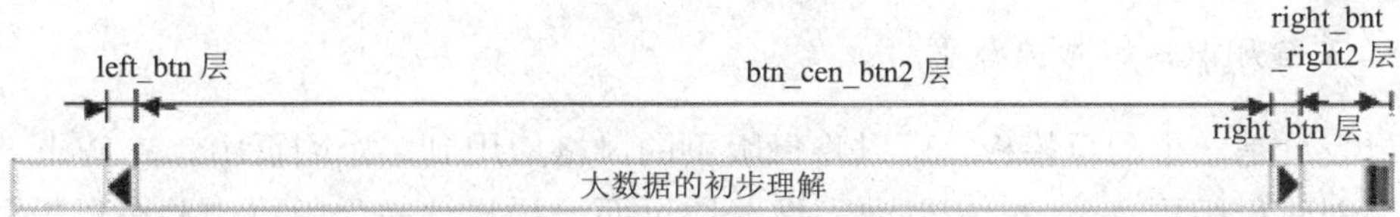

图4-16 标题层分解

进入源代码视图，在引用#left_one的层下添加如下代码：

```
<div id="txt_title">
<div id="null3"></div>
  <div id="titleStyle">
     <div id="left_btn"><a href="#"></a></div>
     <div id="btn_cen_btn2">大数据的初步理解</div>
     <div id="right_btn"><a href="#"></a></div>
  </div>
  <div id="right_btn_right2"></div>
</div>
```

2）日期、来源设计。在标题层下面添加文章日期和文章来源，设计样式如下：

```
#time_line {height:30px;width:749px;text-align:center;font-size:12px;line-height:30px; }
#null2 { height:10px;width:749px; }
```

在引用textBox的层下面添加两个新层，分别引用样式如下：

```
    <div id="time_line">来源：IT 技术专栏  时间：2015-1-12  单击:141</div>
    <div id="null2"><hr class="line" /></div>
```

3）文章格式设计。设计文章文字的大小、颜色、行高、字体等样式如下：

```
    #textBox p { font-size: 14px;  color: #555; line-height: 26px;
font-family: "宋体"; padding: 30px 50px 30px 50px; }
```

在源视图代码的文章来源、时间水平线下面添加文章内容，代码如下：

```
    <div id="textBox">
        <div id="time_line">来源:IT 技术专栏  时间：2015-1-12 单击：
141</div>
        <div id="null2"><hr class="line" /></div>
        <p> 似乎一夜之间，大数据（Big Data）变成一个 IT 行业中最时髦的词汇。……</p>
    </div>
```

运行页面，可得如图 4-14 所示运行效果。

任务 4.3 母版页布局网站 2 页面

任务描述：

母版页制作（视频）

分析两个网站的主页面和内容页面，会发现网站主页面和内容页之间存在着布局相同、内容相同的部分。为了提高开发效率，可将一个网站中各网页的相同部分设计在母版页中，普通的窗体页面应用母版页，可快速完成网站页面的设计。本任务以网站 2 为例，创建一个母版页，并应用到 Web 页面中。

4.3.1 关键知识：母版页概念

母版页是一个网页模板，可以将母版页的风格应用到多个网页中。在 Web 应用程序创建母版页（master）页面，像普通页面一样设计完母版页，并在母版页中需要添加一个或多个 ContentPlaceHolder 控件，该控件占位空间是应用了母版页的普通网页中的可编辑区，在编辑区中放置不同的网页内容，可快速完成风格一致的内容页面的制作。

创建并设计完母版页后，在创建 Web 窗体页面时勾选上母版页，即可创建基于母版页的网页，运行时，ASP.NET 会自动地将两个页面进行整合，显示给用户。

4.3.2 任务实施：网站 2 母版页设计及应用

创建网站 2 的母版页并应用的步骤如下。

1. 创建母版页

右击网站名称，在弹出的快捷菜单中选择“添加->添加新项”命令，在“添加新项”对话框中选择“母版页”，命名为 MasterPage.master，添加的母版页与一般的窗体页面不同，在源代码视图中有下面的代码：

```
<asp:ContentPlaceHolder id="head" runat="server"></asp:ContentPlaceHolder>
```

同时，在<body>标签中有下面代码：

```
<div>
    <asp:ContentPlaceHolder id="ContentPlaceHolder1" runat="server">
    </asp:ContentPlaceHolder>
</div>
```

ContentPlaceHolder 控件是母版页中的可编辑区域，其他部分是母版页的固定部分。

2. 设计母版页

（1）添加外部样式引用

像编辑普通窗体页面一样编辑母版页，在<head>标签内添加外部样式的引用，注意该引用不能放在 ContentPlaceHolder 控件内。

（2）复制编辑代码

在<body>的<form>标签内添加层及样式引用，完成如图 4-14 所示效果图的代码的复制。

（3）放置可编辑区域控件

将母版页中的 ContentPlaceHolder 控件放在引用了样式 textBox 的层内，代码如下：

```
<div id="textBox">
    <div> <asp:ContentPlaceHolder id="ContentPlaceHolder1" runat=
"server"> </asp:ContentPlaceHolder>
</div>
</div>
```

至此，完成母版页的设计，母版页不能单独运行，只能在设计视图查看效果，或通过创建添加了母版页引用的窗体页面查看运行效果。

3. 应用母版页

右击网站名称，在弹出的快捷菜单中选择“添加→添加新项”，在打开的对话框中选择“Web 窗体”，在对话框下面勾选“选择母版页”复选框，如图 4-17 所示，给窗体页面命名为 newstext_master.aspx，单击“添加”按钮，在弹出的“选择母版页”对话框中选择要当成母版的文件，如图 4-18 所示。

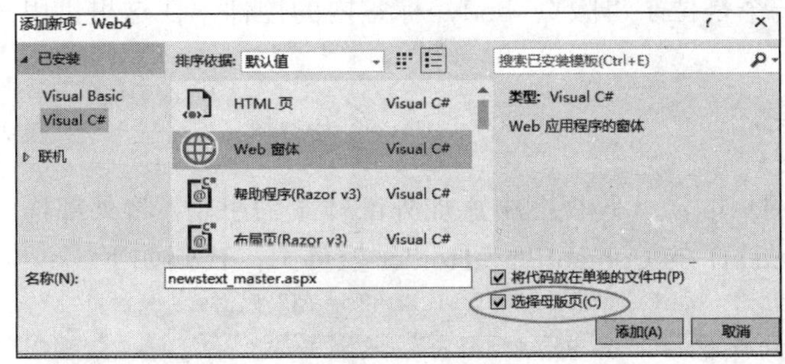

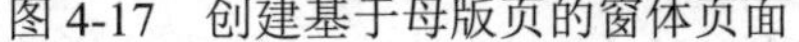

图 4-17　创建基于母版页的窗体页面

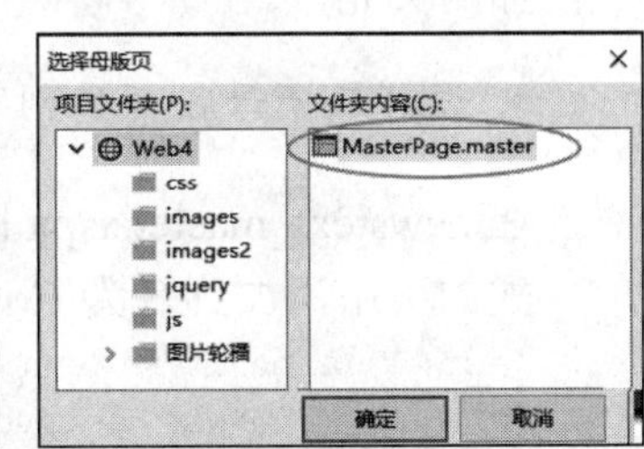

图 4-18　选择母版页

单击“确定”按钮后可看到生成的基于母版页的网页，如图 4-19 所示。从图 4-19 中可看出，除了 ContentPlaceHolder 控件所在的区域可编辑外，网页的其他部分均为不可编辑区域，不可编辑区域如需要更改，只能通过更改母版页实现。查看基于母版的网页源代码视图，可看到代码非常简单，如下所示：

```
    <%@ Page Title="" Language="C#" MasterPageFile="~/MasterPage.
master" AutoEventWireup="true" CodeFile="Default.aspx.cs" Inherits=
"_ Default" %>
    <asp:Content ID="Content1" ContentPlaceHolderID="head" Runat="Server">
    </asp:Content>
    <asp:Content ID="Content2" ContentPlaceHolderID="ContentPlaceHolder1"
Runat="Server">
    </asp:Content>
```

基于母版页的窗体页面（图片）

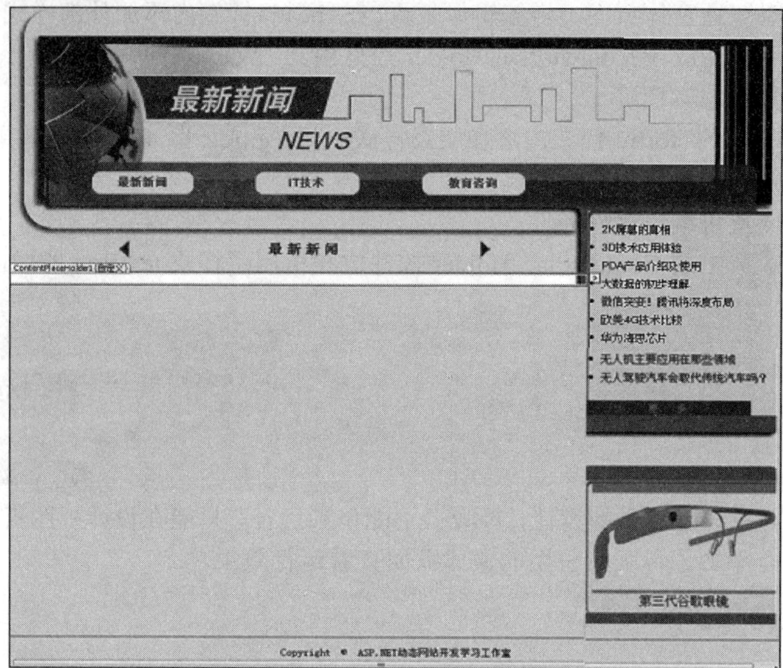

图 4-19　基于母版页的窗体页面

在源代码视图中，只提供两个 ContentPlaceHolder 控件：一个是位于母版页<head>标签内的控件，在这里重命名为 Content1，可供用户添加外部样式引用、内部样式或脚本引用等；另一个是位于母版页<body>标签内的控件，在这里供用户添加网页元素。

4. 设计基于母版页的网页

在 newstext_master.aspx 网页的源代码视图中添加外部样式的引用。将外部样式的引用添加到名为 Content1 的 ContentPlaceHolder 控件中，代码如下：

```
<asp:Content ID="Content1" ContentPlaceHolderID="head" Runat="Server">
 <link href="css/newscss.css" rel="stylesheet" type="text/css" />
</asp:Content>
```

在第二个名为 Content2 的 ContentPlaceHolder 控件中添加层及样式的引用，

添加段落标记和文字，代码如下：

```
    <asp:Content ID="Content2" ContentPlaceHolderID="ContentPlaceHolder1"
Runat="Server">
     <div id="time_line">来源：IT 技术专栏  时间：2015-1-12  单击：141</div>
             <div id="null2"><hr class="line" /></div>
             <p> 似乎一夜之间，大数据（Big Data）变成一个 IT 行业中最时髦的词汇。
                 <br />……
                    首先，大数据不是什么完完全全的新生事物，…… </p>
     </asp:Content>
```

运行页面，可得到如图 4-14 所示的效果图。

独立实践

1. 参考项目 3 多视图切换方法，修改图 4-3 中的新闻标题层内容，使得这个层可显示多种类型的新闻，不同新闻类型之间可进行标题切换。

2. 分析项目 4 中任务 4.1 主页面图和内容页图，制作母版页，并基于母版页完成主页面图和内容页页面图。

3. 用 CSS+DIV 布局美化团购页面主页。

课 后 习 题

1. 多选题：容器层设置好宽度属性后，再设置（　　）样式可以使引用该样式的容器在页面居中。

A. margin:0 auto;　　B. padding:0 auto;　　C. margin:auto;　　D. padding:auto;

2. 单选题：在带背景的层中设置（　　）样式可使文字离层左边有一定的间隔。

A. margin-left 属性　　B. padding-left 属性　　C. left 属性　　D. text-align 属性

3. 单选题：样式表文件 layout.css 位于网站的 CSS 文件夹中，则网站下有网页文件时如何引用样式表文件？

A. <link href="layout.css" rel="stylesheet" type="text/css"/>

B. <link href="css/layout.css"/>

C. <link href="css/layout.css" rel="stylesheet" type="text/css"/>

D. <link href="layout.css" />

4. 判断题：并排层中每个层的总占位宽之和不能超过外围容器的宽度。　　（　　）

5. 判断题：母版页可根据需要设置多个可编辑区域。　　（　　）

6. 判断题：根据母版页创建的网页，只能在母版页设置的可编辑区域内添加内容。　　（　　）

项目5 新闻标题的显示

学习目标

知识教学目标

- 数据控件模板的设置
- 查询字符串传递参数
- 字符串子串的获取
- 链接样式的设置
- 日期格式的设置
- 分页设置

技能培养目标

- 熟练设置网站的新闻标题格式样式
- 掌握参数的传递与接收方式

不同类型的网站中，或多或少存在着新闻信息，新闻标题格式设置是否美观会影响整个页面的显示效果。网站主页面中除新闻版块外，还可能有友情链接、热点信息等内容，这些版块文字的设置与新闻标题设置有相似之处。另外，新闻标题内容区除了标题内容外，还可能有日期显示、前缀图片等信息，如果将这些附加信息添加到标题栏，并与标题融为一体，也是前端设计人员需要完成的工作。

任务5.1 设计新闻表数据库及读取新闻标题

任务描述：

本任务以公司网站其中的一个新闻部分作为研究对象，分析内容，建立数据库，并建立关联的数据库表。新闻标题及内容等信息存储在数据库后，需要将内容显示到网页上。可通过数据控件GridView、DataList、ListView等显示所需要的内容，同时对内容的显示形式进行设置。

5.1.1 关键知识：数据库设计与数据控件的应用

1. 数据库设计与导出

通过对任务的分析，本例中数据库建立遵循基本的范式，关键知识点包括每个表主键的确定，表与表之间通过主外键进行关联。

在脚本导出时，默认的导出过程不包括数据库中的数据，只导出建数据库及建立数据表的脚本代码，如果需要同步导出数据库中的数据，则需要设置相应的参数。

说 明

本书中所用news示例数据库均由SQL Server 2017 Express数据库生成，搭配2018.3MMSM数据库管理器，给用户提供带数据的sql数据库脚本文件，可应用于 SQL Server 2008 及以上版本的数据库中。用户可从微软网站https://www.microsoft.com/zh-cn/sql-server/sql-server-downloads 下载最新版的Express版本数据库及相配套的SSMS进行安装后。

2. 关于数据控件模板

（1）非模板控件的模板字段

ASP.NET常用的数据控件包括GridView、DetailsView、FormView、DataList和ListView。其中，GridView、DetailsView绑定数据源后，对数据库的基本数据类型默认以标签形式显示数据内容，编辑状态时则默认以文本框形式显示数据内容。如果需要改变数据显示控件，则需要在控件的Columns列（或字段Fields）属性编辑对话框中将字段转换为模板字段，然后再在模板编辑框中用相应的控件代替原有的标签控件或文本框控件，如要显示图片时，将该图片字段转换为模板字段后，在模板编辑框中添加图片控件，绑定到相应的字段，则可显示图片；要显示链接文字，则需要用超链接按钮控件代替原有的标签控件，设置数据绑定后实现链接的效果。

（2）模板控件直接进行模板编辑

FormView 和 DataList 虽然同样以默认的标签控件显示数据，但标签位置已默认在模板中，如果需要更改显示数据的控件，可直接直入模板编辑界面，用需要的控件代替原有的控件并设数据绑定即可。模板控件的主要模板有项模板 ItemTemplate，用于显示项内容；编辑模板 EditItemTemplate，用于编辑状态显示内容；交替变换显示模板 AlternatingIitemTemplate 和项选中状态模板 SelectedItemTemplate。

ListView 控件有 GridView 控件的特性，也有 DataList 控件的特性，使用时可在 ListView 任务窗口选择“配置 ListView”，选择其中一种显示模式。ListView 控件可搭配分页控件一起使用实现分页效果，而 DataList 控件则没有自动分页的设置。

3. 数据控件的样式

数据控件有对应的样式可设置，RowStyle 可设置每一行的样式，如设置行高等；ItemStyle 可设置每一字段所在内容的样式，如设置该字段的宽度和水平对齐等方式；AlternatingItemStyle（或 AlternatingRowStyle）设置交替项（行）的样式；另外，还有头部样式 HeaderStyle、脚部样式 FooterStyle、编辑状态样式 EditItemStyle（或 EditRowStyle）等。对于 GridView、DetailsView 和 FormView 控件来说，还可设置分页样式。

5.1.2 任务实施：数据库设计及新闻标题的读取

1. 创建数据库

创建名为 news 的数据库，创建如下各表。

1）文件类型表 type：存储文件类型 ID 和类型名称。表结构如图 5-1 所示，设置类型 ID 为主键。

dbo.type
列
typeid (PK, FK, int, not null)
typename (nvarchar(20), not null)

图 5-1 文件类型表

2）评论表 pinglun：存储用户对文章的评论信息，包括主键 id、与文件表关联的外键 fileid、评论内容、发布者和用户名称字段，如图 5-2 所示。

3）文件表 files：存储文件基本信息，包括文件 ID、文件名称、文件类型、文件内容、发布者、发布日期、访问次数等信息，表结构如图 5-3 所示，设置文件 ID 为主键，文件类型为外键与类型表相关联。

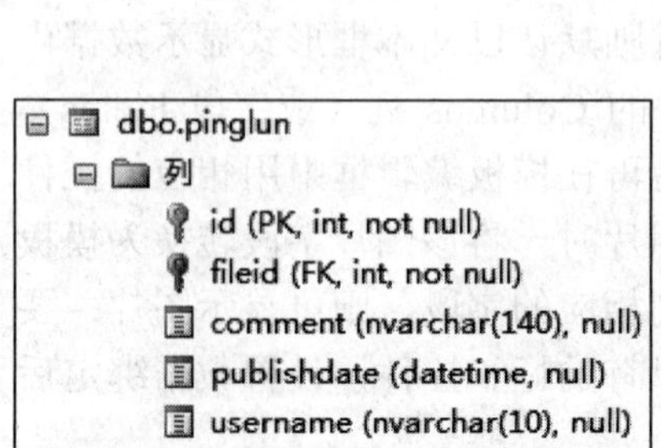

图 5-2 评论表

dbo.files
列
fileid (PK, int, not null)
filename (nvarchar(50), null)
typeid (FK, int, null)
filecontent (nvarchar(max), null)
publisher (nvarchar(50), null)
publishdate (datetime, null)
visitnum (int, null)

图 5-3 文件表

2. 导出及修改脚本

编辑数据库表，在类型表 type 中模拟输入三条数据记录，类型名称分别为新闻、通知和公告。然后在对应的 files 表中输入一些模拟信息，导出数据库脚本步骤如下。

（1）导出不带数据信息的脚本

1）右击数据库 news，在弹出的快捷菜单中选择“任务→生成脚本”命令，如图 5-4 所示。

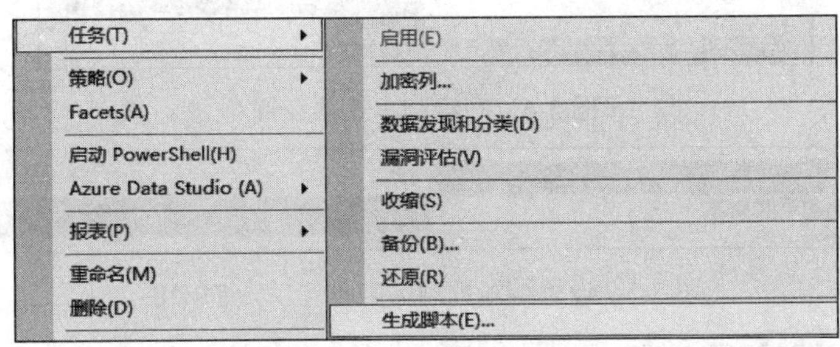

图 5-4　生成脚本任务

2）生成脚本的界面根据数据库的版本不同略有区别，SQL Server 2017 EXPRESS 版界面如图 5-5 所示，单击界面中左边栏的“选择对象”，选择“编写整个数据库或所有数据库对象脚本”，单击“下一步”按钮。

3）在“设置脚本编写选项”界面中，选中“保存到新建查询窗口”单选按钮，如图 5-5 所示。

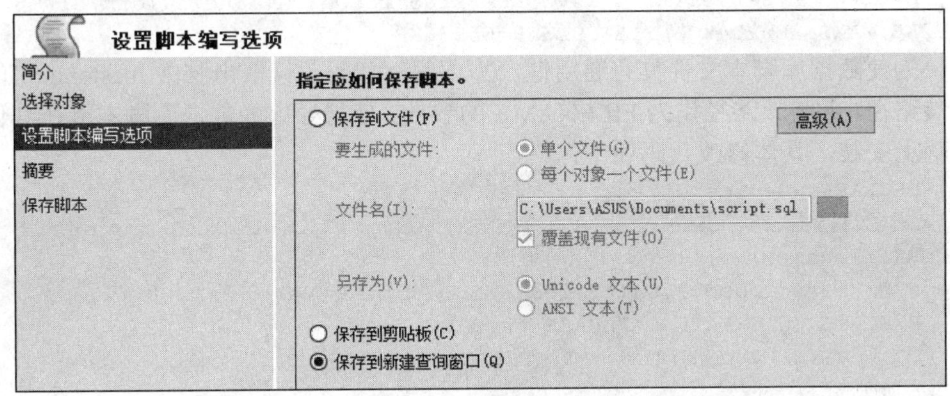

图 5-5　设置脚本编写选项

（2）导出带数据信息的脚本

设置保存位置后，单击“高级”按钮，进入如图 5-6 所示的对话框，将“要编写脚本的数据的类型”设置为“架构和数据”，其他版本的数据库需要在“表/视图选项”中设置“编写数据的脚本”值为 TRUE，如图 5-7 所示。单击“确定”按钮完成带数据信息的脚本导出。

（3）将导出的脚本修改为通用型数据库脚本

使创建数据库文件脚本代码中的 FILENAME 参数以 news.mdf 库文件的绝对路径形式出现，代码如下：

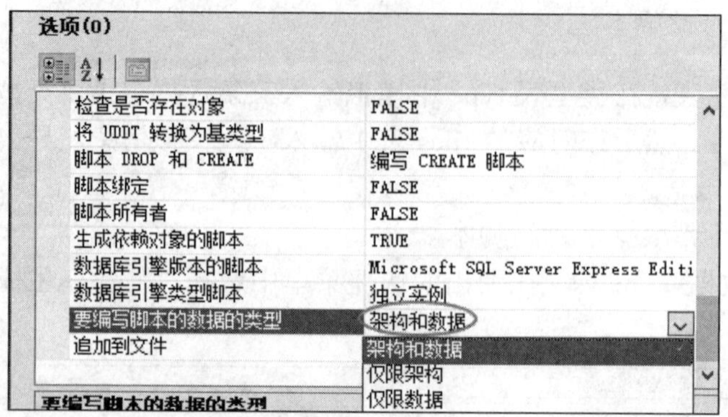

图 5-6　高级脚本选项设置

编写数据的脚本　TRUE
编写数据压缩选项的脚本　TRUE

图 5-7　设置编写数据的脚本选项为 TRUE

```
    CREATE DATABASE [news]
     CONTAINMENT=NONE
     ON  PRIMARY
    ( NAME=N'news',FILENAME=N'D:\Program Files\SQLServer2017Media\
Microsoft SQL Server\MSSQL14.SQLEXPRESS\MSSQL\DATA\news.mdf',SIZE =
8192KB,MAXSIZE=UNLIMITED,FILEGROWTH=65536KB )
     LOG ON
    ( NAME=N'news_log',FILENAME=N'D:\Program Files\SQLServer2017Media\
Microsoft SQL Server\MSSQL14.SQLEXPRESS\MSSQL\DATA\news.ldf',SIZE=
8192KB,MAXSIZE=2048GB,FILEGROWTH=65536KB )
```

为使数据库脚本文件具有通用性，需要编写代码，读取电脑中 master.mdf 的安装路径，并将该路径作为 FILENAME 的参数，使得导出的数据库脚本能在其他电脑上安装，具体修改代码如下：

```
    DECLARE @device_directory NVARCHAR(520)
    SELECT @device_directory=SUBSTRING(filename,1,CHARINDEX(N'master.mdf',
LOWER(filename))-1)
    FROM master.dbo.sysaltfiles WHERE dbid=1 AND fileid=1
    EXECUTE (N'CREATE DATABASE news ON
      PRIMARY (NAME=N''news'', FILENAME=N''' + @device_directory + N
'news.mdf'')
      LOG ON (NAME=N''news_log'', FILENAME=N''' + @device_directory+
N'news.ldf'')')
```

3. 读取数据库中文件标题

读取数据库中的文件标题（视频）

读取新闻网站中的新闻标题步骤如下：

（1）建立网站及相关文件

新建一个名为 web5 的空网站，复制 web4 网站中的 CSS 和 images 文件夹、filetitles.aspx，以及 readfile.aspx 网页文件到 web5 中，删除 filetitles.aspx 右侧栏 rightpage 层中的内容。

（2）从数据库中读入文件标题

在 filetitles.aspx 窗体页面的新闻标题层中添加 SqlDataSource 数据源控件 SqlDataSource1，连接到新闻数据库 news，在数据库表中选择 files 表，在列中勾选表中字段 fileid 和 filename，单击“ORDER BY(R)”按钮，设置按字段 publishdate 降序排序，查询语句如下：

```
SELECT [fileid], [filename] FROM [files] ORDER BY [publishdate] DESC
```

在新闻标题层中添加 GridView 控件，右击 GridView 控件，在弹出的快捷菜单中选择“选择智能标记”命令，弹出如图 5-8 所示的 GridView 任务窗口，在“选择数据源”下拉列表中选择配置好的数据源控件 SqlDataSource1。

选择 GridView 控件，在如图 5-9 所示的 GridView 属性界面中设置 GridLines 属性值为 none，去掉控件的网格线设置；设置 ShowHeader 属性值为 False，使控件的标题栏部分不可见。单击 Columns 属性设置按钮，在打开的对话框中对 Columns 的属性进行设置，如图 5-10 所示。在左边选定的字段中，删除字段 fileid，选择字段 filename，在右边属性值中设置 HeaderText 属性值为空。

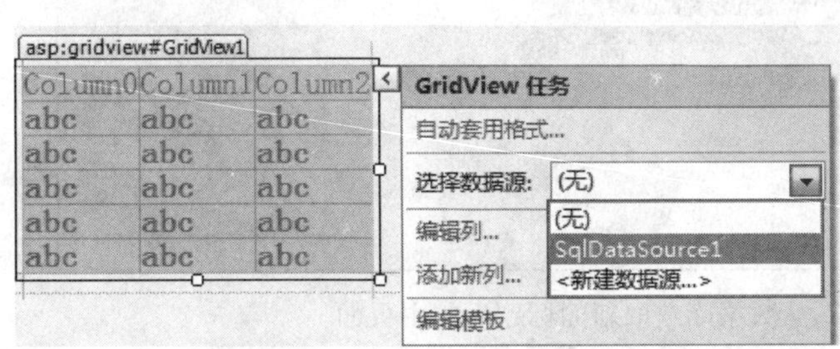

图 5-8　GridView 任务窗口

图 5-9　属性界面

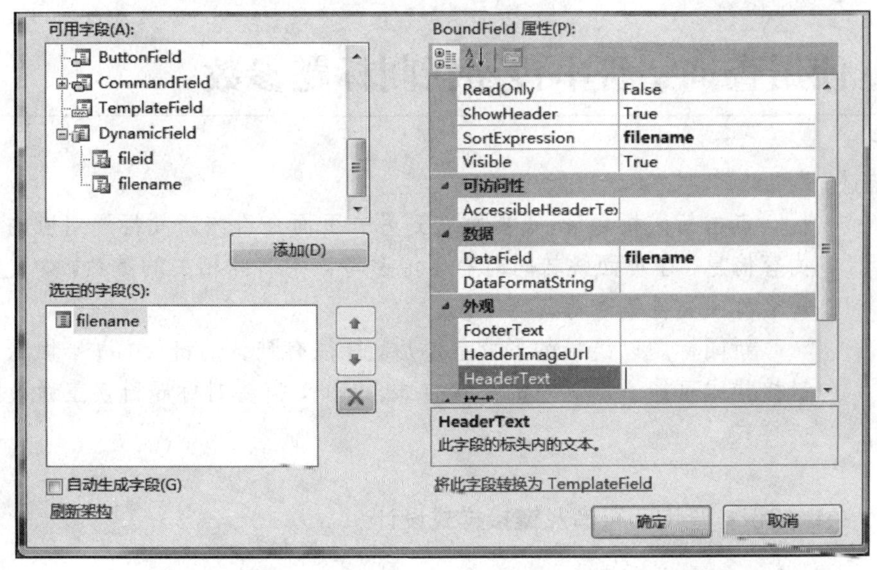

图 5-10　Columns 属性设置

（3）运行效果

运行网页，结果如图 5-11 所示。

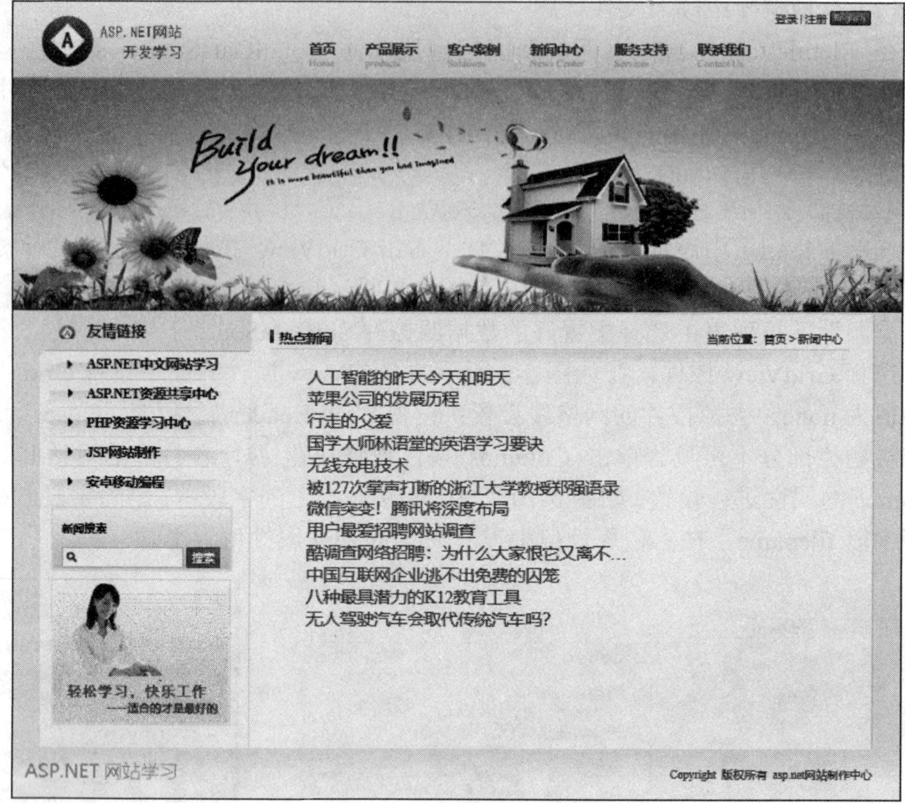

读取数据库中的文件标题（图片）

图 5-11　从数据库获取新闻标题后的主页面

任务 5.2　使用查询字符串传递新闻标题参数

任务描述：

点击新闻标题后，需要跳转到另一页面查看该新闻标题对应的详细内容信息，在页面跳转同时需要传递与该条新闻相关的参数，如文件标题名称或文件编号等。

新闻标题以链接的形式显示后，往往有默认的链接样式，但默认的链接样式可能不是满意的链接样式。因此，需要对标题链接重新设置链接样式。

5.2.1　关键知识：查询字符串及链接样式设计

1. 使用查询字符串传递参数

查询字符串是在页 URL 的结尾附加的信息，它提供了一种维护状态信息的方法，它包含在对特定 URL 的 HTTP 请求中，不需要任何的服务器资源。几乎所有的浏览器和客户端设备均支持使用查询字符串传递值。

传递一个参数示例：可以使用查询字符串，通过 URL 将数据提交到另一页面上，代码如下：

```
"~/readfile.aspx?fileid="+Eval("fileid")
```

在上面的 URL 路径中，查询字符串以问号 ? 开始，后跟一个名为“fileid”、值为 Eval("fileid")的内容。

传递两个参数代码示例如下：

```
this.Response.Redirect ("~/default.aspx?username="+this.usernametxt.Text +"&psd="+ this.txtPassWord.Text);
```

这里同时传递了两个参数：一个名为 username；另一个名为 psd，其值为文本框 usernametxt.Text 的文本值和密码框 txtPassWord.Text 的文本值。这两个键/值对使用“&”连接（&与后面的参数名之间不留空格）。

2. 使用 HttpRequest 获取查询字符串参数值

接收查询字符串参数值的页面要读取传递过来的参数，可使用 HttpRequest 对象的 Params 属性读取查询字符串，也可以用 QueryString 属性读取查询字符串值。例如，获取上面 URL 路径中查询字符串 fileid 的值，可使用下面的表达式：

```
Request.Params["fileid"]
```

或

```
Request.QueryString["fileid"]
```

注　意

- 不要使用查询字符串传递敏感数据，因为查询字符串中的信息对用户是可见的，而且很容易被修改，因此会带来潜在的安全风险。
- 查询字符串传递的信息容量有限。有些浏览器和客户端设备对 URL 的长度有 2083 个字符的限制。

3. 标题链接样式设计

将文字设置为链接样式后，系统有默认的链接样式、访问后的链接样式。为了使得标题文字的链接样式满足页面需要，需要重定义标题的链接样式。页面有多处链接，为了避免链接样式互相影响，因此各链接样式需要设置为复合链接样式。该任务中，控件所在的层引用了类样式.newsTitle，则控件链接设置基于该类样式的复合样式.newsTitle a :link,.newsTitle a:visited 和复合样式.newsTitle a:hover。

如设计链接样式和访问过后的样式一样，则两个样式之间用逗号分隔。设计链接文字颜色为黑色、加粗、不加下划线、14 号宋体，行高为 26px 的链接样式代码如下：

```
.newsTitle a:link,.newsTitle a:visited
{   line-height:26px;font-size:14px;font-weight:normal;font-family:宋体;color:#000000;text-decoration:none;   }
```

设置标题链接样式（视频）

5.2.2 任务实施：设置新闻标题链接样式并传递标题参数

1. 设置新闻标题链接并传递参数

（1）转换并编辑绑定模板字段

在任务 5.1 中，已经实现将数据库文件表中的文件标题显示到网页页面中，标题以文本形式呈现。如果要求标题文字以链接的形式出现，当鼠标放在文字上方时文字颜色发生变化，并且提示完整的标题信息，则需要将原来 GridView 控件中的字段转换成模板字段，再对模板字段重新编辑处理。

1）转换为模板字段。选择任务 5.1 的 filetitles.aspx 文件中的 GridView1 控件，编辑控件的列属性，在图 5-9 中，选择 filename 字段后，再单击“将此字段转换为 TemplateField”，将文件名字段转换为模板字段。

2）编辑模板字段。在如图 5-8 所示的 GridView 任务窗口中选择“编辑模板”，在 ItemTemplate 模板中可看到原模板列显示文件名的控件为标签控件，如图 5-12 所示。删除图 5-12 中的标签控件，在工具箱中选择超链接控件替换原有的标签控件，如图 5-13 所示，单击“编辑 DataBindings”进入如图 5-14 所示的绑定编辑界面，设置超链接控件属性值如表 5-1 所示，在源代码视图中生成的绑定代码为：

```
NavigateUrl='<%# "~/readfile.aspx?fileid="+Eval("fileid") %>'
Text='<%# Eval("filename") %>'
```

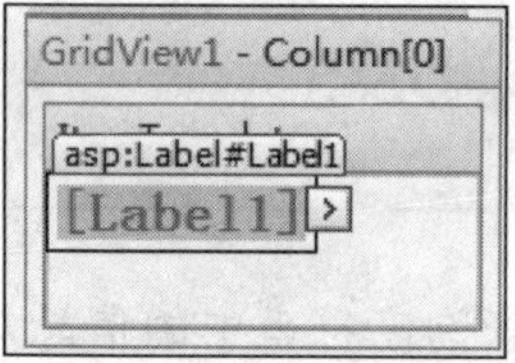

图 5-12 原模板列

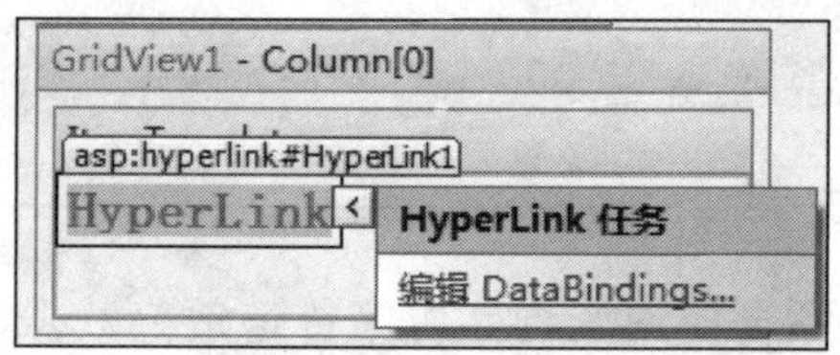

图 5-13 编辑后的模板列

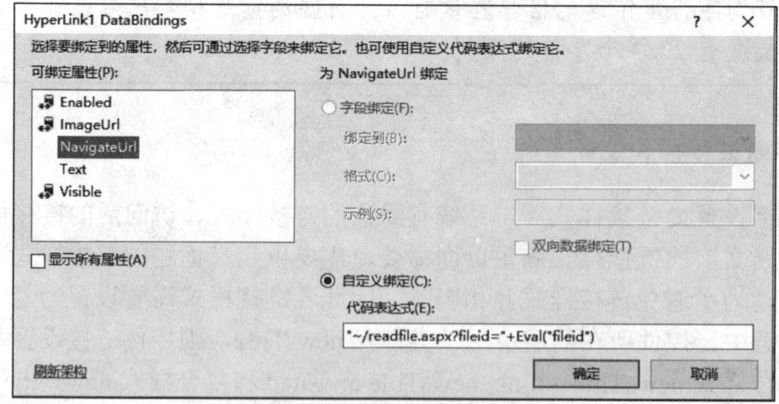

图 5-14 模板中的超链接控件绑定设置

表 5-1 超链接控件绑定属性值

属　性	值
Text	Eval("filename")
NavigateUrl	"~/readfile.aspx?fileid="+Eval("fileid")

说　明

- Eval("filename")表示绑定到数据库中字段名为 filename 的字段。Eval 表示单向绑定，如果需要双向绑定，可修改为 Bind("filename")。这里设置超链接按钮控件的 Text 值为 Eval("filename"),表示超链接控件将显示数据库中对应字段名为 filename 的内容。
- NavigateUrl 属性代表跳转的页面，在图 5-13 中设置代码表达式为"~/readfile.aspx"，表示单击超链接后跳转到页面 readfile.aspx，如果需要在页面跳转时同时传递值，则需要采用查询字符串方式进行数据的传递。

（2）源代码视图添加代码

1）单击新闻标题跳转到新的页面。在源代码视图中找到 HyperLink 的属性代码，添加 Target="_blank"属性设置，使得单击文件标题后从新的一页读取文件内容。

2）当鼠标悬停到新闻标题上方时，出现完整新闻标题提示。在源代码视图给超链接控件添加 ToolTip 属性值绑定到文件名，使得鼠标悬停在新闻标题上方时提示文件名全名。GridView1 控件的 ItemTemplate 模板代码如下：

```
<ItemTemplate>
    <asp:HyperLink ID="HyperLink1" runat="server"
       NavigateUrl='<%# "~/readfile.aspx?fileid="+Eval("fileid") %>'
       Text='<%# Eval("filename") %>' ToolTip='<%# Eval("filename") %>'
       Target="_blank">   </asp:HyperLink>
</ItemTemplate>
```

运行页面，鼠标放到标题上方可看到有链接的效果，如图 5-15 所示。单击标题，可跳转到另一页面，同时在页面地址栏可看到传递的参数。

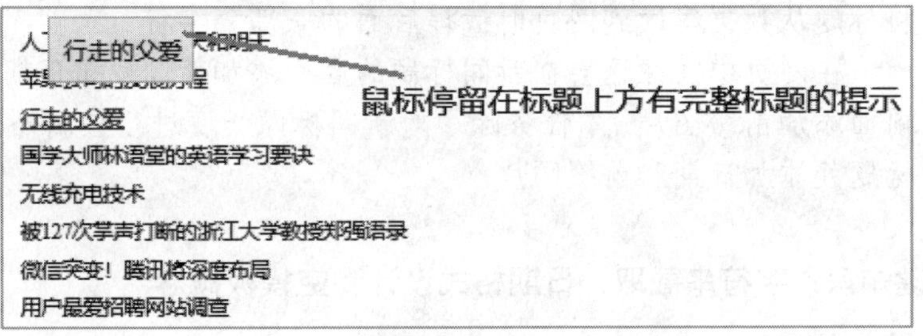

图 5-15　有链接和提示效果的文件标题

2. 修改标题链接样式

修改“1. 设置新闻标题链接并传递参数”中标题链接的效果，添加鼠标经过样式、访问过后样式设置，修改链接文字的行距及字体大小等设置。由于新闻标题所在的层引用了类样式.newsTitle，所以该层下的链接样式设置为复合样式.newsTitle a:link ,.newsTitle a:visited 和复合样式.newsTitle a:hover，代码如下：

```
.newsTitle a:link,.newsTitle a:visited
  {  line-height: 26px;font-size:14px;font-weight: normal;font-
```

```
family:宋体;color:#000000;text-decoration:none; }
.newsTitle a:hover{color: #0000FF;text-decoration:underline; }
```

修改后的标题运行效果如图 5-16 所示。

图 5-16　修改链接样式后的标题样式

设置标题链接样式（图片）

任务 5.3　新闻标题的修改

任务描述：

一般来说，在网页中都会设定相应宽度的位置存放新闻标题信息，为了不影响网页的布局，当标题长度超过了网页设定的宽度时，需要在将标题从数据库读到网页时截掉后面的一部分字符。

在网页中往往还会在新闻标题的后面添加新闻发布日期，在标题的前面添加前缀图片。本任务除了对新闻标题长度进行控制外，还需要在标题处添加日期和前缀图片。

5.3.1　关键知识：字符串截取、日期格式设计和空模板概念

1. 字符串子串的获取

字符串 s 的子串的截取可通过 s.Substring(s1,s2)方式获得。其中，s1 表示从第几个字符开始；s2 表示子串的长度。如通过绑定方式获取文件标题字段内容后，可以通过字符串的 Length 属性获取标题字符串长度，再通过条件判断语句判断是否超出给定的长度。如果超出，则截取部分字符串，如下面代码：

```
<%# Eval("filename").ToString().Length>20?Eval("filename").ToString().
Substring(0,18) +"..." :Eval("filename") %>
```

其中，条件判断语句基本格式如下：

```
判断语句 ? 结果1: 结果2
```

上面代码当判断语句成立时，即当标题长度超过 20 个字符时，取结果 1 的值，截取标题的前 18 个字符并添加...字符串；否则，取结果 2 即原标题的字符串。

2. 标题日期格式设置

向数据库添加日期信息时，数据库默认的格式为日期+时间格式，当用户没添加时间时，则默认对日期字段添加 00 时 00 分 00 秒的时间，网页显示日期字段时往往只需要日期而不需要时间。因此，读取日期字段内容后需要调整日期的显示格式。

常规 - {0}
短时间 - {0:t}
长时间 - {0:T}
短日期 - {0:d}
长日期 - {0:D}
日期和时间 - {0:g}
完整日期 - {0:G}

图 5-17 日期格式

ASP.NET 的日期格式如图 5-17 所示，而数据库中的日期，默认按日期+时间格式进行输出，录入数据库的日期如果没写时间，则默认为 00:00:00。网页中为了避免显示时间，往往需要对日期格式进行设置，常用的日期显示格式可设置为 yyyy-MM-dd 显示模式。如将发布日期字段 publishdate 修改为 yyyy-MM-dd 格式的绑定写法如下：

```
<%# Eval("publishdate", "{0:yyyy-MM-dd}") %>
```

3. 空模板字段

显示数据库信息时，往往需要添加一些数据库中没有的固定的信息，如往每一个新闻标题前面添加一个相同的图片，这时需要在数据控件中通过添加空模板字段并设置内容绑定来实现。

以 GridView 控件为例，编辑控件的 Columns 字段列，进入如图 5-10 所示界面，在“可用字段”框中选择 TemplateField 字段，单击“添加”按钮，则在控件中添加了一个空模板字段，在这个对话框中可对该空模板字段设置标题属性、宽度、行高等样式。右击 GridView 控件，选择编辑模板后选择这个空模板，进入模板编辑界面后可在模板中添加任意控件，然后进行数据绑定、事件编辑等操作，可用空模板显示相关的信息。

5.3.2 任务实施：修改标题长度并添加日期和前缀图片

新闻标题样式的修改（视频）

1. 截短太长的标题

控制新闻标题显示长度可通过修改源视图中 ItemTemplate 模板中的代码实现。

在源代码视图 GridView1 控件的<ItemTemplate>模板代码中，修改超链接按钮的 Text 属性值，代码如下：

```
Text='<%# Eval("filename").ToString().Length>18?Eval("filename")
.ToString().Substring(0,18)+"...":Eval("filename") %>'
```

当标题长度超过 18 字符时，则截取前 18 位字符，并添加...代替后面的标题内容。

运行后标题显示效果如图 5-18 所示。

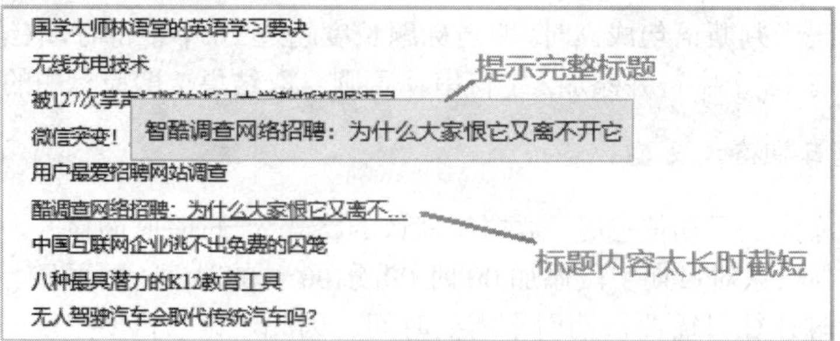

图 5-18 当标题内容太长时截短标题

2. 添加标题日期

给标题添加日期的步骤如下。

（1）设置日期格式

在任务 5.2 中添加 publishdata 字段，代码如下：

```
SELECT  [fileid],[filename,[publishdate]  FROM  [files]  ORDER  BY
[publishdate] DESC
```

1）设置日期格式方法 1。在 GridView1 控件的 Columns 字段设置中，设置 publishdate 字段的 HeaderText 值为空，DateFormatString 属性值为{0:d}，HtmlEncode 属性值为 False ，使得日期以短日期格式呈现。

2）设置日期格式方法 2。在 GridView1 控件的 Columns 字段设置中，将字段 publishdate 转换成模板字段，然后在编辑模板中选择该字段，编辑该字段的控件绑定格式为{0:d}的短日期格式，如图 5-17 所示。

另外，设置 ItemStyle 样式中的 width 值为 100px，设置已转换为模板的标题列的 ItemStyle 样式中的 width 值为 380px。

运行效果如图 5-19 所示。

图 5-19 给新闻标题添加上日期

（2）修改日期格式

从图 5-19 运行效果可看到，日期格式并没有完全对齐。如当日期为 2019 年 12 月 1 日时，显示的是 2019-12-1，而当日期为 2019 年 11 月 18 日时，显示的日期为 2019-11-18。短日期显示日期格式时，日期的显示效果并不理想，因此还需要继续修改日期格式。

在 GridView1 控件的编辑列 Columns 字段设置中，设置 publishdate 字段为模板字段，即选择 publishdate 字段后单击“将此字段转换为 TemplateField”，在源代码视图找到 GridView1 控件的<ItemTemplate>代码，将格式修改为四位的年份-二位数字的月份-二位数字是日期，显示方式即 yyyy-MM-dd，代码修改如下：

```
Text='<%# Eval("publishdate", "{0:yyyy-MM-dd}") %>'
```

（3）给日期添加中括号

如果日期需要用中括号括起来，则继续在源代码视图找到 GridView1 控件的<ItemTemplate>代码，将 Text 属性的绑定值前后添加中括号字符串，代码如下：

```
Text='<%# "["+Eval("publishdate", "{0:yyyy-MM-dd}")+"]" %>'
```

或

```
Text='<%# Eval( "publishdate", "[{0:yyyy-MM-dd}]" ) %>'
```

重新修改日期后，运行效果如图 5-20 所示。

图 5-20　修改日期格式并添加括号后的显示方式

3. 添加标题前缀图片

在每条新闻标题前面添加一个标志性的小图片，步骤如下。

（1）添加空模板

在如图 5-10 所示的 GridView1 控件的编辑列 Columns 字段设置界面，在可用的字段中选择 TemplateField，单击“添加”按钮，然后按上下箭头将新添加的模板排到第一位，设置该模板的 ItemStyle 样式的宽度 width 值为 20px。

（2）编辑并绑定模板内容

回到模板编辑界面，选 ItemTemplate 项的第一项模板，在模板中添加 image 图片控件，在图片的属性栏中设置 ImageUrl 的值为 icon01.gif 图片，设置图片显示宽度和高度为 14px，代码如下：

```
    <asp:Image ID="Image1" runat="server" Height="12px" Width="12px"
ImageUrl="~/images/icon01.gif"  />
```

（3）运行效果

运行效果如图 5-21 所示。

新闻标题样式（图片）

图 5-21　添加标题图片后的运行效果图

任务 5.4 显示前几条标题及分页显示内容

任务描述：

网页页面由于版面有限，在显示新闻标题时往往只显示最新的几条信息，其他的内容以分页形式或通过更多链接按钮进入相关链接页面获取。本任务包括：

- 只显示最新 n 条记录；
- 以分页形式显示标题信息。

5.4.1 关键知识：数据库查询语句及数据控件的分页设置

1. 获取前几条数据库信息

前几条数据库信息的获取可通过如下查询语句实现：

```
select  top  n 字段名 1,字段名 2,….from 表名……
```

或

```
select  top  n  *  from 表名 ORDER BY 字段名 DESC
```

2. 分页显示

数据控件中带有分页设置的控件包括 GridView、DetailsView、FormView 和 ListView。前面三个控件可通过 PagerSettings 属性的 mode 设置分页模式，分页模式包括如下。

- Numeric：数字显示模式。
- NextPrevious：前一个+后一个模式。
- NextPreviousFirstLast：第一个、前一个、后一个和最后一个显示模式。
- NumericFirstLast：数字+第一个+最后一个显示模式。

另外，可通过 PageSize 设置每页显示的记录数，通过 PageStyle 设置分页模式的水平对齐方式、字体、字号、高度等样式。ListView 控件的分页需要搭配分页控件 DataPager 进行设置。

5.4.2 任务实施：显示前 n 条记录和分页显示其他内容

分页显示前几条标题（视频）

1. 显示最新前几条新闻

如果需要显示最新的新闻信息，只需要在任务 5.2 或任务 5.3 完成后的 filetitles.aspx 文件中，在源代码视图中修改查询语句。操作如下：

在源代码视图中找到控件 SqlDataSource1 代码，将其中的语句：

```
SelectCommand="SELECT [fileid], [filename] FROM [files] ORDER BY
[publishdate] DESC"
```

修改为

```
SelectCommand="SELECT  top 8 [fileid], [filename] FROM [files] ORDER BY
 [publishdate] DESC"
```

运行页面，则可看到内容层只显示了按时间降序排序的最新 8 条新闻信息。

2. 分页显示内容

设置内容分页显示步骤如下。

（1）设置允许分页

任务 5.2 或任务 5.3 完成后，在 filetitles.aspx 文件中选中 GridView1 控件，单击右上角的▷符号，在弹出的 GridView 任务窗口中勾选“启用分页”复选框，如图 5-22 所示。

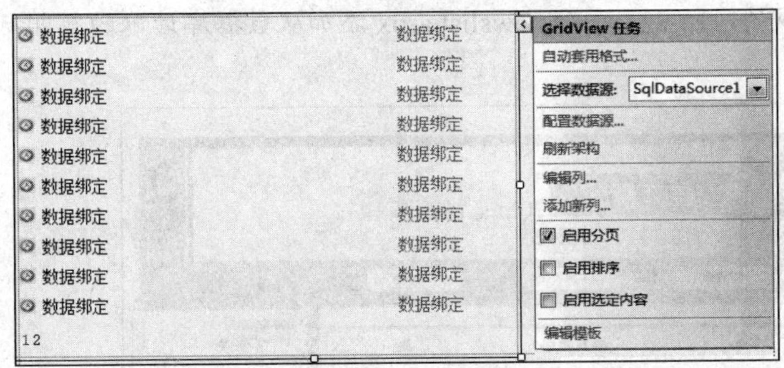

图 5-22　分页设置

（2）设置分页属性

在 GridView1 控件的属性值中设置分页属性如表 5-2 所示。

表 5-2　页面属性值设置

属　性		值
PageSize		8
PagerSettings:	Mode	NextPreviousFirstLast
	FirstPageText	第一页
	LastPageText	最后一页

续表

属性		值
PagerSettings:	previousPageText	上一页
	NextPageText	下一页
PageStyle:	HorizontaAlign	Center
	Font：size	Smaller

运行页面，效果如图5-23所示。

分页显示前几条标题（图片）

图5-23 标题分页显示后效果

独立实践

1. 为项目4中完成的网站2主页面newslist.aspx添加从数据库读取的新闻标题，页面效果如图5-24所示。

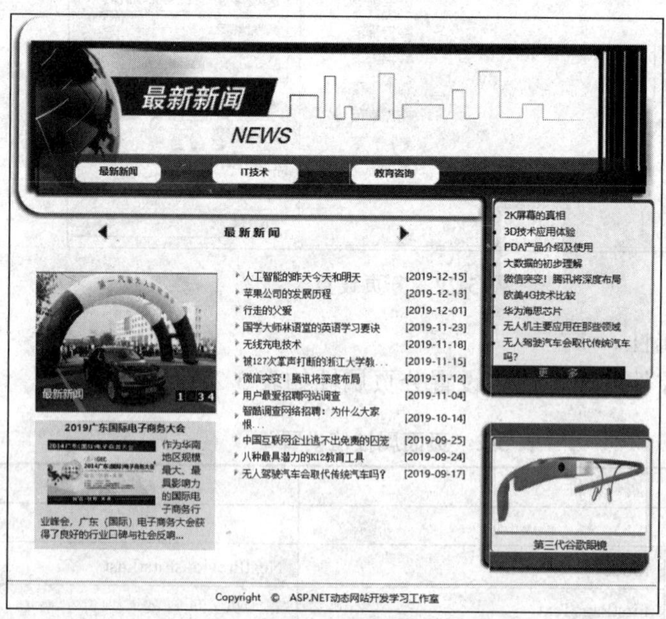

图5-24 网站2 标题格式效果图

2. 在已完成的如图 5-24 所示页面效果的基础上，继续完成下面任务：

① 单击“最新新闻”导航，可查看到最新新闻信息。

② 单击“IT 技术”导航，可查看最新 IT 技术新闻。

③ 单击“教育咨询”导航，可查看最新教育咨询方面的文章。

任务实施步骤如下：

1）添加导航链接按钮。在导航栏相应的层中添加链接按钮 LinkButton 替换原来的文字链接，将链接按钮的 Text 属性分别设置为原导航文字，然后设置三个链接按钮的 CommandArgument 值分别对应数据库中的类型值，即最新新闻链接按钮的 CommandArgument 值为 1，IT 技术链接按钮的 CommandArgument 值为 3，教育咨询链接按钮的 CommandArgument 值为 2。再设置三个链接按钮的 Command 事件名称均为 linkbtnchange。

2）配置数据源控件。在设计视图中添加三个 SqlDataSource，分别配置成访问 news 数据库的 files 表，按发布日期降序排列，查询条件为文件类型字段 typeid，值分别为 1、2、3，where 条件配置对话框如图 5-25 所示，单击“添加”按钮添加查询条件，使得三个数据源分别查询三种文件类型。

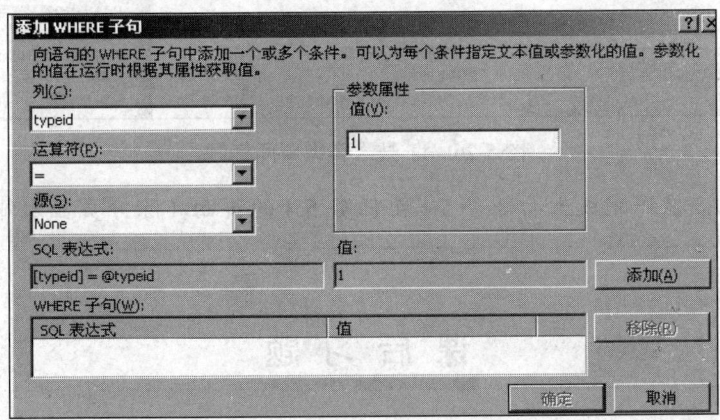

图 5-25 设置 where 条件值

3）配置数据显示控件。添加三个 GridView 控件，数据源分别对应步骤 2）中完成的三个数据源，参考任务 5.1 到任务 5.4 步骤完成数据控件的设置。

4）添加标题。在图 5-24 的“最新新闻”文字层中删除原来文字“最新新闻”，添加标签控件，控件 Text 属性值设置为“最新新闻”，ID 值为 lblmessage。

5）编写代码。在页面加载事件中，将三个 GridView 控件的 Visible 属性值设置为 False。然后在 Command 事件，使得用户单击链接按钮后可获得命令参数值，再根据命令参数值显示对应的数据控件，编写代码如下：

```
public void linkbutchange(object sender, CommandEventArgs e)
  { GridView1.Visible=false;
    int typeid=int.Parse(e.CommandArgument.ToString());
    switch (typeid)
     { case 1:
       GridView2.Visible=true;lblmessage.Text="最新新闻";
```

```
            break;
        case 2:
            GridView3.Visible=true;lblmessage.Text="教育咨询";
            break;
        case 3:
            GridView4.Visible=true;lblmessage.Text="IT技术";
            break;
    }
}
```

6）运行效果。运行页面，首页效果图如图 5-24 所示，单击导航链接如点击“IT 技术”导航后效果图如图 5-26 所示，显示该类型对应的新闻标题。

图 5-26 IT 技术类型新闻标题

3. 用 DataList 控件完成上面任务 5.1 至任务 5.4 的页面（除分页显示外）内容。

课 后 习 题

1. 多选题：下列方法中，（ ）可用于获取名为 fileid 的查询字符串值。

A. Request.Params["fileid"] B. 直接赋值获取

C. 直接读取 D. Request.QueryString["fileid"]

2. 判断题：使用短日期作为日期显示格式时，日期显示的字符长度可能是 8 位，也可能是 10 位。（ ）

3. 判断题：数据库脚本导出时，可以选择导出带数据或者不带数据的脚本。（ ）

4. 判断题：导出数据脚本带创建数据库时，一般文件名显示的是本机数据库文件的绝对路径。（ ）

5. 单选题：超链接控件的文本属性绑定到数据库字段 filename 的写法是（ ）。

A. Text='<%= Eval("filename") %>' B. Text="<%= Eval("filename") %>"

C. Text='<%# Eval("filename") %>' D. Text="<%# Eval('filename') %>"

6. 判断题：GridView 控件绑定到数据库文件表后，如果文件名要以超链接的形式展示，则需要将文件名字段转换成模板字段。（ ）

项目 6

读取并搜索新闻

学习目标

知识教学目标

- 获取查询字符串值
- 使用 SqlConnection 类创建和关闭数据库连接
- 使用 SqlCommand 执行对数据库的操作
- 使用 SqlDataReader 读取数据库查询结果
- 使用 SqlDataAdapter 与 DataSet 读取数据库查询结果
- 使用模糊查询获得搜索结果

技能培养目标

- 能够使用数据控件和编辑方式读取并显示数据库的内容
- 能够编写新闻搜索代码

网站的主页面一般显示文章标题链接，在浏览器中单击文章标题后，才能进入文章页面查看内容，本项目讲解如何控件和编程方式分别读取文章内容，如何通过文章标题、发布日期和文章部分文字内容等方式搜索查找文章。

任务 6.1 获取标题参数

任务描述：

一般网站主页显示文章标题链接，单击标题链接后才能进入另一个页面查看文章内容。两个页面的转换需要进行一些参数的传递，本任务讲解如何通过数据源控件方式进行参数接收，以及如何通过编写代码方式获取不同页面传递的参数。

6.1.1 关键知识：页面间参数的传递

1. 使用数据源控件获取页面传递的参数

上一个页面传递过来的查询字符串可通过在配置数据源过程中获取。假设在网页中添加数据源控件 SqlDataSource，选择数据源控件，单击控件右上角的▶图标，在弹出的任务窗口中选择“配置数据源”，设置好连接字符串，使数据源连接到 news 数据库，如图 6-1 所示。在表或视图名称下拉列表框中选择 files 数据库表，勾选需要的字段配置数据源。单击图 6-1 中的 WHERE 按钮，进入如图 6-2 所示界面，在 WHERE 子句对话框中设置对话框中参数如下。

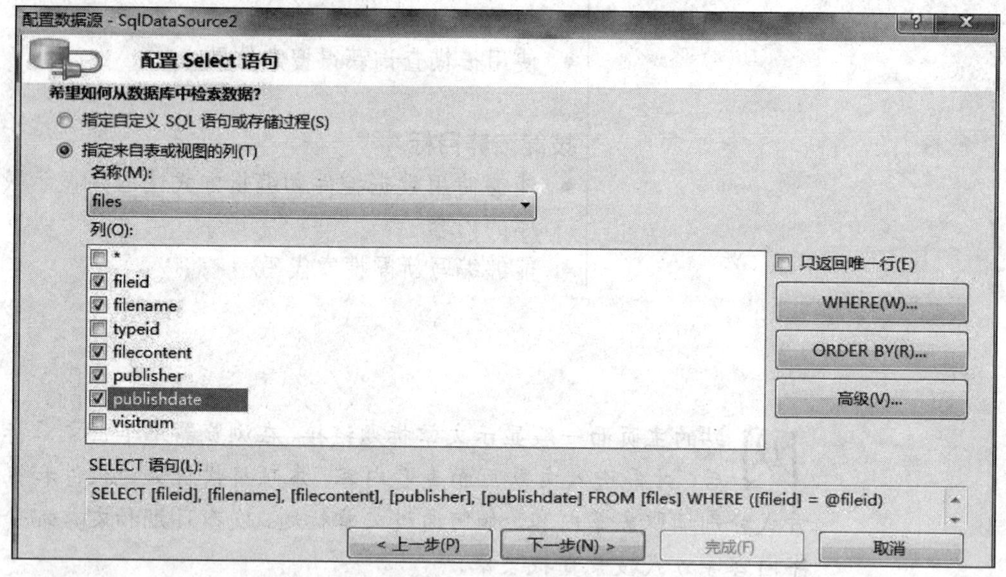

图 6-1 数据源配置

1）列：在“列”下拉列表框中将显示所选数据库表中的所有字段。

2）运算符：下拉列表框中的运行符包括=、<、>、<=、>=、<>等符号，如果要获取从另一页面传递过来的文件 id 编号，则选择=符号。

3）源：表示在“列”中选择的字段值通过什么方式获取，在“源”的选项选择“QueryString”时，表示获取传递的查询字符串，在参数属性中填写查询字符串名称完成数据源配置便可获得参数。“源”下拉列表中的参数意义如下。

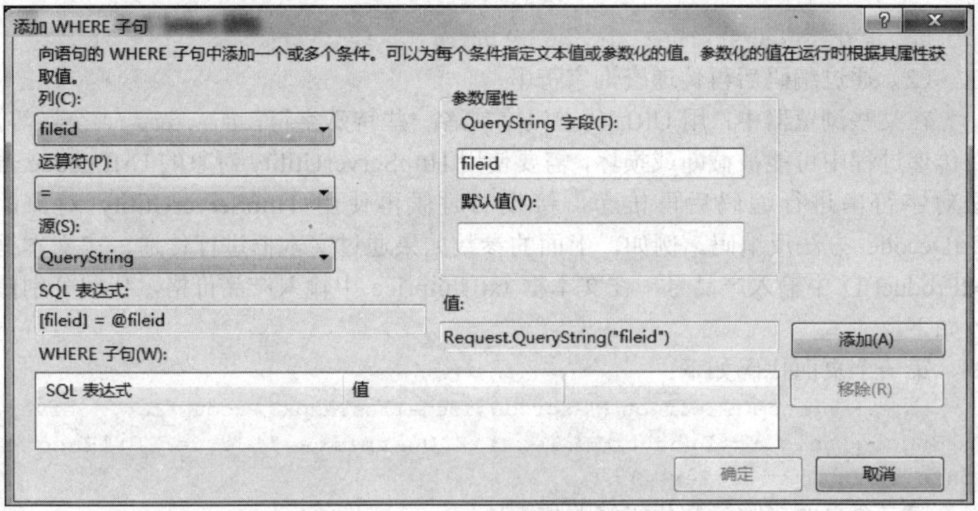

图 6-2 WHERE 子句获取查询字符串

- Control：来自于某个控件，如已绑定到数据源的数据控件 GridView 等。
- Cookie：来自于 Cookie 中的参数值，如果另一个页面已定义好 Cookie 变量值，则同一网站可引用。
- Form：来自于窗体变量值。
- Profile：用户配置文件信息，用于多用户系统的用户个性化管理，选择这个源，则表示获取 Profile 中的 name 属性值。
- QueryString：查询字符串，获取从文件地址路径中传递过来的参数值。
- Session：获取其他页面以会话期状态定义的全局变量值。
- Route：获取路由信息。

4）参数属性：根据选择的源不同，当选择查询字符串作为源时，显示“参数属性”，当选择控件作为源时，显示“控件名称”。

5）默认值：如果没有默认值，可不写。

2. 查询字符串参数的传递与接收

（1）直接传递查询字符串

查询字符串是在页面地址 URL 的结尾附加的信息。可以使用查询字符串将数据从一个页面传递到另一页面上。如传递代码：

```
http://www.product.com/productdetailes.aspx?ProductID=1&Unitprice
=18;
```

在上面的 URL 路径中，查询字符串以问号（?）开始，并包含两个键/值对：一个键名为“ProductID”，其传递的值为 1；另一个键名为“Unitprice”，其值为 18。这两个键/值对使用“&”连接（注意&连接符号前后不能有空格）。

若要从页面读取传递过来的参数，可使用 HttpRequest 对象的 Params 属性读取查询字符串。例如，获取上面 URL 路径中查询字符串 ProductID 的值，可使用下面的表达式：

```
Request.Params["ProductID "]
```

或

```
Request.QueryString[“ProductID”]
```

（2）通过编码后再传递查询字符串

在某些浏览器中，用 URL 传递汉字或者一些特殊字符，如?、&、/、空格等，在传递过程中可能被截断或损坏，需要使用 HttpServerUtility 对象的 UrlEncode 方法对字符串进行编码后再传递，接收的时候再使用 HttpServerUtility 对象的 UrlDecode 方法反编码。例如，上面的参数如果通过文本框进行传递，在文本框 txtProductID 中输入产品号，在文本框 txtUnitprice 中输入产品价格，代码分别修改如下。

第一个页面代码如下：

```
this.Response .Redirect ("~/productdetailes.aspx? ProductID=" +Server.
UrlEncode(this.txtProductID.Text)+"&Unitprice="+Server.UrlEncode
(this.txtUnitprice.Text));
```

第二个页面接收参数代码修改如下：

```
string ProductID, Unitprice;
ProductID=Server.UrlDecode ( this.Request.Params["ProductID"]);
Unitprice=Server.UrlDecode ( this.Request.Params["Unitprice"]);
```

6.1.2 任务实施：获取页面间传递过来的参数

1. 使用数据源控件获取查询字符串

使用数据源控件获取查询字符串方式传递过来的 fileid 参数，步骤如下。

1）新建空网站 web6，复制 web5 站点内容到 web6 中，打开网页文件 readfile.aspx，删除内容区右侧<div class="rightpage">层中的内容，完成如图 6-3 所示的页面效果。

在数据工具箱中选择 SqlDataSource 控件并拖动到内容区右侧层中，单击控件右上角的▷图标，在弹出的任务窗口中选择“配置数据源”。

2）选择已在 web.config 配置文件中配置好的连接字符串 newsConneection-String，使数据源连接到 news 数据库，在表或视图名称下拉列表框中选择 files 数据库表，勾选需要的字段，如图 6-1 所示配置数据源。

3）单击图 6-1 中的 WHERE 按钮，进入如图 6-2 所示的添加 WHERE 子句对话框，设置对话框中参数如下。

- 列：在“列”下拉列表框中将显示 files 数据库表中的所有字段，这里选择 fileid 字段。
- 运算符：要准确获取从另一页面传递过来的文件 id 编号，选择=符号。
- 源：表示在“列”中选择的字段值通过什么方式获取，因为这里文件的 fileid 参数值采用查询字符串传递，所以这里选择 QueryString 查询字符串方式获取信息。
- 参数属性：在“参数属性”文本框中输入在文件 filetitle.aspx 中传递的查询字符串参数名 fileid。

- 默认值：这里没有，不写。

图 6-3　右侧栏内容区为空的页面布局效果

4）配置好图 6-2 中的参数信息后，单击“添加”按钮，再单击“确定”按钮完成 WHERE 子句参数的配置。配置好的数据源控件已获取了文件参数，将数据控件绑定到数据源后可得到该参数的应用。

2. 使用 Request 方法获得查询字符串

1）在 web6 网站中新建网页文件 readfile2.aspx，html 标签内的代码用 readfile.aspx 文件中删除内容区右侧内容后的代码替代，完成如图 6-3 所示的页面效果图布局。

2）在 readfile2.aspx.cs 文件的页面加载事件中定义整型变量 fileid，并用 Request 方法获取参数值后赋值给这里定义的 fileid 变量，代码如下：

```
protected void Page_Load(object sender, EventArgs e)
  { int fileid;
    fileid=int.Parse(Request.QueryString["fileid"]);  }
```

Fileid 的值也可以通过 Request.Params 获取，代码如下：

```
fileid=int.Parse(Request.Params["fileid"]);
```

说　明

因为(Request.QueryString["fileid"]或 Request.Params["fileid"]获取的值为字符串，所以需要通过 int.parse 转换成整型变量。

任务6.2 使用数据控件读取新闻内容

任务描述：

在项目 5 中，用户可通过单击文件标题，将文件名参数传递到读取内容的页面。在任务 6.1 中获取了传递过来的 fileid 参数，本任务将通过使用数据控件读取指定 fileid 标题的新闻内容。

6.2.1 关键知识：DataList 控件与数据绑定

1. 编辑 DataList 控件的模板

DataList 控件是一个模板控件，当绑定到配置好的数据源后，在源代码视图看到的完整代码中并不包括数据表的任何信息，代码如下：

```
<asp:DataList ID="DataList2" runat="server" DataSourceID="SqlDataSource1">
</asp:DataList>
```

因此，如果需要使用 DataList 控件显示数据库中的内容，需要编辑控件中的模板。DataList 控件的模板包括如图 6-4 所示内容，包括显示项模板、编辑项模板、交替项模板、被选中项模板、页眉页脚模板和分隔符模板等。

编辑模板方式有如下两种。

1）单击 DataList 控件右上角的 符号，选择“编辑模板”，在模板编辑模式下拉列表框中选择<ItemTemplate>模板，进入项模板编辑界面，如图 6-5 所示，可以在这个界面中添加标签、文本框或数据控件等，并设置相应的数据绑定。

图 6-4 DataList 控件的模板类型

图 6-5 项模板编辑界面

2）通过在源代码视图添加代码实现，如添加项模板 ItemTemplate 后，控件的代码如下：

```
<asp:DataList ID="DataList1" runat="server" DataKeyField="fileid"
DataSourceID="SqlDataSource1">
    <ItemTemplate>
    </ItemTemplate>
</asp:DataList>
```

添加项模板后，用户可直接在项模板代码内添加层、添加控件等内容进行数据显示。如在项模板中添加一个层，引用类样式 titlename，使得标题样式在层中居中显示，样式中定义标题文字的字体、大小等。添加一个标签，并绑定到 filename 字段，添加完后代码如下：

```
    <asp:DataList ID="DataList1" runat="server" DataKeyField="fileid"
DataSourceID="SqlDataSource1">
        <ItemTemplate>
            <div class="titlename"><span> <asp:Label ID="filenameLabel"
runat="server" Text='<%# Eval("filename") %>' /> </span>
            </div>
        </ItemTemplate>
    </asp:DataList>
```

如果还需要在项模板中添加其他代码，则可以继续在层内添加，也可以再新添加层等。

2. 数据的绑定

使用标签显示数据表字段的内容，需要进行数据的绑定，如将标签文本属性绑定到 filename 的字段名，写法如下：

```
    <asp:Label  ID="filenameLabel"  runat="server"  Text='<%#  Eval
("filename") %>' />
```

使用标签显示发布日期，绑定到字段 publishdate，并使得日期格式为 yyyy-MM-dd 格式，绑定代码如下：

```
    <asp:Label ID="publishdateLabel" runat="server" Text='<%#
    Eval("publishdate", "{0:yyyy-MM-dd}") %>' />
```

6.2.2　任务实施：读取新闻标题对应的内容

使用数据控件读取新闻内容（视频）

读取标题链接对应的新闻内容，步骤如下。

1）在任务 6.1 的基础上，打开 readfile.aspx 文件。

2）在 filetitle.aspx 的源代码视图中修改标题链接控件的 NavigateUrl 值，代码如下：

```
    NavigateUrl='<%# "~/readfile.aspx?fileid="+Eval("fileid") %>'
```

使得运行 filetitle.aspx 页面，单击标题后可跳转到 readfile.aspx 页面。

3）在 readfile.aspx 右侧内容区 rightpage 层中添加 SqlDataSource 数据源控件，参考任务 6.1 中的使用数据源控件获取查询字符串方法配置数据源。

4）在层中添加 DataList 数据控件，在 DataList 任务窗口选择数据源为 SqlDataSource1。

5）在 readfile.aspx 源代码视图中找到 DataList 控件的<ItemTemplate>模板标签，如果没有项模板代码，则在原控件代码的基础上添加，添加项模板后的代码如下：

```
    <asp:DataList ID="DataList1" runat="server" DataKeyField="fileid"
DataSourceID="SqlDataSource1">
        <ItemTemplate>
        </ItemTemplate>
    </asp:DataList>
```

然后在项模板代码内完成下面操作。

① 添加标题栏层，引用类样式 titlename，使得标题样式在层中居中显示，样式中定义标题文字的字体、大小等。将模板代码中已绑定到 filename 字段的标签控件放到这个标题层中。代码如下：

```
    <div  class="titlename">  <span>  <asp:Label  ID="filenameLabel"
runat="server" Text='<%# Eval("filename") %>' /></span>
    </div>
```

② 在标题层下方添加一段落标记，在段落内添加名为 contentTigleBg.gif 的图片，使得标题与内容间有一间隔。代码如下：

```
    <p><img src="images/contentTigleBg.gif" alt="" /></p>
```

③ 设置发布日期格式。在间隔图片下面添加一个层，引用 newsDate 类样式，用于设置发布者和日期的样式，将模板代码中已绑定到 publisher 的控件放到这个层中，在控件前面添加“发布者:”。在控件的后面添加“发布日期:”，然后将模板中绑定到 publishdate 字段的标签控件拖到文字后面。代码如下：

```
    <div  class="newsDate"> 发 布 者 :  <asp:Label  ID="publisherLabel"
runat="server" Text='<%# Eval("publisher") %>' /> 发布日期: <asp:Label
ID="publishdateLabel"  runat="server"  Text='<%#  Eval("publishdate",
"{0:yyyy-MM-dd}") %>' />
    </div>
```

④ 添加新的层，引用类样式 newsContent。newsContent 类样式用于定义内容文字的行距、字体及字号大小等基本信息。将模板代码中已绑定到 filecontent 字段的标签控件拖到层中。代码如下：

```
    <div class="newsContent">  <asp:Label ID="filecontentLabel" runat
="server"  Text='<%# Eval("filecontent") %>' />
    </div>
```

⑤ 删除<ItemTemplate>模板代码中多余的代码。

6）运行 filetitle.aspx 标题页面，效果如图 6-6 所示，单击其中的一个标题，跳转到 readfile.aspx 页面，可读得该标题对应的内容信息，如图 6-7 所示。

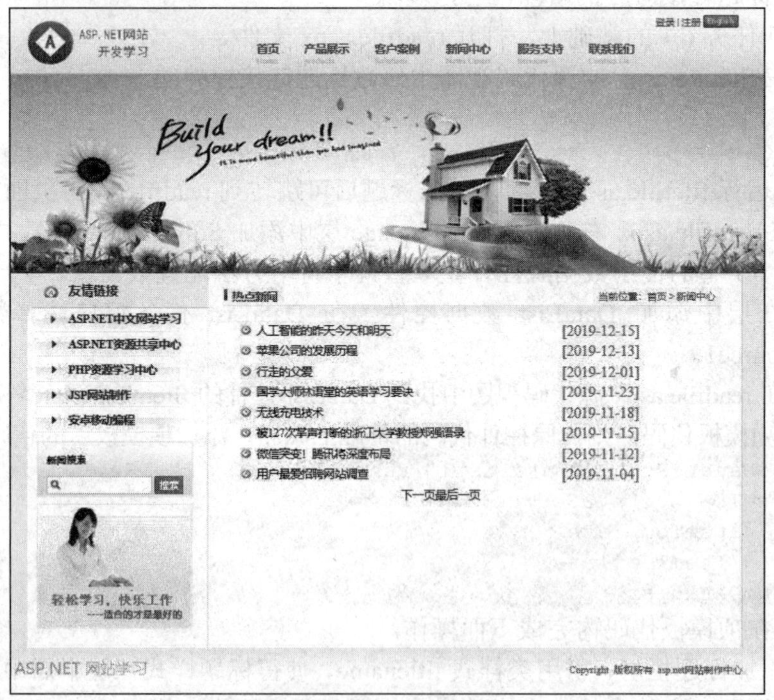

图 6-6　网站主页面

图 6-7 单击标题后对应的内容页面

使用控件读取新闻内容（图片）

任务 6.3 使用 ADO.NET 编程读取新闻内容

任务描述：

用户可单击文件标题，将文件名参数传递到读取内容的页面，本任务通过 ADO.NET 编程方式获取了传递过来的 fileid 参数，然后再编写代码访问数据库，读取文件内容。

6.3.1 关键知识：ADO.NET 编程访问数据库

1. 使用 SqlConnection 类创建和关闭数据库连接

（1）建立连接

在 ADO.NET 中，使用 Connection 对象连接到特定的数据库，不同的数据源使用不同的连接对象。

- 连接到 Microsoft SQL Server 7.0 或更高版本，使用 SqlConnection 对象。
- 连接到 OLE DB 数据源，或连接到 Microsoft SQL Server 6.x 或更低版本

数据库，使用 OleDbConnection 对象。

- 连接到 ODBC 数据源，使用 OdbcConnection 对象。
- 连接到 Oracle 数据源，使用 OracleConnection 对象。

本任务介绍与 SQL Server 2017 数据库的连接。为了便于程序移植，通常把连接字符串写到配置文件 Web.config 中，假设配置连接字符串代码如下：

```
<connectionStrings>
  <add name="newsConnectionString" connectionString="Data
  Source=.\sqlexpress;Initial Catalog=news;Integrated
  Security=True" providerName="System.Data.SqlClient"/>
</connectionStrings>
```

使用 SqlConnection 对象与 SQL Server 2017 数据库的连接，有以下三种方法：

1）通过 ConfigurationManager 对象读取在 Web.config 中配置好的连接字符串。ConfigurationManager 类是专门用于访问配置文件的一个类，需要引入名称空间：

```
using System.Configuration;
```

定义获取连接字符串和建立连接的全局变量，代码如下：

```
public static  string connectionstring=ConfigurationManager.
ConnectionStrings["newsConnectionString"].ConnectionString;
  SqlConnection conn=new SqlConnection(connectionstring);
```

在事件代码中打开连接对象，代码如下：

```
Try{
    conn.Open();
    ……    }
Finally
   {  conn.Dispose();  }
```

2）不使用配置文件中的连接语句，而是通过在.cs 后置代码页面编写数据库连接代码连接数据库，代码如下：

```
    public static string connectionstring="server=.\\sqlexpress;Initial
Catalog=news;Integrated Security=True";
    SqlConnection conn=new SqlConnection(connectionstring);
    Try{
        conn.Open();
        ……  }
    Finally
        { conn.Dispose();  }
```

3）使用 SqlDataSource 控件连接到 news 数据源后，用下面语句创建连接对象，并打开数据库连接，假设数据源控件命名为 SqlDataSource1，则建立连接语句、打开连接的代码如下：

```
SqlConnection conn=new SqlConnection(SqlDataSource1.ConnectionString);
Try{
    conn.Open();
    ……  }
Finally
{  conn.Dispose();  }
```

（2）using 块使用

为了确保数据库连接总是被关闭，而不受代码可能出现的异常影响，通常把关闭数据库连接的代码放到 finally 块中，可以用 using 语句块进行代替，使得书写更简洁。

```
Using (conn)
{  conn.open();
   ……  }
```

用上面的代码代替下面这段代码：

```
Try{
   conn.Open();
   ……  }
Finally
   {  conn.Dispose();  }       //或写为:conn.close();
```

使用 using 语句时，不论 using 块中是否发生异常，在跳出 using 块时都会调用对象的 Dispose()方法释放被使用的对象。

（3）关闭连接

建议在使用完连接时一定要关闭连接，以便连接可以返回池。也可以提供程序的连接对象的 Close 或 Dispose 方法关闭连接。不是显式关闭的连接可能不会添加或返回到池中。

关闭上面建立的连接对象的方法如下：

```
conn.Close();
```

如果已经使用 using 块，则可不再另外写释放和关闭连接的代码。

2. 使用 SqlCommand 执行对数据库的操作

建立数据库连接后，可用 SqlCommand 对象来执行对数据库的操作，以及返回查询的结果。

（1）创建 SqlCommand 对象

有以下两种方法创建 SqlCommand 对象。

1）创建带两个参数的 SqlCommand 对象：第一个参数为要执行的 SQL 语句；第二个参数为所连接的 SqlConnection 对象，例如：

```
SqlCommand cmd=New SqlCommand("select * from files", conn);
```

其中，conn 为数据库连接中创建的连接对象。

2）使用 SqlConnection 对象的 CreatCommand()方法，代码为：

```
SqlCommand cmd=conn.CreateCommand;
cmd.CommandText ="select * from files";
```

（2）执行 SqlCommand 命令

在创建了 SqlCommand 对象 cmd 后，根据 SQL 语句返回值形式的不同，常用有以下三种方式执行命令语句。

- ExecuteReader()方法：返回一个 DataReader 对象。
- ExecuteScalar()方法：返回一个单个值。
- ExecuteNonQuery()方法：没有返回结果。

例如：

```
SqlDataReader dr=cmd.ExecuteReader();      //返回一个 DataReader 对象
string d=(string)cmd.ExecutScalar();       //返回一个字符串对象
cmd.ExecuteNonQuery();                     //没有返回值的 SQL 语句
```

建立数据库连接后，可用 SqlCommand 对象来执行对数据库的操作，以及返回查询的结果。

3. 数据库查询结果的存储

用 SqlConnection 对象和 SqlCommand 对象与数据库连接并交互后，有以下两种方法来访问获取的结果：

1）使用 SqlDataReader 对象，用来逐行从数据源中获取数据并处理。

2）使用 DataSet 对象，用来将数据存到内存中进行处理。

SqlDataReader 对象用于从数据库中获得仅向前的只读数据流，并将数据生成一个或多个结果集，允许向前遍历数据行并且一次只存放一行数据在内存中，因此使用 SqlDataReader 对象可以提高应用程序的性能，大幅度减轻对内存的需求。

4. 使用 SqlDataReader 读取查询结果

SqlDataReader 对象创建之后，就可以使用其 Read 方法从查询结果中获得一个结果集。一个结果集对应一行数据。通常情况下，返回的结果记录不止一行，即多个结果集，为了获取所有的返回结果记录，可以不断调用 Read 方法来实现，步骤如下。

（1）逐行读取结果

如执行 SqlDataReader dr = cmd.ExecuteReader();语句后，如果有结果，则可以用一个 while 循环来逐行读取存储在 dr 中的查询结果，或用 if 条件语句判断是否还有记录可读。

while 逐行读取结果，代码如下：

```
while (dr.Read ())
{    //读取所需要字段的结果值 }
```

条件语句逐行读取结果，代码如下：

```
if (dr.Read())  {  //读取所需要字段的结果值  }
```

（2）逐个字段获得结果值

通过 dr.Read()读取每一行记录后，还需要逐个字段获得结果值，可用 DataReader 对象名["字段名"]的方法如 dr["fileid"]获取指定字段的值，也可用更高效的 Get 方法获取结果值。不同的字段类型，提供对应的不同的 Get 方法，其中常用数据类型字段值获取方法如下（其中 i 表示字段所在的列号，如第一列字段 i 值为 0，第二列字段则 i 值为 1，以此类推）。

- 整型字段：dr.GetInt32(i)，假设查询结果第一列字段为整型变量，则可用 dr.GetInt32(0)获得该字段的值。
- 字符型字段：dr.GetChars(i)。
- 字符串型字段：dr.GetString(i).ToString()。

- 日期型字段：dr.GetDateTime(i)。
- 字节类型字段：dr.GetBytes(i)。

5. 关闭 SqlDataReader 对象

SqlDataReader 对象工作时，与之关联的 SqlConnection 对象不能进行其他操作，直至 SqlDataReader 对象的 Close 方法被调用。在调用 SqlDataReader 对象的 Close 方法后，SqlDataReader 对象只有两个属性可以被使用：IsClosed 和 RecordAffected。在使用完 SqlDataReader 对象后，必须调用 SqlDataReader 对象的 Close 方法来关闭与数据源的连接。

6.3.2 任务实施：通过编程方式读取指定参数新闻内容

使用 ADO.NET 编程读取新闻内容（视频）

通过编写代码访问数据库，读取文件内容步骤如下。

1. 布局页面

在 readfile2.aspx 的右侧栏内容区中添加 4 个层，第 1 层中添加一个标签控件，ID 名为 lblfilename，第 2 层中添加一个作为标题间隔的图片控件，第 3 层中添加用于显示发布者信息和日期信息的标签控件，ID 名分别为 lblpublisher 和 lblpublishdate，第 4 层中添加显示新闻内容信息的标签控件，ID 名为 lblfilecontent。定义一个用于标题的类样式 titlename，并在源代码视图中进行引用，代码如下：

```
    <div class="titlename"><span > <asp:Label ID="lblfilename" runat=
"server"  /></span> </div>
    <div><img src="images/contentTigleBg.gif" alt="" /></div>
    <div class="newsDate" > <asp:Label ID="lblpublisher" runat="server" />
        <asp:Label ID="lblpublishdate" runat="server" /></div>
    <div  class="newsContent"><asp:Label  ID="lblfilecontent"  runat
="server"  /></div>
```

在样式表中添加名为 titlename 的类样式，代码如下：

```
    .titlename{ line-height:60px;color:#005E94;font-size:26px; font-
weight:bold;text-align:center;font-family:#922525;}
```

完成后在设计视图中看到的布局效果如图 6-8 所示。

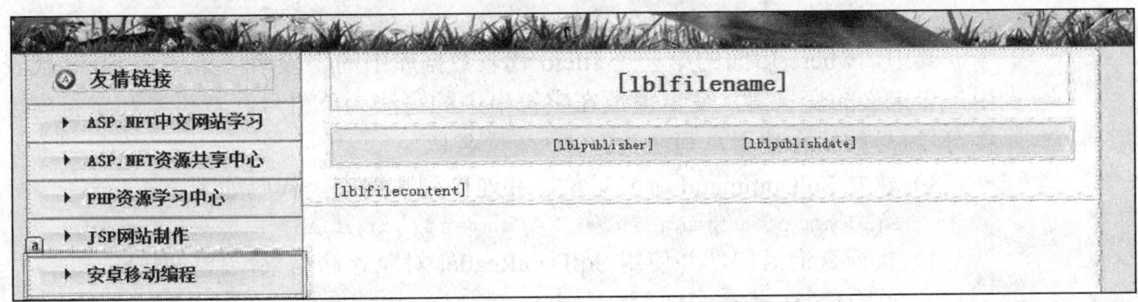

图 6-8 添加标签控件后右侧栏设计视图效果

2. 编程方式读取指定参数新闻内容

（1）添加类包引用

在 readfile2.aspx.cs 文件中添加类包，代码如下：

```
using System.Data;
using System.Data.SqlClient;
using System.Configuration;
```

（2）建立连接对象获取数据库连接配置信息

在 readfile2.aspx.cs 文件中通过 ConfigurationManager 配置管理器获得连接查询字符串，添加类别级代码如下：

```
public static string connectionstring=ConfigurationManager.
ConnectionStrings ["newsConnectionString"].ConnectionString;
SqlConnection conn=new SqlConnection(connectionstring);
```

（3）获取查询字符串参数

在 filetitle.aspx 的源代码视图中修改标题链接控件的 NavigateUrl 值，代码如下：

```
NavigateUrl='<%# "~/readfile2.aspx?fileid="+Eval("fileid") %>'
```

使得运行 filetitle.aspx 页面，单击标题后可跳转到 readfile2.aspx 页面。

在 readfile2.aspx.cs 代码的页面加载事件中定义整型变量 fileid，并通过 Request 方法获取从 filetitle.aspx 页面传递过来的 fileid 参数值，代码如下：

```
int fileid;
fileid=int.Parse(Request.QueryString["fileid"]);
```

（4）编写数据库操作代码

在页面加载事件中继续添加 try 语句，并抛出异常处理，代码如下：

```
try {
   }
catch { Response.Write("<script>alert('出错')</script>"); }
finally { conn.Close(); }
```

在 try 语句中完成数据库操作，步骤如下。

1）打开数据库连接，代码如下：

```
conn.open();
```

2）定义字符串变量，编写查询语句，代码如下：

```
string sql="select * from files where fileid='" + fileid + "'";
```

其中，where 后面的第一个 fileid 代表数据库中的字段名，第二个 fileid 代表用户自定义的变量值，变量值放在字符串中的写法为单引号、双引号和字符串连接符号+号的组合使用，写法为：'"+变量名+"'。

3）建立 SqlCommand 命名对象，并连接到数据库，代码如下：

```
SqlCommand command=new SqlCommand(sql,conn);
```

4）执行查询语句，并使用 SqlDataReader 对象存储结果，代码如下：

```
SqlDataReader dr=command.ExecuteReader();
```

5）读取查询结果，采用条件语句读取查询结果，并将各字段结果赋值给相应的标签控件，完整代码如下：

```
try {
        conn.Open();
        string sql="select * from files where fileid='" + fileid + "'";
        SqlCommand command=new SqlCommand(sql, conn);
        SqlDataReader dr=command.ExecuteReader();
        if (dr.Read())
          {
            lblfilename.Text=dr.GetString(1).ToString();
            lblpublisher.Text="发布者: " + dr.GetString(4).ToString() +
" 发布日期: " + dr.GetDateTime(5).ToShortDateString();
            lblfilecontent.Text=dr.GetString(3).ToString();
          }
    }
```

其中，日期字段也可以用下面的代码获取：

```
dr.GetDateTime(5).ToString("yyyy/MM/dd"); 或
dr.GetDateTime(5).ToString("yyyy-MM-dd");
```

6）运行 filetitle.aspx 文件，在如图 6-6 所示的页面中单击文件标题，可跳转到如图 6-7 所示的页面查看文件内容。

任务6.4 网页搜索

任务描述：

由于网页页面版面的限制，在网页版面往往只显示最新的新闻，对不在主页面显示的新闻可以通过多种搜索方式进行阅读。用户可以选择按标题、按内容或按发布者进行新闻的搜索，在给定的搜索框中输入要查找的内容后，单击搜索按钮可得到相关结果的文件标题链接。

6.4.1 关键知识：DataSet 对象存储与模糊搜索方法

1. DataSet 对象

前面曾经提到，在与数据库连接并交互后，除了使用 SqlDataReader 对象来逐行地从数据源中获取数据的方法以外，还可以使用 DataSat 对象将数据存到内存中进行处理。

DataSet 对象是一个非连接数据容器，看上去像是一个内存中的数据库，可以想象成一个虚拟的表，这个表存放在内存中，支持多表、表间关系和数据库约束等。DataSet 的对象模型如图 6-9 所示，每一 DataSet 往往是一个或多个 DataTable 对象的集合，这些对象由数据行和数据列以及主键、外键、约束和有关 DataTable 对象中数据的关系信息组成。

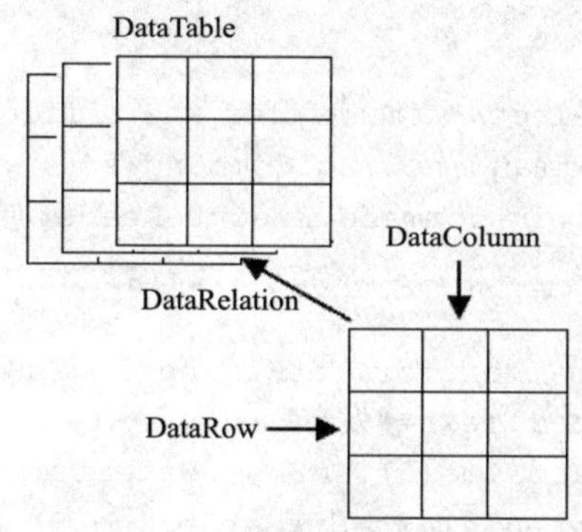

图 6-9 DataSet 对象模型

可以从 DataSet 对象获取相应列值、行列数、列名、取出特定值这些操作，具体代码如下。

- DataSet.Table[0].Rows[i][j]: 获得第一张表的第 i 行第 j 列数据。
- DataSet.Table[0].Rows[i].ItemArray[j]: 获取表第 i 行 j 列的数据列表。
- DataSet.Tables[0].Columns.Count: 获取的表的总列数。
- DataSet.Tables[0].Rows.Count: 获取的表的总行数。
- DataSet.Tables[0].Columns[i].ToString(): 获取表的第 i 列列名。

选择使用 DataSet 对象作为查询结果存储方式时，连接数据库并且对数据源执行变动和查询，使用的就不是 SqlCommand 对象，而是 SqlDataAdapter 对象。也就是说，仅用 SqlDataAdapter 对象执行查询方法时，才将查询的返回数据存储在 DataSet 对象中。

2. 使用 SqlDataAdapter 与 DataSet 读取数据库查询结果

SqlDataAdapter 是用于填充 DataSet 和更新 SQL Server 数据库的一组数据命令和一个数据库连接，是 DataSet 和 SQL Server 之间的桥接器，通过使用 Fill 方法、Upadte 方法或 FillSchema 方法，将检索结果保存在 DataSet 对象中。

当 SqlDataAdapter 填充 DataSet 时，它为返回的数据创建必需的表和列。通常 SqlDataAdapter 与 SqlConnection 和 SqlCommand 一起使用，以便在连接到 SQL Server 数据库时提高性能。

其中，SQL 命令参数是通过 SqlDataAdapter 对象的具体的属性来实现的。SqlDataAdapter 的常用属性如表 6-1 所示，常用的 SqlDataAdapter 方法如表 6-2 所示。

表 6-1 SqlDataAdapter 对象的常用属性

属 性 名 称	用 途
SelectCommand	设定或取得进行查询的 SQL 语句或存储过程，或对应 SQL 语句的 Command 对象
InsertCommand	设定或取得从数据表进行添加记录的 SQL 语句或存储过程，或对应的 Command 对象
DeleteCommand	设定或取得从数据表删除记录的 SQL 语句或存储过程，或对应的 Command 对象
UpdateCommand	设定或取得更新记录的 SQL 语句或存储过程，或对应的 SQL 语句的 Command 对象

表 6-2 SqlDataAdapter 对象的常用方法

方法名称	用途
Fill	重载或覆写，执行 SelectCommand 属性的查询语句，填充 DataSet 或 DataTable
Update	为 DataSet 中每个已插入、已更新或已删除的行调用相应的 INSERT、UPDATE 或 DELETE 语句
FillSchema	重载或覆写，将 Data Table 添加到 DataSet 中，并配置架构以匹配数据源中的架构

3. 模糊搜索

1）判断搜索依据，一般采用下拉列表框存放搜索依据，如按标题搜索、按内容搜索和按发布者搜索，事先将值绑定到下拉列表框中。

2）编写查询语句，因为采用模糊搜索，从文本框中读取用户输入的查询值后，加上 like 表示模糊搜索，如从文本框 txtsearch.Text 读取内容，则需要在 txtsearch.Text 前后添加%符号表示文本值前后可添加任意字符。

假设下拉列表框 id 为 dropsearch，用户输入搜索文字的文本框 id 为 txtsearch，则模糊搜索代码可编写如下：

```
String str;
if (dropsearch.SelectedValue=="按标题搜索")
  { str="select * from files where filename like '%"+
 txtsearch.Text+"%'";
 ……}
if (dropsearch.SelectedValue=="按内容搜索")
  { str="select * from files where filecontent like '%"+
   txtsearch.Text+"%'";
   ……}
if (dropsearch.SelectedValue=="按发布者搜索")
  { str="select * from files where publisher like '%"+
    txtsearch.Text+"%'";
    ……}
```

也可用其他分支条件语句进行编写代码。

6.4.2 任务实施：按标题、内容和发布者搜索新闻

按标题搜索新闻（视频）

1. 按标题搜索

按标题搜索网页，步骤如下。

（1）新建文件

新建网页文件 filesearch.aspx，并对该文件添加 CSS 样式文件夹中 layout.css 外部样式的引用，按照如图 6-3 所示效果图完成该搜索页面的布局。

（2）修改布局页面

修改搜索框界面布局，原文件中搜索界面如图 6-10 所示。添加下拉列表控件，并给下拉列表框控件添加三个列表项，完成后效果图如图 6-11 所示。

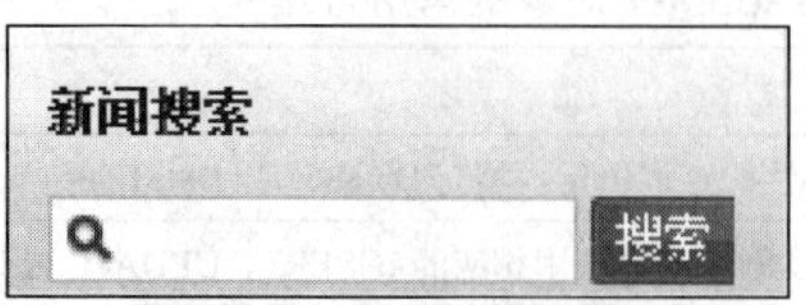

图 6-10　原搜索界面

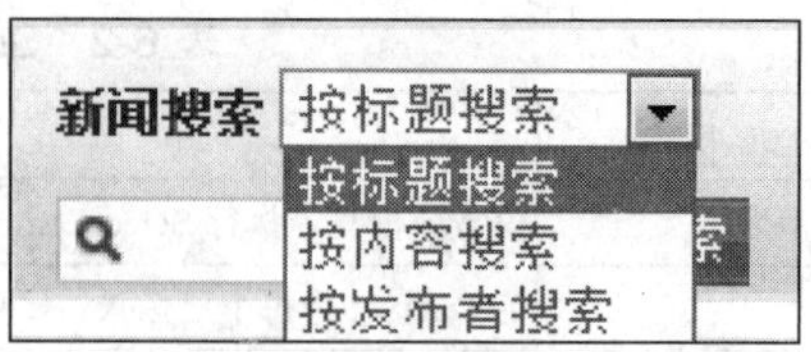

图 6-11　添加搜索选择后界面

（3）添加容器控件，布局页面

1）在右侧栏添加 Panel 容器控件，代码如下：

```
<div class="rightpage">
    <asp:Panel ID="Panel1" runat="server"> </asp:Panel>
    <asp:Panel ID="Panel2" runat="server"> </asp:Panel>
</div>
```

2）将图 6-6 效果图中的右侧栏标题层代码复制到 Panel1 面板上。

3）在 Panel2 页面中添加层用于存储搜索结果，层引用 newsTitle 样式，在层中添加如下元素：

① 添加一个标签控件，ID 名为 lblsearch。

② 在标签控件下面添加水平线<hr/>。

③ 然后再添加 DataList 控件，在 DataList 控件的 ItemTemplate 项模板编辑框中添加图片控件，设置图片的 ImageUrl 属性值为图片 icon01.gif，图片宽度和高度各为 14px。添加超链接按钮，设置链接按钮的 NavigateUrl 值绑定到 readfile2.aspx，并传递参数 fileid，设置 Text 属性显示标题 filename 字段值，具体代码如下：

```
    <div class="newsTitle">
      <asp:Label ID="lblsearch" runat="server"></asp:Label>
      <br /> <hr /> <br />
      <asp:DataList ID="DataList1" runat="server" RepeatColumns="1"
Font-Size="Small"  Height="23px">
          <ItemTemplate>
              <asp:Image ID="Image2" runat="server" Height="14px"
                  ImageUrl="~/images/icon01.gif" Width="14px" />
              <asp:HyperLink ID="HyperLink1" runat="server"
                 NavigateUrl='<%#"~/readfile2.aspx?fileid="+Eval("fileID")
 %>'
                 Text='<%# Eval("filename").ToString ().Length>25?Eval
("filename").ToString ().Substring (0,25)+"...":Eval("filename") %>'
Target="_blank">
              </asp:HyperLink>
          </ItemTemplate>
      </asp:DataList>
    </div>
```

Panel2 控件页面效果如图 6-12 所示。

图 6-12　Panel2 控件布局

（4）编写公共代码

1）参照任务 6.3 的任务实施添加类包和建立类别级的数据库连接对象，获取数据库连接配置信息。

2）在页面加载事件中添加如下代码，隐藏 Panel2 控件，使得页面第一次加载时只显示 Panel1 页面控件的内容，即网页的右侧栏显示文件标题信息。

```
 protected void Page_Load(object sender,EventArgs e)
   { if (!Page.IsPostBack)
      { Panel2.Visible=false; }
   }
```

3）单击“搜索”按钮，编辑搜索按钮事件，隐藏 Panel1 控件，显示 Panel2 控件，打开数据库的链接，判断搜索框内容是否为空，如果为空，弹出提示窗口，否则进入 else 代码编辑，代码如下：

```
protected void btnsearch_Click(object sender, EventArgs e) {
    try{
      Panel1.Visible=false;
      Panel2.Visible=true;
      conn.Open();
      if (txtsearch.Text=="")
        { Response.Write("<script>alert('请输入要搜索的内容')
</script>"); }
      else  if {  //按任务完成搜索代码  }
   }
catch  {  Response.Write("<script>alert('失败')</script>");  }
finally {  conn.Close();  }
}
```

（5）编写按标题搜索代码

方法一：采用 SqlDataReader 存储查询结果，并将结果绑定到 DataList 数据控件，统计结果记录数，步骤如下。

1）判断是否按标题搜索。

2）编写查询语句 str，因为采用模糊搜索，从文本框中读取用户输入的查询值后，加上 like 表示模糊搜索，txtsearch.Text 前后添加%符号表示文本值前后可添加任意字符。

3）建立 SqlCommand 命令对象 cmd，实例化命令对象，参数为查询语句和数据库连接对象 conn。

4）建立 SqlDataReader 对象 dr，执行 cmd 命令，将结果赋值给 dr。

5）将 dr 作为 DataList 控件的数据源，并进行绑定。

6）统计 DataList 控件中的数据记录数，赋值给标签控件。

在上面 else if 代码框中添加代码如下：

```
string str;
if (dropsearch.SelectedValue=="按标题搜索")
  { str="select * from files where filename like '%" + txtsearch.Text
+"%'";
      SqlCommand cmd=new SqlCommand(str, conn);
      SqlDataReader dr=cmd.ExecuteReader();
      DataList1.DataSource=dr;
      DataList1.DataBind();
      lblsearch.Text = "共有：" + DataList1.Items.Count + "条记录。";    }
```

方法二：采用 dataset 存储查询结果，并将结果绑定到 DataList 数据控件，统计结果记录数，步骤如下。

1）判断是否按标题搜索。

2）编写查询语句 str，因为采用模糊搜索，从文本框中读取用户输入的查询值后，加上 like 表示模糊搜索，txtsearch.Text 前后添加%符号表示文本值前后可添加任意字符。

3）建立 SqlDataAdapter 对象 da，实例化命令对象，参数为查询语句和数据库连接对象 conn。

4）建立 DataSet 对象 filedataset，并实例化对象。

5）执行 da.Fill(filedataset)操作，将结果值填充到数据集对象 filedataset 中。filedataset 以表格的形式存储，如果只有一个查询结果，默认结果集在 filedataset.Tables[0]中；如果有第二个查询结果集，如执行的是两个查询语句，则第二个查询结果集保存在 filedataset.Tables[1]中，有多个查询结果集时以此类推。

6）将 filedataset.Tables[0]作为 DataList 控件的数据源，并进行绑定。

7）统计 DataList 控件中的数据记录数，赋值给标签控件。

在上面搜索按钮单击事件的 else if 代码框中添加代码如下：

```
if (dropsearch.SelectedValue=="按标题搜索")
  { str="select * from files where filename like '%" + txtsearch.Text
+ "%'";
     SqlDataAdapter da=new SqlDataAdapter(str, conn);
     DataSet filedataset=new DataSet();
     //区别于 sqldatareader 对象，dataset 对象需要实例化
     da.Fill(filedataset);//执行数据库操作，并存储结果到数据集对象中
     DataList1.DataSource=filedataset.Tables[0];
     DataList1.DataBind();
     lblsearch.Text = "共有  " + DataList1.Items.Count + "  条记录：";
  }
```

运行网页，在搜索下拉列表框中选择“按标题搜索”，在文本框中输入要搜索的内容，单击“搜索”按钮，可得到如图 6-13 所示的页面。

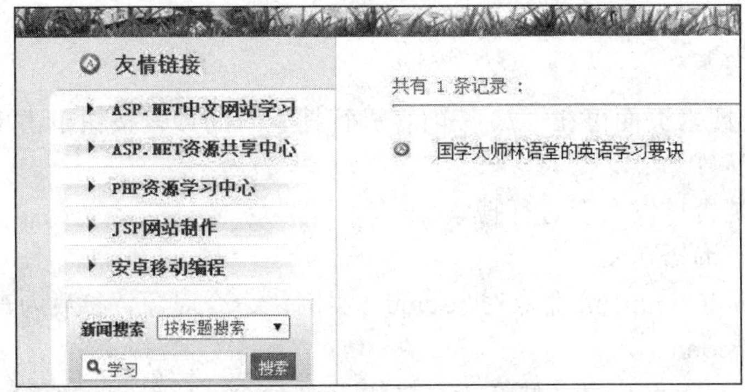

图 6-13　按标题搜索结果页面

2. 按内容进行搜索

按内容搜索网页可在“1. 按标题搜索”的第 5）步代码后面完成如下步骤：

按内容和发布者搜索新闻（视频）

1）判断是否按内容搜索。

2）编写查询语句 str。

3）建立 SqlCommand 命令对象 cmd，实例化命令对象，参数为查询语句和数据库连接对象 conn。

4）建立 SqlDataReader 对象 dr，执行 cmd 命令，将结果赋值给 dr。

5）将 dr 作为 DataList 控件的数据源，并进行绑定。

6）统计 DataList 控件中的数据记录数，赋值给标签控件。

在之前搜索按钮单击事件中继续添加代码如下：

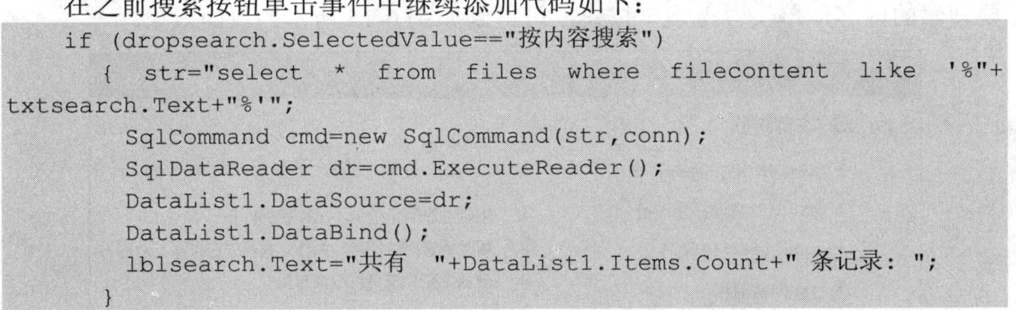

```
if (dropsearch.SelectedValue=="按内容搜索")
   {  str="select  *  from  files  where  filecontent  like  '%"+
txtsearch.Text+"%'";
      SqlCommand cmd=new SqlCommand(str,conn);
      SqlDataReader dr=cmd.ExecuteReader();
      DataList1.DataSource=dr;
      DataList1.DataBind();
      lblsearch.Text="共有  "+DataList1.Items.Count+" 条记录: ";
   }
```

7）运行网页，在搜索下拉列表框中选择“按内容搜索”，在文本框中输入要搜索的内容，单击“搜索”按钮，可得到如图 6-14 所示的页面效果。

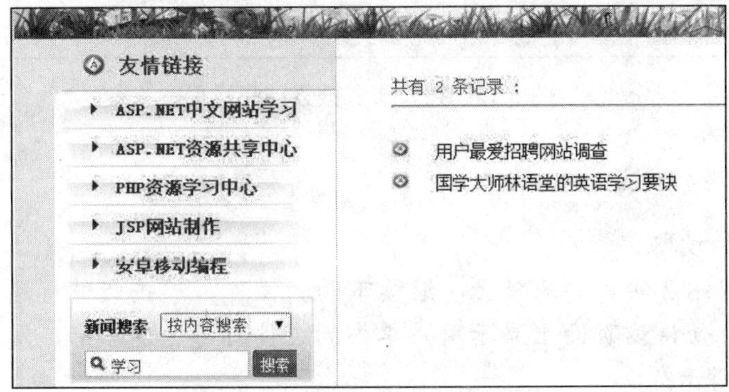

图 6-14　按内容搜索结果页面

3. 按发布者搜索

按发布者搜索页面可在“2. 按内容进行搜索”的搜索按钮单击事件中，按下面步骤添加代码：

1）判断是否按发布者进行搜索。

2）编写查询语句 str。

3）建立 SqlCommand 命令对象 cmd，实例化命令对象，参数为查询语句和数据库连接对象 conn。

4）建立 SqlDataReader 对象 dr，执行 cmd 命令，将结果赋值给 dr。

5）将 dr 作为 DataList 控件的数据源，并进行绑定。

6）统计 DataList 控件中的数据记录数，赋值给标签控件。

在“2. 按内容进行搜索”的代码后面继续添加代码如下：

```
if (dropsearch.SelectedValue=="按发布者搜索")
  { str="select * from files where publisher like '%"+txtsearch.Text
+"%'";
   SqlCommand cmd=new SqlCommand(str, conn);
   SqlDataReader dr=cmd.ExecuteReader();
   DataList1.DataSource=dr;
   DataList1.DataBind();
   lblsearch.Text="共有  "+DataList1.Items.Count+"  条记录：";
  }
```

7）运行网页，在搜索下拉列表框中选择“按发布者搜索”，在文本框中输入要搜索的内容，单击“搜索”按钮，可得到如图 6-15 所示的页面效果。

多种方式搜索网页内容（图片）

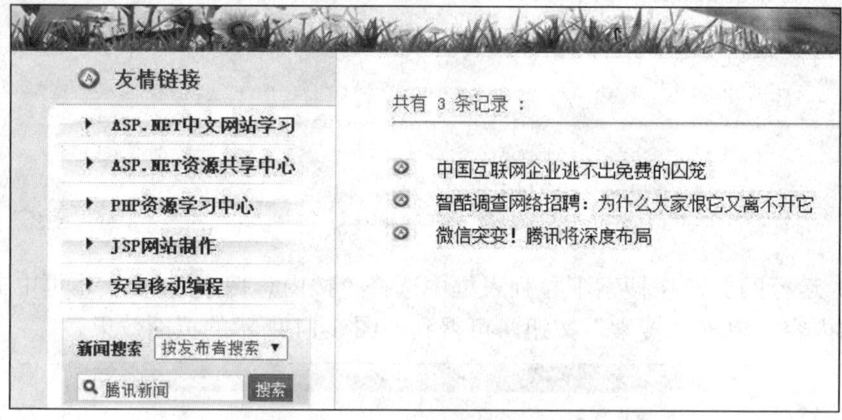

图 6-15　按发布者搜索结果页面

独立实践

1. 网站 2 文件内容的读取。

在项目 5 所完成的网站 2 实训的基础上，继续下面的操作，单击文件标题，跳转到名为 newstext.aspx 的页面，使得该页面上显示用户单击的文件标题、发布者、发布日期和文件内容，效果如图 6-16 所示。

图 6-16　网站 2 新闻内容页面

提示：

1）配置数据源。配置 SqldataSource 数据源，连接到 news 数据库的表 files，并接收来自 newslist2.aspx 页面传递过来查询字符串 fileid，如图 6-17 所示。

2）将 DataList 控件放在显示文件内容的层上，绑定到配置好的数据源控件，设置 DataList 控件 CellPadding 属性值为 0，编辑模板代码，使得页面上的文件标题、发布者、日期和文件内容来自于数据库，代码如下：

```
<asp:DataList ID="DataList1" runat="server" DataKeyField="fileid"
    DataSourceID="SqlDataSource1" CellPadding="0" >
    <ItemTemplate>
      <div id="left_one"> </div>
      <div id="txt_title">
```

```
            <div id="titleStyle">
                <div id="left_btn"><a href="#"></a></div>
                <div id="btn_cen_btn2"><asp:Label ID="filenameLabel" runat =
"server" Text='<%# Eval("filename") %>' /></div>
                <div id="right_btn"><a href="#"></a></div>
            </div>
            <div id="right_btn_right2"></div>
        </div>
        <div id="textBox">
            <div id="time_line">来源：<asp:Label ID="publisherLabel" runat
="server" Text='<%# Eval("publisher") %>' /> <asp:Label runat="server"
ID="publishdateLabel" Text='<%# Eval("publishdate","{0:yyyy-MM-dd}") %>' />
</div>
            <div id="null2"><hr class="line" /></div>
            <div class="newscontent"><asp:Label ID="filecontentLabel" runat
="server" Text='<%# Eval("filecontent") %>' /></div>
         </div>
      </ItemTemplate>
   </asp:DataList>
```

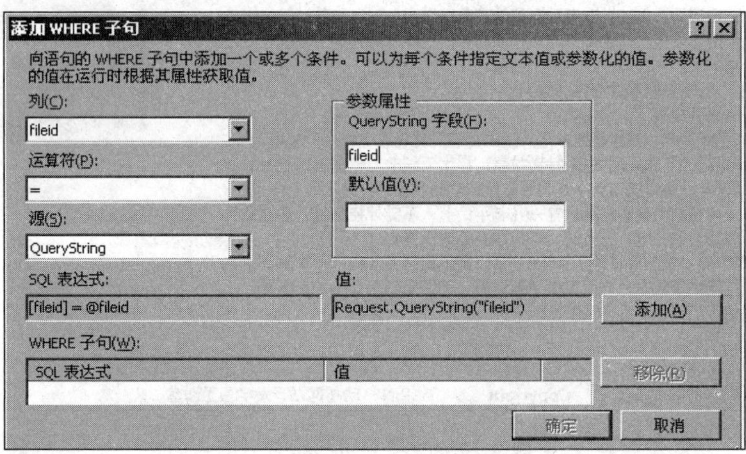

图 6-17　文件标题页面数据源的查询条件

2. 通过 ADO.NET 编程程序方法读取 1 中文件的标题、内容、发布者等信息。

3. 修改 newslist.aspx 页面，添加更多链接，如图 6-18 所示，使得用户单击更多链接时，可跳转到 morenews.aspx 页面，如图 6-19 所示，该页面查看到所有新闻的标题信息，还可通过搜索框进行按标题搜索、按内容搜索、按发布者搜索，搜索结果页面效果如图 6-20 所示。

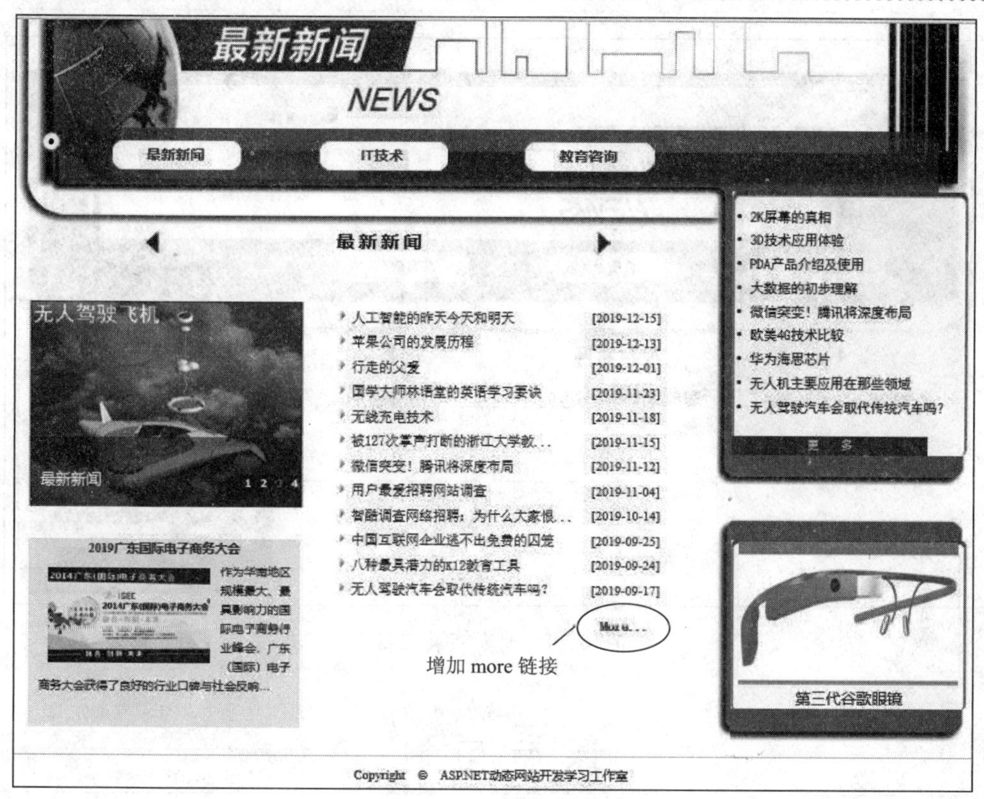

图 6-18 主页面添加更多链接

图 6-19 包括搜索框的主页面

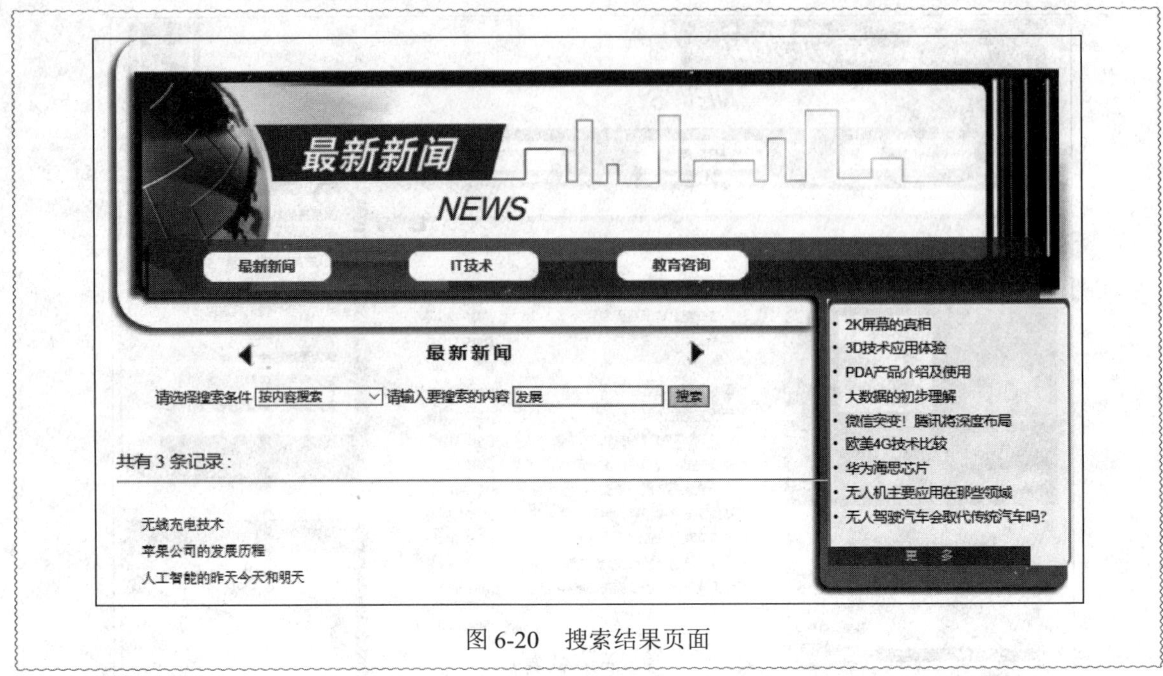

图 6-20　搜索结果页面

课 后 习 题

1. 多选题：下列页面传递参数中，可通过数据源控件获取的是（　　）。

A. 查询字符串　　B. Session 对象

C. Cookie 对象　　D. 标准控件的属性值

2. 单选题：DataList 控件是一个模板控件，但里面默认是没有模板的，如果需要使用项模板，需要添加下列哪个代码？（　　）

A. <Template></Template>

B. <EditItemTemplate></EditItemTemplate>

C. <ItemTemplate></ItemTemplate>

D. <LayoutTemplate></LayoutItemTemplate>

3. 多选题：使用 SqlDataReader 对象存储数据表查询结果后，下面说法中正确的是（　　）。

A. 逐字段读取结果值　　B. 逐行读取结果值

C. 整个查询结果一起读　　D. 不确定

4. 判断题：通过 DataSet 对象存储的数据库查询结果，可以用读取表格、单元格的方式读取结果值。（　　）

5. 判断题：在数据库中执行的插入、删除和更新操作，不需要存储结果。（　　）

6. 判断题：SqlCommand 对象中的 ExecuteReader()方法只能用于执行查询语句。

（　　）

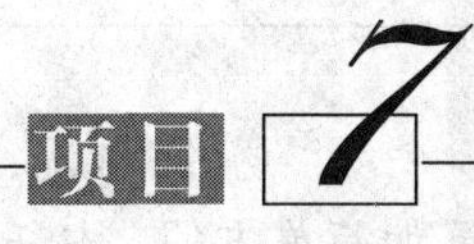

网站的后台管理

学习目标

知识教学目标

- 在线编辑器的应用
- 母版页创建及应用
- 数据控件模板字段的应用
- 使用 ADO.NET 编程插入数据库信息
- 使用 ADO.NET 编程更新数据库信息
- 使用数据控件更新数据库信息
- 使用数据控件删除数据库信息
- 将样式应用到数据控件及模板字段中

技能培养目标

- 能够应用母版页
- 能够通过 ADO.NET 编程插入、删除和更新数据库信息
- 能够使用数据控件插入、删除和更新数据信息

网站需要专门的特定权限的后台管理员对网站进行维护管理，除了安全性管理外，还需要定期对数据库信息进行添加、修改和删除等操作。为方便后台管理员对网站的管理，引入了在线编辑器，使管理员对数据进行插入和修改操作时如同在 Word 文档一样方便。本任务介绍后台页面的开发技术，包括数据控件的应用和 ADO.NET 编程管理数据库。

任务 7.1 在线编辑器应用

任务描述：

在线编辑器有可见即可得功能，使得后台管理更加简单方便。本任务介绍如何使用在线编辑器进行数据信息的录入编辑。以 CuteEditor for ASP.NET 为例，掌握在线编辑器的使用。

7.1.1 关键知识：在线编辑器

网站的管理员后台管理模块主要包括管理员权限管理、身份校验、用户管理及数据库数据的添加、删除和修改，对静态页面的维护等。新闻发布或大段文字、图片的录入和更新等功能的管理模块，通过在页面中添加在线编辑器，帮助管理员进行数据信息的录入编辑。目前，常用的在线编辑器有 CuteEditor、FCKeditor、FreeTextBox 等，这些外部编辑器通过简单的配置，可添加到 Visual Studio.NET 的工具箱中，像普通的服务器控件一样方便使用。

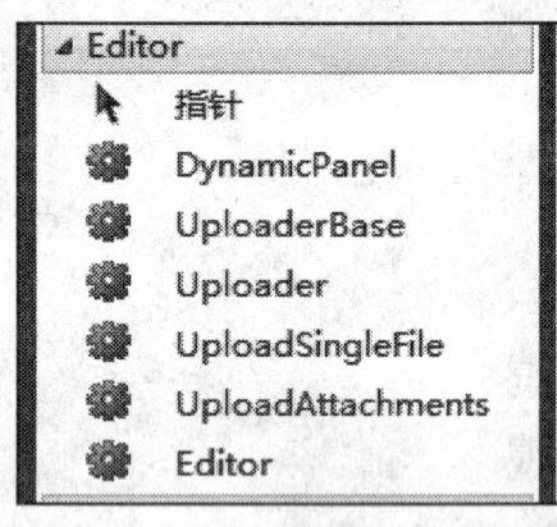

图 7-1 在线编辑器工具箱

以 CuteEditor for ASP.NET 在线编辑器为例，它建立在 HTML 基础之上，简单易用，提供类似 Word 文字编辑器的所见即所得功能，还集成了文件（包括图片、文档等）上传、媒体（包括视频、声音等）文件直接插入等非常实用的功能模块，编辑工具箱包含控件如图 7-1 所示，Editor 控件编辑界面如图 7-2 所示。

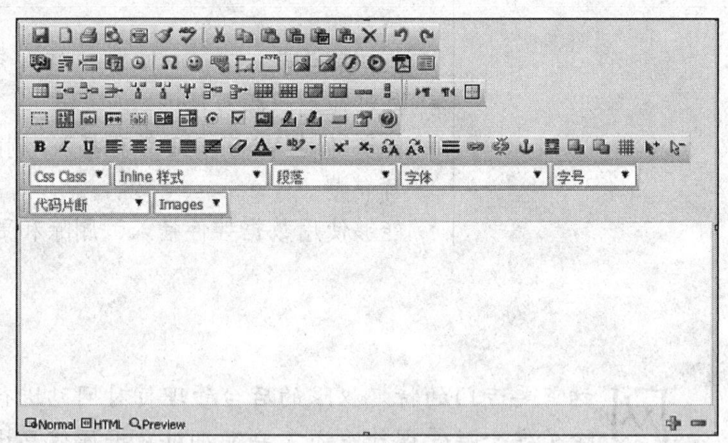

图 7-2 CuteEditor 在线编辑器

导入在线编辑器（视频）

7.1.2 任务实施：CuteEditor 在线编辑器应用

将 CuteEditor for ASP.NET 添加到 Visual Studio.NET 工具箱步骤如下：

1）将编辑器包中的 CuteSoft_Client、Bin、Uploads 的三个文件夹全部复制到新建网站 web7 根目录，其中 Uploads 用于存放用户通过编辑器上传的图片、文件等。

2）打开网站，在工具箱的空白处右击选择“添加选项卡”命令，给选项卡添加名称为 CuteEditor。再在该选项卡中右击，选择“选择项”命令，在弹出的对话框单击“.NETFrameword 组件”，然后在下方单击“浏览”按钮，添加 bin 文件夹中的 CuteEditor.dll 文件即可。

3）在 web.config 文件夹添加如下代码：

```
<configuration>
<appSettings>
   <add key="DictionaryFolder" value="bin" />
</appSettings >
</configuration>
```

4）使用时，从工具箱中拖动相应的控件到网页需要的位置，可设置控件外观样式，运行后即可使用在线编辑功能。如拖动 Editor 控件到网页中，则运行网页后效果如图 7-2 所示。

从图 7-2 中可看出，在线编辑器提供了如同 Word 处理软件一样的工具栏，可在编辑框中输入文本，可通过工具栏对文本及段落进行格式设置，包括字体、字号、颜色、段落对齐、对内容添加项目符号或编号等操作，还可通过工具栏插入图片、链接、动画、PDF 文件等功能。

5）建新网页，命名为 eidtorapp.aspx，在页面中添加一个 Editor 控件 Editor1、一个标签控件 lblmessage 和一个按钮控件 btnsubmit，编写按钮单击事件代码如下：

```
lblmessage.Text = Editor1.Text;
 Editor1.Visible = false;
```

6）运行页面，在编辑器中输入文字、单击图片插入图片、单击图片插入下载链接，设置文字图片格式等，单击提交按钮，使得标签能显示在线编辑器中编辑的内容，页面效果如图 7-3 所示。

刷新网站，查看网站中的 uploads 文件夹，可看到上传的图片和上传的链接文件都在这个文件夹中。

图 7-3 用标签显示在线编辑器中的内容

任务 7.2 后台管理员主页面设计

任务描述：

后台管理包括数据库信息的插入、编辑和删除功能，这些功能布局在页面的右侧栏，头部、导航、左侧栏和页脚界面布局都一样，因此先创建母版页，效果如图 7-4 所示，其他页面基于这个母版页创建。应用母板页，进行管理员主页面设计。

图 7-4　母版页效果图

7.2.1　关键知识：ContentPlaceHolder 控件

在母版页中一般有两个 ContentPlaceHolder 控件，一个位于<head>标签内，允许用户在使用母版页创建的页面中添加样式的引用、脚本文件的引用等。另一个 ContentPlaceHolder 控件位于内容页的可编辑区内，可编辑区如果不止一个，则可以在母版页中继续添加 ContentPlaceHolder 控件。依据母版页创建的内容页，用户可在 ContentPlaceHolder 控件中添加任意的网页元素，并可以在编辑区内添加层、样式等进行页面布局。

管理员主页面设计（视频）

7.2.2　任务实施：创建母版页并应用于管理员主页面

1. 创建管理员母版页

（1）创建母版页文件

新建网站 web7，将网站 web6 中的网页文件和图片等复制到网站中。右击网站名称，在弹出的快捷菜单中选择“添加→新建文件夹”命令，新建一个名为 Admin 的文件夹，然后右击 Admin 文件夹，在弹出的快捷菜单中选择“添加→添加新项”命令，在打开的对话框中选择“母版页”，命名为 AdminMasterPage.master。

（2）添加外部样式的引用

在母版页源代码视图的<head>标签内添加 CSS 样式引用，代码如下：

```
<link href="../css/layout.css" rel="stylesheet" type="text/css"/>
```

（3）固定部分内容的制作

参考项目 4 任务 4.1 中 filetitles.aspx 页面制作的步骤，在母版页的<body>标签内完成除右侧栏外的内容的制作，将母版控件 ContentPlaceHolder 放到右侧栏内容层中，使应用母版页的页面可以添加新的网页元素，最后完成的页面效果如

图 7-4 所示，右侧栏代码如下：

```
    <div class="rightpage">
      <div>  <asp:ContentPlaceHolder  id="ContentPlaceHolder1"  runat
="server"> </asp:ContentPlaceHolder>    </div>
    </div>
```

（4）修改导航

修改母版页中横向导航和竖向导航文字如图 7-4 所示，横向导航层代码如下：

```
    <div class="nav">
       <a href="AdminDefault.aspx" target="_blank">首页    </a>
       <a href="insertfiles.aspx" target="_blank">插入新闻</a>
       <a href="updatefiles.aspx" target="_blank">更新新闻</a>
       <a href="deletefiles.aspx" target="_blank">删除文件</a>
       <a href="#">服务支持</a>
       <a href="#">联系我们</a>     </div>
```

将竖向导航链接到相应的插入、删除、更新页面，代码修改如下：

```
    <div class="menu">
       <a href="insertfiles.aspx" class="first" target="_blank">插入
新闻</a>
       <a href="updatefiles.aspx" target="_blank">修改更新新闻</a>
       <a href="deletefiles.aspx" target="_blank">删除文件</a>
       <a href="#">用户管理</a>
       <a href="#">修改密码</a>  </div>
```

（5）完成母版页制作

到这一步已经完成母版页页面的制作，不能单独运行母版页查看页面效果，只能从设计视图查看效果，或通过应用了母版页的网页查看母版页是否满足网页要求。母版页中除 ContentPlaceHolder 控件外的内容在普通网页中不可编辑。

2. 创建管理员主页面

创建管理员主页面步骤如下：

1）创建基于母版页的管理员主页。在 web7 网站的 Admin 文件夹内新建窗体页面，命名为 AdminDefault.aspx，勾选“母版页”选项，单击“添加”按钮，在弹出的窗口中选择 Admin 文件夹中的母版页 AdminMasterPage.master，完成基于母版页的管理员主页的创建。

2）在网页的内容编辑区名为 ContentPlaceHolder1 的控件中添加标题层，引用类样式 title，定义标题文字的样式，在标题层下面添加图片间隔，代码如下：

```
  <div class="title"><span >新闻管理中心</span>
      <p align="right">当前位置：<a href="#">管理员首页</a> </p> </div>
  <p><img src="../images/contentTigleBg.gif" alt=""/></p>
```

3）参照项目 5 图 5-21 右侧新闻标题栏样式设计完成管理员主页标题栏的设计。

4）运行网页，效果如图 7-5 所示。

管理员主页设计（图片）

图 7-5 管理员主页图

任务 7.3 使用 ADO.NET 编程插入新闻内容

任务描述：

往数据库中插入信息，可以通过控件完成，在配置数据源时配置成带插入、删除和更新功能，然后结合数据控件可完成数据库信息的管理操作。另外，还可以通过编程方式实现，用编程方式插入信息，界面布局更加灵活，效率更高。本任务通过 ADO.NET 编程方式往数据库表 files 中插入信息。

7.3.1 关键知识：数据库连接步骤

1. 静态页面的布局

由于本节页面应用了母版页，所以可编辑区的内容均布局在 ContentPlaceHolder1 控件中。参考项目 4 完成静态页面的布局，再进行数据库的连接。

2. 数据库连接

1）在类别级新建连接字符串，获取配置文件 web.config 中的数据库配置连接字符串（如果没有，需要自己写，参考项目 6 任务 6.3）。

2）建 SqlConnection 类对象 conn，并实例化。

3）打开 conn 连接 conn.Open()。

4）进行数据库访问。

5）关闭数据库连接 conn.Close()。

3. 往数据库中插入图片的方式

往数据库中插入图片有两种方式：一种通过在线编辑器插入图片路径，插入的图片保存在网站专用文件夹中，在数据库表中保存图片的路径；另一种方式通过编写图片二进制处理代码实现图片的二进制插入并读取。本任务采用在线编辑器进行图片的上传。

7.3.2 任务实施：使用 ADO.NET 编程插入信息到数据库

1. 创建基于母版页的插入页面

在 web7 网站的 Admin 文件夹内新建窗体页面，命名为 insertfiles.aspx，勾选“母版页”选项，单击“添加”按钮，在弹出的窗口中选择 Admin 文件夹中的母版页 AdminMasterPage.master，单击“添加”按钮，完成基于母版页的插入页面的创建。

布局插入页面（视频）

在网页的可编辑区 ContentPlaceHolderID 值为 ContentPlaceHolder1 的控件中添加标题层，引用类样式 title，定义标题文字的大小等样式，在标题层下面添加图片间隔，代码如下：

```
<div class="title"><span >新闻管理中心</span>
  <p align="right">当前位置：<a href="#">插入新闻</a> </p> </div>
<p><img src="../images/contentTigleBg.gif" alt=""/></p>
```

2. 添加 CSS 样式

根据页面布局，在样式文件 layout.css 文件中添加插入相关样式，其中：

- 类样式 insert 用于层引用，定义层宽度、层中字体颜色等，溢出隐藏等样式。
- 复合样式 insert span，适用于引用 insert 样式的层中用<span>标签的文字样式。
- 类样式 insertText，适用于 insert 样式的层中的文本框引用该样式、定义文本框的宽度、高度、文本框线型等。
- 类样式 insertBtn，定义插入、取消等相关按钮的样式，包括按钮的宽度、高度、背景颜色、字体颜色等。
- 类样式 insertdrop，定义下拉列表框样式。
- 类样式 insertcontent，定义文件内容样式及编辑器宽度、高度等。

代码如下：

```
  .insert{ width:590px;overflow:hidden;clear:both;margin:5px;color:
#0F4B6F;font-weight:bold;}
  .insert span{ color:#0F4B6F;height:23px;23px;width:70px;
```

```
    float:left;line-height:text-align:right;}
    .insertText{ width:500px;height:23px;border:#DBDBDB solid 1px;
float:left;margin-left:3px;}
    .insertBtn{ background:url(../images/searchBtn.gif);width:45px;
height:22px;border:none;color:#fff;font-size:14px;float:right;
margin-right:20px;}
    .insertdrop{ width:180px; height:23px; margin-left:3px; border:#DBDBDB
solid 1px;float:left; }
    .insertcontent{width:620px;height:auto;float:left;margin-left:3px;}
```

3. 布局可编辑区内容

（1）添加输入文件名信息的层

在源代码视图的 ContentPlaceHolder1 控件中的图片间隔层下面添加层引用 insert 类样式，在层中添加文本框控件，命名为 txtfilename，文本框引用 insertText 类样式，文本框前面添加名为“文件名：”的字符，源代码视图代码如下：

```
    <div class="insert"> <span>文件名：</span>
    <asp:TextBox ID="txtfilename" runat="server" cssclass="insertText" />
</div>
```

（2）添加输入发布者信息的层

继续在源代码视图中添加层，引用 insert 类样式，在层中添加文本框控件，命名为 txtpublisher，文本框引用 insertText 类样式，文本框前面添加名为“发布者：”的字符，源代码视图代码如下：

```
    <div class="insert"> <span>发布者：</span><asp:TextBox ID="txtpublisher"
runat="server"  cssclass="insertText" />
     </div>
```

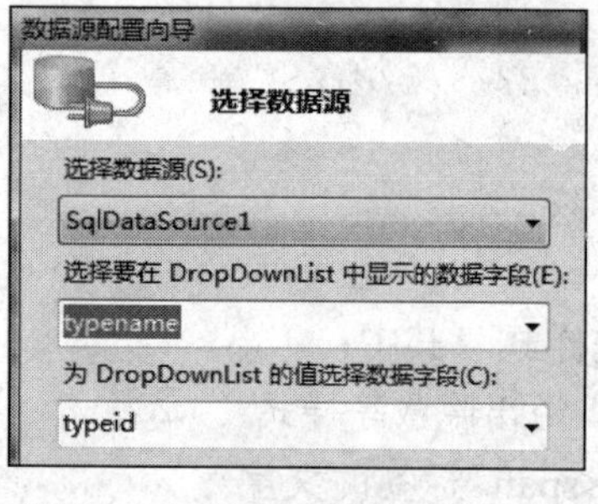

图 7-6　下拉表列框数据源配置

（3）添加选择文件类型信息的层

继续在源代码视图中添加层，引用 insert 类样式，在层中添加名为“文件类型：”的字符，在字符后面添加下拉列表框，ID 名为 drpfiletype，引用类样式 insertdrop。

添加数据源控件 SqldataSource，配置数据源控件，连接到文件表 type 表，然后绑定到下拉列表框控件中，按如图 7-6 所示配置下拉列表框的显示模式，使列表框中显示的数据字段为类型名称字段 typename，但获取的值为 typeid 字段的值。代码如下：

```
    <div class="insert"><span>文件类型：</span>
      <asp:DropDownList ID="drpfiletype" runat="server" cssclass="insertdrop"
         DataSourceID="SqlDataSource1"DataTextField="typename"DataValue
Field="typeid"> </asp:DropDownList>
      <asp:SqlDataSource ID="SqlDataSource1"runat="server"
         ConnectionString="<%$ ConnectionStrings:newsConnectionString %>"
         SelectCommand="SELECT * FROM [type]"></asp:SqlDataSource>
    </div>
```

（4）添加输入文件内容信息的层

继续在源代码视图中添加层，引用 insert 类样式，在层中添加名为“文件内容：”的字符，再添加层，从工具箱中添加在线编辑器 Editor，设置编辑器宽度为

620px，高度为650px，代码如下：

```
    <div class="insert"> <span>文件内容:</span> </div>
    <div class="insertcontent"> <CE:Editor ID="fileeditor" runat="server"
Height="650px"  Width="620px" DownLevelRows="20"> </CE:Editor>
    </div>
```

（5）添加“插入”按钮层

继续在源代码视图中添加层，在层中添加一个Button按钮，修改ID名称为btninsert，Text属性值为“插入”，按钮引用类样式insertBtn，双击按钮，产生单击事件。代码如下：

```
    <div> <asp:Button  ID="btninsert" runat="server"  cssclass="insertBtn"
Text="插入" onclick="btninsert_Click"/>
    </div>
```

（6）静态页面运行效果

完成插入页面静态代码制作，运行网页可看到效果如图7-7所示。

图7-7　插入新闻页面效果图

ADO.NET编程插入新闻内容（图片）

4. 编辑插入事件代码

编辑插入事件代码（视频）

（1）添加公共类包

在insertfiles.aspx.cn页面添加访问数据库需要的公共类包引用，代码如下：

```
    using System.Data;
```

```
    using System.Data.SqlClient;
    using System.Configuration;
```

（2）定义类别级变量或对象

在 insertfiles.aspx.cn 文件中添加类别级对象的定义，包括定义连接字符中获取数据库连接信息，定义连接对象并实例化，代码如下：

```
    public static string connectionstring=ConfigurationManager.
ConnectionStrings ["newsConnectionString"].ConnectionString;
    SqlConnection conn=new SqlConnection(connectionstring);
```

（3）添加 try…catch…finally 语句

在 btninsert_Click 事件中添加 try…catch…finally 语句，并在 try 语句中打开数据库连接，在 catch 语句中添加插入不成功时弹出的对话框，在 finally 语句中关闭数据库连接，代码如下：

```
    try  {
           conn.Open();
          ……
        }
    catch
        {
            this.Response.Write("<script>alert('插入不成功!')</script>");
        }
    finally {
           conn.Close();
        }
```

（4）编写数据库插入语句

编写往数据库 files 表中插入信息的语句，表中的字段包括文件编号、访问量等字段，文件编号由数据库自动添加，访问量值也可在获得单击后修改，这些字段可以不需要从页面中插入信息，因此插入语句时先定义要插入的字段，这些字段中文件名、发布者从文本框中读取。文件类型从下拉列表框中读取，文件内容从在线编辑器中读取，日期从系统时间读取，字符串中变量的编写格式为：单引号+双引号+变量+双引号+单引号，如系统日期格式为：'" + System.DateTime.Now + "'，在 try 语句块中编写插入语句，代码如下：

```
    string   str="insert   into   files(filename,typeid,filecontent,
publisher,publishdate)values('"+txtfilename.Text+"','"+drpfiletype.
SelectedValue+"','"+fileeditor.Text+"','"+txtpublisher.Text+"','"+
System.DateTime.Now+"')";
```

（5）编写命令执行语句

插入语句没返回结果集，因为通过 SqlCommand 对象执行数据库操作时可调用 ExecuteNonQuery()方法，代码如下：

```
    SqlCommand cmd=new SqlCommand(str,conn);
    cmd.ExecuteNonQuery();
```

（6）try 语句块中插入语句

完整代码如下：

```
    try {
       conn.Open();
       string  str="insert  into  files(filename,typeid,filecontent,
publisher,publishdate) values('"+txtfilename.Text+"','"+drpfiletype.
```

```
    SelectedValue+"','"+fileeditor.Text+"','"+txtpublisher.Text+"',
'"+System.DateTime.Now+"')";
        SqlCommand cmd=new SqlCommand(str, conn);
        cmd.ExecuteNonQuery();
         Response.Write("<script>window.location.href('AdminDefault.a
spx')</script>");
      }
    catch { this.Response.Write("<script>alert('插入不成功!') </script>"); }
    finally {  conn.Close();      }
```

5. 通过编辑器插入文字和图片

运行网页，在标题栏输入新闻标题，在发布者文本框输入发布者信息，在下拉列表框中选择文件类型，在如图 7-8 所示的编辑器点中输入或复制文本信息，如果需要插入图片，则定位好光标后，单击工具栏上的“插入图片”按钮，弹出如图 7-9 所示的“插入图片”对话框，进行图片插入。在图 7-9 中，左上角为 uploads 文件夹中的图片列表，可直接选择其中的图片后，调整宽度和高度值，右上角可预览所选图片，单击“插入”按钮。将图片插入到光标所在位置，也可单击“上传”按钮，在弹出的“文件选择”对话框中选择要上传的图片，单击“确定”按钮可将图片上传到 uploads 文件夹中，再单击“插入”按钮，完成图片的插入。

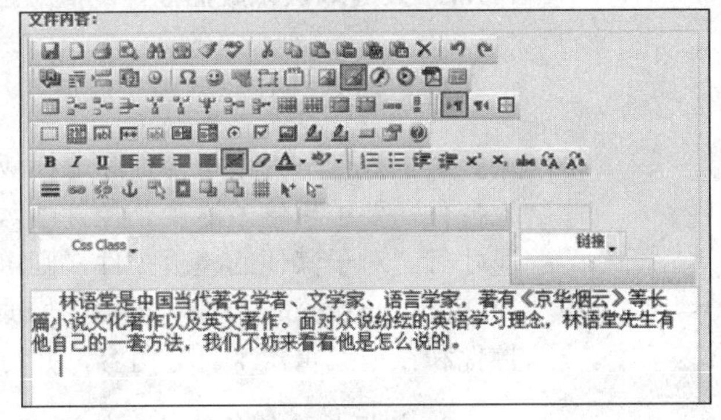

图 7-8　编辑器界面

图 7-9　插入图片

单击图 7-9 对应的“插入”按钮完成新闻内容的插入，插入后跳转回到管理员首页，可在标题列表中看到新插入的文件标题。

任务 7.4 更新修改新闻内容

任务描述：

数据库信息插入到表中后，可能会出现各种原因，需要对标题、内容等进行修改。本任务使得管理员可在查看新闻标题后选择其中需要修改的标题，进入修改页面修改新闻内容、标题或发布者信息等。

7.4.1 关键知识：数据控件的高级应用

1. 数据控件模板字段的应用

数据控件分为模板控件和非模板控件。GridView 控件和 DetailsView 为非模板控件，要编辑修改这两个控件中数据的显示模式，需要先将字段转换为模板字段才行。对于其他的模板控件，则可直接模板编辑。要修改数据库的信息，需要在 EditItemTemplate 编辑模板中修改，可在编辑模板中添加层、样式引用、标准控件和在线编辑器工具等内容，并可对控件重新进行数据绑定。

2. 数据控件的行编辑事件

数据控件绑定到数据源后，在控件中编辑模板添加按钮，根据按钮的 CommandName 值判断执行相应的操作。如 GridView 控件绑定到有插入、更新、删除功能的数据源后，在模板中所添加按钮的 CommandName 属性值设为 Edit，设置 GridView 控件 DataKeyNames 属性值为数据源表的关键字如 fileid，则单击该按钮可触发该数据控件的行编辑事件 RowEditing 事件和 RowEdited 事件，如果数据显示控件为 DataList 控件，则触发 EditCommand 事件。如果按钮的 CommandName 属性值为 Delete 或 Update，则单击该按钮可触发该数据控件的行删除或更新事件。在所触发的事件中，可通过 DataKey 对象获取单击按钮所在行记录的关键字段值。

3. 通过 DataKey 对象获取关键字段值

将数据控件绑定到数据库表时，数据控件中有相应的字段与表中的关键字进行关联，以 GridView1 控件为例，GridView1 控件的 DataKeyNames 属性值一般默认为绑定数据表的关键字段名，假设与新闻表进行关联，files 文件表中的关键字段 fileid，则当单击如图 7-17 所示的“编辑”按钮时，可用相应的 DataKey 类对象读取该按钮所在行的文件编号 fileid 值，代码如下：

```
DataKey key=GridView1.DataKeys[e.NewEditIndex];
fileid=int.Parse(key[0].ToString());
```

如果有两个关键字，则第二个关键字可通过 key[1].ToString()获得。

7.4.2 任务实施：使用数据控件和 ADO.NET 编程方式修改数据库内容

使用控件更新修改新闻内容（视频）

1. 使用数据控件修改数据库内容

使用数据控件显示并在数据控件中修改数据库内容的步骤如下。

（1）创建基于母版页的更新修改页面

在 web7 网站的 Admin 文件夹内新建窗体页面，命名为 upadtefiles.aspx，勾选“母版页”选项，单击“添加”按钮，在弹出的窗口中选择 Admin 文件夹中的母版页 AdminMasterPage.master，单击“添加”按钮，完成基于母版页的更新修改页面的创建。

（2）添加标题层

在网页的内容区 ID 值为 ContentPlaceHolder1 的控件中添加标题层，引用类样式 title，定义标题文字的大小等样式，在标题层下面添加图片间隔，代码如下：

```
<div class="title"><span >新闻管理中心</span>
   <p align="right">当前位置：<a href="#">编辑修改文件内容</a> </p> </div>
<p><img src="../images/contentTigleBg.gif" alt=""/></p>
```

（3）添加样式

根据页面布局，在样式文件 layout.css 文件中添加“编辑”“更新”“取消”按钮的样式，样式代码可根据实际运行效果修改，代码如下：

```
.updateBtn{ background:url(../images/searchBtn.gif)no-repeat;width:
30px;height:22px;line-height:22px;border:none;color:#fff;font-size:
12px;float:left;margin-left:5px;padding-left:5px;}
```

（4）配置数据源控件

在设计视图添加数据源控件 SqldataSource，配置数据源控件，选择连接到 files 文件表，文件按发布日期排序，如图 7-10 所示，单击“高级”按钮，进入如图 7-11 所示的界面，勾选“生成 INSERT、UPDATE 和 DELETE 语句”和“使用开放式并发”两个复选框，使数据源控件可以进行插入、删除、更新操作，并可以防止并发冲突，单击“确定”按钮完成数据源控件配置。

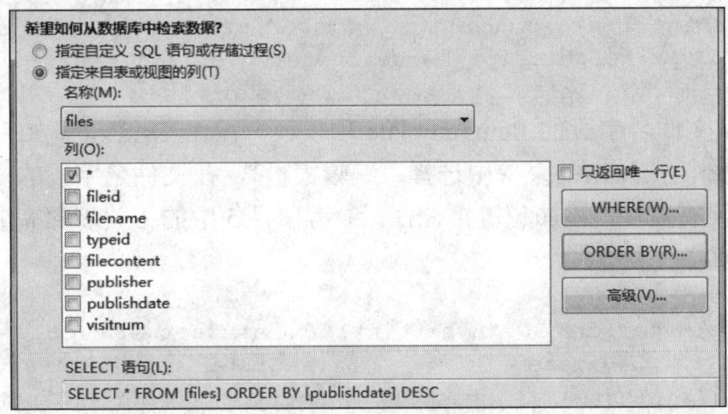

图 7-10 数据源配置

选择配置好的数据源控件，修改“UpdateQuery”属性，或在源代码视图中修改数据源控件的 UpdateCommand 语句，使得管理员可修改文件名、文件内容和发布者三个字段，代码如下：

```
    UPDATE [files] SET [filename]=@filename,[filecontent]=@filecontent,
[publisher]=@publisher WHERE [fileid]=@original_fileid
```

图 7-11　数据源配置高级选项界面

（5）编辑数据控件

1）添加 GridView 数据控件。在设计视图添加 GridView 控件，数据源绑定到配置好的 SqldataSource1 控件，单击 GridView 控件右上角的任务窗口图标，在弹出的菜单中勾选“启用分页”“启用编辑”，单击“自动套用格式”，选择“传统型”。

2）编辑 GridView 控件属性。单击 GridView 控件，设置控件的 GridLines 属性值为 None，Showheader 属性值为 False，DataKeyNames 属性值为 fileid，单击 Columns 属性右侧的按钮进入列编辑界面，删除除字段名为 filename 外的其他字段，在 ItemStyle 样式中设置 filename 字段的宽度 width 值为 550px，高度 height 值为 25px，将该字段转换为模板字段。将“编辑更新取消”按钮也转换为模板字段。

3）编辑样式布局界面。在样式文件中设计编辑界面样式，代码如下：

```
    .update{ width:570px;overflow:hidden;clear:both;margin:5px; color:
#0F4B6F;font-weight:bold;}
    .update span{ color:#0F4B6F;height:23px;line-height:23px;width:70px;
float:left;text-align:right; }
    .updateText{  width:480px;height:23px;border:#DBDBDB  solid  1px;
float:left;margin-left:3px;}
    .updateBtn{ background:url(../images/searchBtn.gif);line-height:
22px;width:30px;height:22px;border:none;color:#fff;font-size:12px;
float:left; margin-left:5px;padding-left:5px;}
```

4）编辑文件名字段的 ItemTemplate 项模板。单击 GridView 控件右上角的任务窗口图标，在弹出的菜单中选择“编辑模板”，在文件名字段的 ItemTemplate 模板中删除所有控件，添加超链接控件，参考项目 5 中的相关步骤完成标题链接的设置，代码如下：

```
    <ItemTemplate>
        <asp:HyperLink ID="HyperLink1" runat="server" ToolTip='<%# Eval
("filename")%>'>NavigateUrl='<%#  "~/readfile2.aspx?  fileid  ="+Eval
("fileid") %>' Text='<%# Eval("filename").ToString().Length>20?(Eval
("filename").ToString().Substring(1,18)+"…"):Eval("filename")%>'Target
="_blank" </asp:HyperLink>
    </ItemTemplate>
```

5）编辑文件名字段的 EditItemTemplate 编辑模板。单击 GridView 控件右上角的任务窗口图标，在弹出的菜单中选择“编辑模板”，在 EditItemTemplate 模板编辑界面中保留文件名 filename 标签控件、发布者 publisher 标签控件，删除其他标签控件和文字。

在模板编辑源代码视图添加三个层，每个层引用 update 类样式，第一个和第二个层分别添加一个文本框，分别绑定到文件名字段和发布者字段，文本框引用 updateText 类样式，第三个层添加在线编辑器，绑定到文件内容字段 filecontent，设置编辑器的宽度和高度，代码如下：

```
<EditItemTemplate>
    <div class="update"> <span> 文件名:</span><asp:TextBox ID= "TextBox1"
runat="server" Text='<%# Bind("filename") %>' cssclass= "updateText">
</asp:TextBox></div>
    <div class="update"> <span>发布者:</span><asp:TextBox ID="TextBox2"
runat="server" Text='<%# Bind("publisher") %>' cssclass="updateText">
</asp:TextBox></div>
    <div class="update"> <span> 文件内容: </span> <CE:Editor ID=
"fileeditor" runat="server" DownLevelRows="20" Height="650px" Width
="570px" Text='<%# Bind("filecontent") %>'> </CE:Editor> </div>
</EditItemTemplate>
```

完成后的编辑模板视图界面布局如图 7-12 所示。

图 7-12　编辑模板界面

6）给模板中的控件添加样式引用。在源代码视图中给编辑、更新和取消按钮引用 updateBtn 样式，代码如下：

```
<ItemTemplate>
    <asp:LinkButton ID="LinkButton1" runat="server" CausesValidation
="False" CommandName="Edit" Text="编辑" cssclass="updateBtn"> </asp:
LinkButton>
</ItemTemplate>
<EditItemTemplate>
    <asp:LinkButton ID="LinkButton1" runat="server" CausesValidation
```

```
="True" CommandName="Update" Text="更新"  cssclass="updateBtn">
        </asp:LinkButton>
        <asp:LinkButton ID="LinkButton2" runat="server" CausesValidation
="False" CommandName="Cancel" Text="取消"  cssclass="updateBtn">
        </asp:LinkButton>
    </EditItemTemplate>
```

7）添加控件更新后事件 RowUpdated。选择 GricView 控件，在事件属性窗口中双击 RowUpdated 事件，编写代码，使得控件更新后重新绑定数据，代码如下：

```
    protected void GridView1_RowUpdated(object sender, GridViewUpdated
EventArgs e)
        {  GridView1.DataBind ();    }
```

8）编辑页码样式 PagerStyle，调整合适的背景色和字体颜色。

（6）查看运行效果

运行网页，弹出如图 7-13 所示的带编辑按钮的标题界面，单击其中一个标题，进入如图 7-14 所示的文件编辑界面，编辑完成后可单击“更新”按钮完成编辑，或单击“取消”按钮取消编辑状态。

图 7-13　带编辑按钮的标题界面

使用控件更新修改新闻内容（图片）

图 7-14　文件编辑界面

2. 使用 ADO.NET 编程方式更新修改内容

布局更新修改页面（视频）

使用 ADO.NET 编程方式更新数据库内容步骤如下。

（1）创建基于母版页的更新修改页面

在 web7 网站的 Admin 文件夹内新建窗体页面，命名为 upadtefiles2.aspx，勾选“母版页”选项，单击“添加”按钮，在弹出的窗口中选择 Admin 文件夹中的母版页 AdminMasterPage.master，单击“添加”按钮，完成基于母版页的更新修改页面的创建。

（2）添加标题层

在母版页的内容编辑区添加层，并引用标题样式 title，层中添加文字说明和间隔图片，代码如下：

```
    <div class="title"> <span>新闻管理中心</span>
    <p align="right">当前位置：<a href="#">编程方式修改文件标题及内容
</a></p>
    <p><img  src="../images/contentTigleBg.gif"  alt=""/>
    </div>
```

（3）配置数据源控件

配置数据源，使其连接到 files 表，选择表中字段，单击“ORDER BY”排序按钮选择按发布日期降序排序，如图 7-10 和图 7-11 所示完成数据源配置。

（4）添加并编辑数据控件

1）添加 Panel 控件和 GridView 数据控件。在设计视图添加 Panel 控件，ID 名为 Panel1，在 Panel1 控件上添加 GridView 控件，数据源绑定到配置好的 SqldataSource1 控件，单击 GridView 控件右上角的任务窗口图标，在弹出菜单中勾选“启用分页”，单击“自动套用格式”，选择“传统型”。修改编辑行 EditRowStyle 样式的背景和字体颜色，修改页码样式 PageStyle 的背景色和字体颜色等样式。

2）编辑属性。单击 GridView 控件，设置 GridLines 属性值为 None，设置 ShowHeader 属性值为 False，设置 DataKeyNames 属性值为 fileid，单击 Columns 属性右侧的按钮进入列编辑界面，删除除字段名为 filename 外的其他字段，在 ItemStyle 样式中设置文件名宽度 width 值为 550px，高度 height 值为 25px，将该字段转换为模板字段。

在如图 7-15 所示编辑列界面左上角“可用字段”列表中选择“TemplateField”，单击“添加”按钮，添加空字段模板，在“选定的字段”列表中可看到新添加的模板字段。

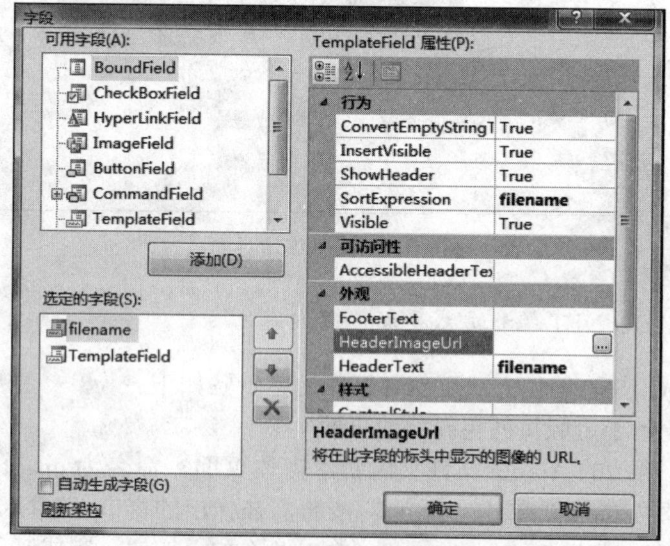

图 7-15 添加空模板字段

3）编辑模板。单击 GridView 控件右上角的任务窗口图标，在弹出菜单中选择“编辑模板”，在如图 7-16 所示界面中选择“Column[0]-filename”的 ItemTemplate 模板，删除模板中的控件，添加超链接控件，参考项目 5 中的相关步骤完成标题链接的设置。

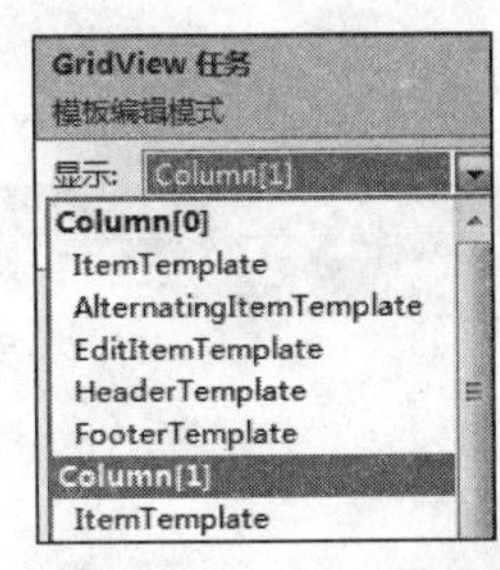

图 7-16　选择列模板

继续编辑模板，在模板列中选择名为“Column[1]”的 ItemTemplate 模板，在弹出的如图 7-17 模板编辑界面中添加“LinkButton”按钮，设置按钮的 Text 属性为编辑，CommandName 属性值为 Edit，在源代码视图中对该按钮添加 7.4.2 节的任务中定义的类样式 updateBtn 的引用，完成后模板中链接按钮代码如下：

```
<ItemTemplate>
    <asp:LinkButton ID="LinkButton1"  runat="server"
CommandName="Edit"  cssclass="updateBtn"> 编 辑 </asp:
LinkButton>
</ItemTemplate>
```

图 7-17　编辑模板

完成后效果如图 7-13 所示。

（5）布局更新内容界面

1）添加容器层。添加 Panel 控件作为更新内容界面的容器，ID 名为 Panel2。如下步骤中的层和控件均添加到这个控件中。

2）添加更新、取消按钮。在 Panel2 面板中添加两个 Button 按钮，引用 7.4.2 任务中定义的类样式 updateBtn，按钮属性设置及样式引用代码如下：

```
<asp:Button ID="btnupdate" runat="server" Text="更新"  cssclass
="updateBtn" onclick="btnupdate_Click" />
<asp:Button ID="btncancle" runat="server" Text="取消"  cssclass
="updateBtn" onclick="btncancle_Click" />
```

3）添加文件名层。在 Panel2 面板中添加层，引用 7.4.2 任务中定义的样式 update，在层中添加文本框控件，ID 名为 txtfilename，Text 属性绑定到文件名字段，源视图代码如下：

```
<div class="update">
    <span> 文件名:</span><asp:TextBox ID="txtfilename" runat="server"
Text='<%# Bind("filename") %>'  cssclass="updateText"></asp:TextBox>
</div>
```

4）添加发布者层。在文件名层下面继续添加层，引用 7.4.2 任务中定义的样式 update，在层中添加文本框控件，ID 名为 txtpublisher，Text 属性绑定到发布者字段，源视图代码如下：

```
<div class="update">
    <span>发布者:</span><asp:TextBox ID="txtpublisher" runat="server"
Text='<%# Bind("publisher") %>'  cssclass="updateText"></asp:TextBox>
</div>
```

5）添加文件内容层。在发布者层下面继续添加层，引用 7.4.2 任务中定义的样式 update，在层中添加在线编辑器控件 Editor，ID 名为 fileeditor，Text 属性绑定到文件内容字段，设置编辑器的宽度和高度等属性，源视图代码如下：

```
<div class="update">
    <span> 文件内容: </span> <br /></div>
```

```
    <div>  <CE:Editor ID="fileeditor" runat="server"  Width="600px"
DownLevelRows="20" Text='<%# Bind("filecontent") %>'
Height="650px"></CE:Editor>
    </div>
```

完成后设计视图右侧栏界面如图 7-18 所示。

图 7-18　ADO.NET 编程更新文件内容设计视图界面

编辑更新修改代码（视频）

（6）编辑 ADO.NET 事件代码

1）添加公共类包。在 upadtefiles2.aspx.cn 页面添加访问数据库需要的公共类包引用，代码如下：

```
    using System.Data;
    using System.Data.SqlClient;
    using System.Configuration;
```

2）定义类别级变量或对象。在 upadtefiles2.aspx.cn 文件中添加类别级对象的定义，包括定义连接字符中获取数据库连接信息，定义连接对象并实例化，定义全局整形变量 fileid，代码如下：

```
    public static string connectionstring=ConfigurationManager.
ConnectionStrings ["newsConnectionString"].ConnectionString;
    SqlConnection conn=new SqlConnection(connectionstring);
    public static int fileid;
```

3）编写页面加载事件。页面加载时出现带编辑按钮的文件标题信息，隐藏 Panel2 更新修改界面，代码如下：

```
    protected void Page_Load(object sender, EventArgs e)
        {  Panel2.Visible=false;    }
```

4）编写 GridView1 控件的 RowEditing 事件。图 7-17 中“编辑”按钮的 CommandName 属性值为 Edit，单击“编辑”按钮，可触发 RowEditing 事件。因此，可以在 GridView1 控件的 RowEditing 事件中获取“编辑”按钮对应行标题的 fileid 字段值，然后通过编辑获得该文件编号所对应的各字段的值，分别赋值给图 7-17 中的文件名文本框控件、发布者文本框控件和编辑器控件，同时单击“编辑”按钮后 Panel1 面板控件隐藏，Panel2 面板控件出现，代码如下：

```
protected void GridView1_RowEditing(object sender, GridViewEditEventArgs e)
    {  Panel2.Visible=true;
       DataKey key=GridView1.DataKeys[e.NewEditIndex];
       fileid=int.Parse(key[0].ToString());
       Panel1.Visible=false;
       try
       {
           conn.Open();
           string str1="select * from files where fileid='" + fileid + "'";
           SqlCommand cmd=new SqlCommand(str1, conn);
           SqlDataReader dr=cmd.ExecuteReader();
           if (dr.Read())
           {
               txtfilename.Text=dr.GetString(1).ToString();
               txtpublisher.Text=dr.GetString(4).ToString();
               fileeditor.Text=dr.GetString(3).ToString();
               dr.Close();      }
       }
       catch { Response.Write("<script>alert('编辑错误') </script>");
    }
       finally { conn.Close(); }
    }
```

5）编辑 btnupdate_Click 更新按钮事件。

① 添加 try…catch…finally 语句。在 btnupdate_Click 事件中添加 try…catch…finally 语句，并在 try 语句中打开数据库连接，在 catch 语句中添加插入不成功时弹出的对话框，在 finally 语句中关闭数据库连接，代码如下：

```
 try  {
       conn.Open();
       ……
      }
catch
      {
        this.Response.Write("<script>alert('更新错误!')</script>");
      }
finally {
       conn.Close();
      }
```

② 编写数据库更新语句。这里只允许编辑文件名、文件标题和文件内容字段，其他字段不允许修改。因此，更新语句编写如下：

```
   string str2="update files set filecontent='"+fileeditor.Text+"',
filename='"+txtfilename.Text+"',publisher='"+txtpublisher.Text+"'where
fileid='"+fileid+"'";
```

③ btnupdate_Click 事件完整代码如下：

```
   try {
       conn.Open();
       string str2="update files set filecontent='"+fileeditor.Text
+"',filename='"+txtfilename.Text+"',publisher='"+txtpublisher.Text+"
'where fileid='"+fileid+"'";
       SqlCommand cmd=new SqlCommand(str2,conn);
```

```
        cmd.ExecuteNonQuery();
       Response.Write("<script>alert('更改成功');window.
location.href('AdminDefault.aspx')</script>");
       }
    catch { Response.Write("<script>alert('更新错误')</script>");     }
    finally { conn.Close();
          Panel2.Visible=false;
          Panel1.Visible=true;
       }
```

6）编辑取消按钮事件。编辑取消按钮单击事件，使得 Panel2 控件隐藏，显示 Panel1 控件，回到如图 7-13 所示界面，代码如下：

```
    protected void btncancle_Click(object sender,EventArgs e)
      {  Panel2.Visible=false;
         Panel1.Visible=true;    }
```

7）根据页面事件的生命周期，取消更新或更新新闻后在页面呈现事件前重新绑定 GridView 控件，代码如下：

```
    protected void GridView1_PreRender(object sender,EventArgs e)
       {
          GridView1.DataBind();
       }
```

（7）查看运行效果

运行网页，弹出如图 7-13 所示的带“编辑”按钮的标题界面，单击其中一个标题，进入到如图 7-19 所示的文件编辑界面，编辑完成后可单击“更新”按钮完成编辑，或单击“取消”按钮取消编辑，回到如图 7-13 所示页面。

使用 ADO.NET 编程方式更新修改内容（图片）

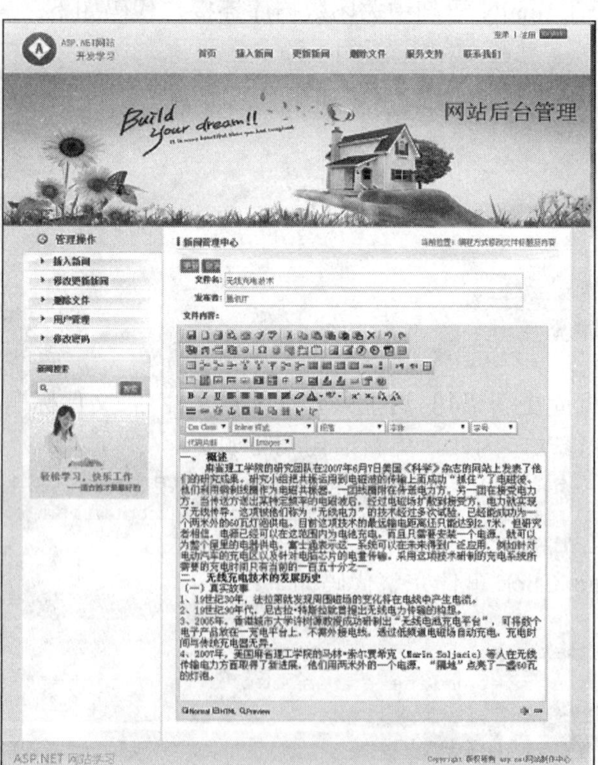

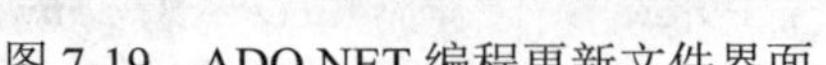

图 7-19 ADO.NET 编程更新文件界面

任务7.5 删除新闻内容

任务描述：

管理员台后对数据库的管理除了插入和修改信息外，还可以对信息进行删除。本任务使用数据控件删除数据库中信息。

7.5.1 关键知识：数据控件的删除事件

1. 数据控件的删除事件

数据控件绑定到数据源后，在数据控件中添加模板字段，在模板字段中添加按钮，设置按钮的CommandName属性名为Delete，则单击该按钮可触发该数据控件的行删除事件，其中GridView控件触发RowDeleting事件，DataList控件触发DeleteCommand事件，FormView控件和DetailsView控件触发的是ItemDeleting事件。

2. 数据控件的删除后事件

GridView控件、FormView控件和DetailsView控件还提供了删除后要处理的事件，GridView控件对应的删除后处理事件名称为RowDeleted事件，FormView控件和DetailsView控件对应的删除后处理事件名称为ItemDeleted事件。

7.5.2 任务实施：使用数据控件进行数据库信息的删除

删除新闻内容（视频）

使用数据控件进行数据库信息的删除，步骤如下。

1. 创建基于母版页的删除页面

在web7网站的Admin文件夹内新建窗体页面，命名为deletefiles.aspx，勾选“母版页”选项，单击“添加”按钮，在弹出的窗口中选择Admin文件夹中的母版页AdminMasterPage.master，单击“添加”按钮，完成基于母版页的删除页面的创建。

在网页的ContentPlaceHolderID值为ContentPlaceHolder1的控件中添加标题层，引用类样式title，定义标题文字的大小等样式，在标题层下面添加图片间隔，代码如下：

```
<div class="title"><span >新闻管理中心</span>
   <p align="right">当前位置：<a href="#">删除文件内容</a>  </p>  </div>
<p><img src="../images/contentTigleBg.gif" alt=""/></p>
```

2. 配置数据源控件

在设计视图添加数据源控件SqldataSource，配置数据源控件，选择连接到files文件表，文件按发布日期排序，如图7-10所示，单击“高级”按钮，进入如图7-11所示的界面，勾选两个复选框，使得数据源控件可以进行插入、删除、更新操作，并可以防止并发冲突。

选中 SqldataSource 控件，在属性窗口修改“ConflictDetection”属性值为“OverwriteChanges”，选择“DeltetQuery”属性，在弹出的命令和参数编辑器窗口修改删除操作语句，使得 WHERE 条件语句只留下主键字段，如图 7-20 所示。

图 7-20　删除操作语句属性值

或修改源代码视图中的 DeleteCommand 语句如下：

```
DeleteCommand="DELETE FROM [files] WHERE [fileid]=@original_fileid"
```

3. GridView 数据控件应用

（1）绑定数据源，设置样式

在设计视图添加 GridView 控件，数据源绑定到配置好的 SqldataSource1 控件，单击 GridView 控件右上角的任务窗口图标，在弹出菜单中勾选“启用分页”、“启用删除”，单击“自动套用格式”，选择“传统型”。

（2）编辑属性

单击 GridView 控件，设置控件的 GridLinds 属性值为 None，设置 ShowHeader 属性值为 False，设置 DataKeyNames 属性值为 fileid，单击 Columns 属性右侧的按钮进入列编辑界面，删除除字段名为 filename 外的其他字段，选择字段 filename，在 ItemStyle 样式中设置文件名宽度 width 值为 450px，高度 height 值为 25px。将 filename 字段转换为模板字段，将删除按钮转换为模板字段。

（3）修改模板字段代码

在编辑模板字段任务窗口中，选择 filename 字段的 ItemTemplate 模板，删除模板中的内容，添加超链接控件，参照项目 5 中相关内容设置文件标题的链接样式。

在编辑模板字段任务窗口中，选择删除按钮的 ItemTemplate 模板，单击“删除”按钮控件，在属性窗口中选择“onclientclick”属性，编写属性值为：return confirm('你确认要删除该条新闻吗？')，使得管理员单击“删除”按钮时弹出删除确认对话框。

在源代码视图中添加“删除”按钮对类样式 updateBtn 的引用，代码如下：

```
<ItemTemplate>
    <asp:LinkButton ID="LinkButton1" runat="server" CausesValidation="False"
CommandName="Delete" Text="删除"  cssclass="updateBtn" onclientclick="
return confirm('你确认要删除该条新闻吗？')" >
    </asp:LinkButton>
</ItemTemplate>
```

4. 外键关联记录信息处理

文件表中主键 fileid 是评论表中的外键，如果所删除的文件有用户的评论信息，则先要删除评论才能删除文件表中的该文件，所以删除文件前先检查评论表中是否有关联信息，如果有，可提示用户先删除评论表中的信息，再回来删除这个文件，也可以同步删除评论表中的信息。

编写 GridView 控件的 RowDeleting 事件，当有外键关联记录时弹出对话框提醒，并取消删除该文件的操作，代码如下：

```
    protected void GridView1_RowDeleting(object sender, GridViewDelete
EventArgs e)
     {
       DataKey key=GridView1.DataKeys[e.RowIndex];
       fileid=int.Parse(key[0].ToString());
       try {
          conn.Open();
          string str="select * from pinglun where fileid='"+fileid+"'";
          SqlCommand cmd=new SqlCommand(str, conn);
          SqlDataReader dr=cmd.ExecuteReader();
          if (dr.HasRows)
           { Response.Write("<script>alert('请先删除其他表中的关联数据')
</script>");
            e.Cancel=true;
            dr.Close();
            }
    Response.Write("<script>window.location.href('AdminDefault.aspx'
)</script>");
         }
       catch
        {   Response.Write("<script>alert('删除错误')</script>");   }
       finally
        {   conn.Close();  }
     }
```

如果查找到有外键关联记录需要同步删除，可将上面的 e.Cancel=true;和 dr.Close();语句修改为如下代码：

```
    Response.Write("<script>alert('请先删除其他表中的关联数据，确定要同步删
除关联表中的数据吗？')</script>");
    dr.Close();
    string str1="delete from pinglun where fileid='"+fileid+"'";
    SqlCommand cmd1=new SqlCommand(str1, conn);
    cmd1.ExecuteNonQuery();
```

5. 编辑删除记录后事件

为了保证删除文件后，在删除页面后可同步更新显示，编写 GridView 控件的 RowDeleted 事件代码如下：

```
    protected void GridView1_RowDeleted(object sender, GridViewDeleted
EventArgs e)
       {  GridView1.DataBind();    }
```

运行网页，局部效果如图 7-21 所示。单击“删除”按钮，弹出删除确认对话框，单击“确认”按钮后，如果要删除的文件有关联记录，则弹出关联记录删除对话框，单击“确认”按钮后可删除该按钮所在行的记录。

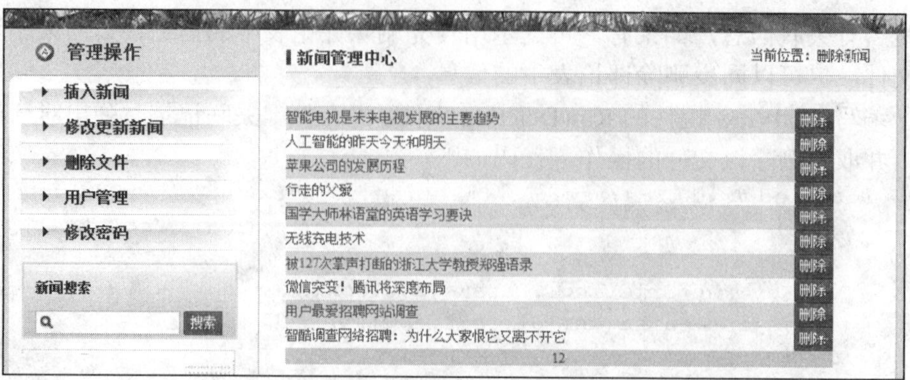

图 7-21　删除页面局部效果图

独立实践

1. 完成网站 2 后台管理相关功能页面设计，要求如下。

1）完成网站 2 管理员主页面设计，效果如图 7-22 所示。

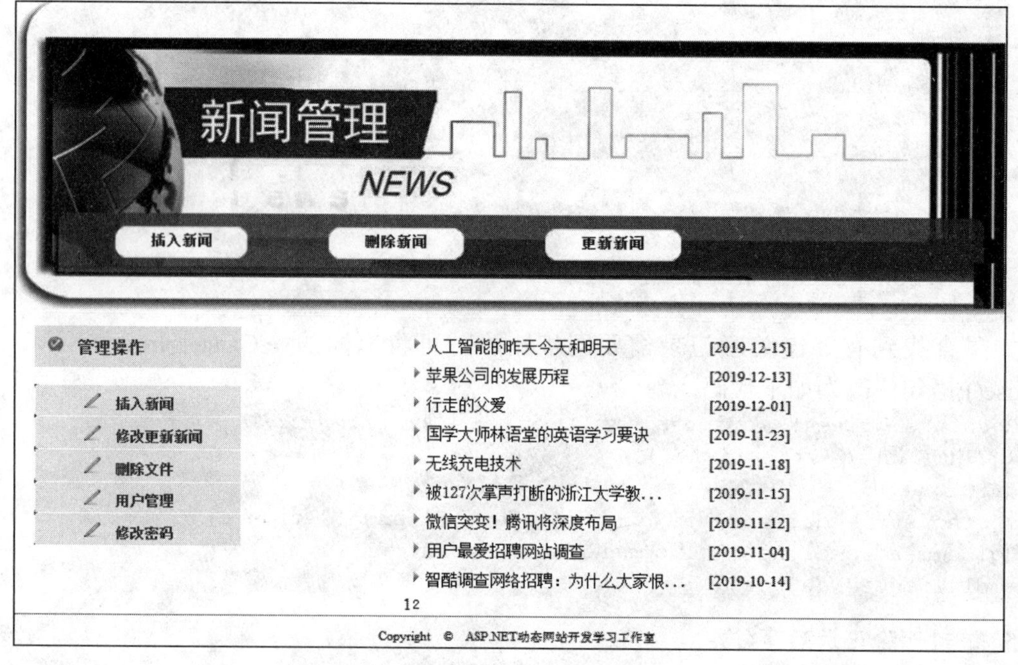

图 7-22　网站 2 管理员页面

管理员主页面包括横向导航和左侧栏侧导航，单击相关的导航链接如插入、删除、更新链接可跳转到相应的页面，内容区页面分布显示所有新闻标题。

2）完成网站 2 插入新闻页面功能操作，效果如图 7-23 所示。

3）完成网站 2 更新页面功能操作，效果如图 7-24 所示。

4）完成网站 2 删除页面功能操作，当所删除的信息在关联表中还有记录时，弹出提示对话框，同步删除关联表的记录，效果如图 7-25 所示。

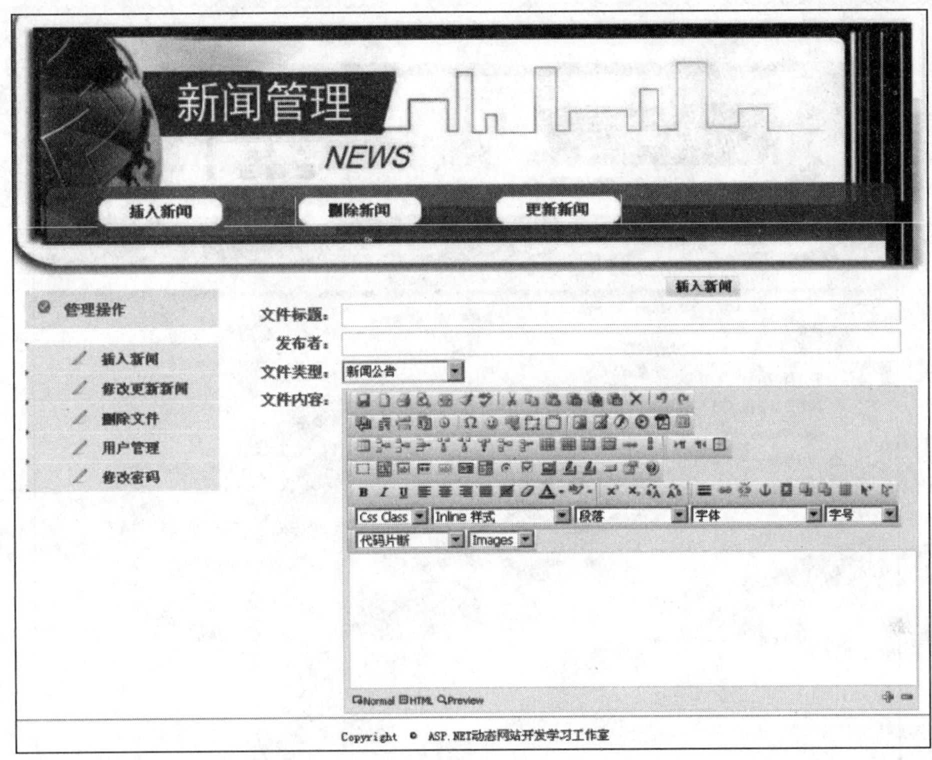

图 7-23　插入文件页面

2. 完成团购产品后台管理相关功能操作。

(a)

图 7-24　更新文件界面

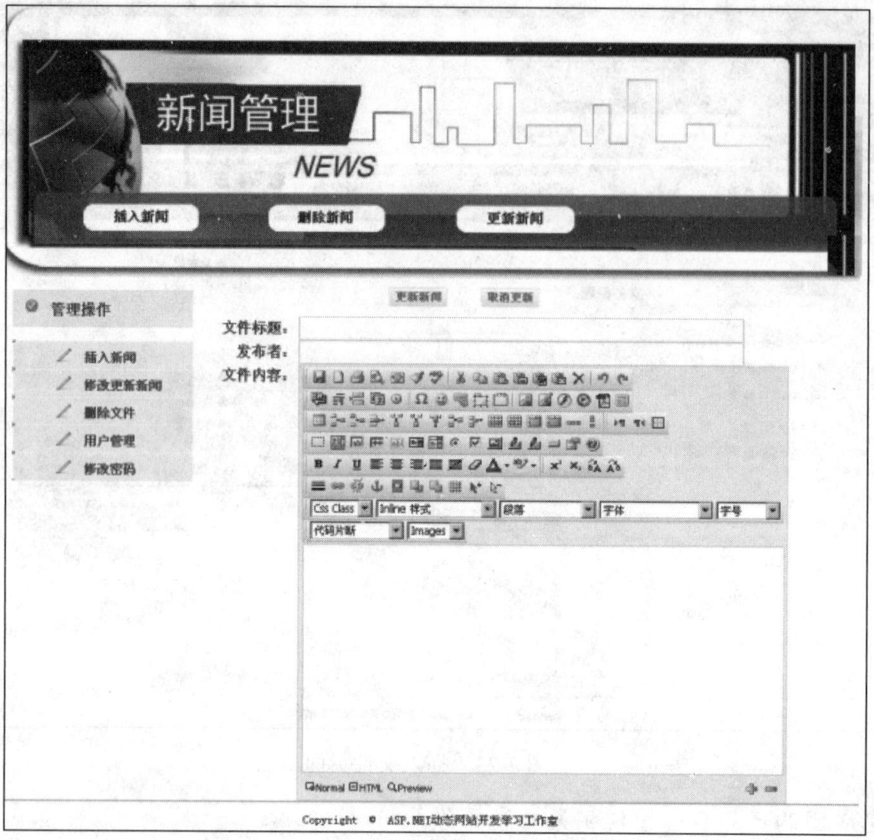

（b）

图 7-24（续）

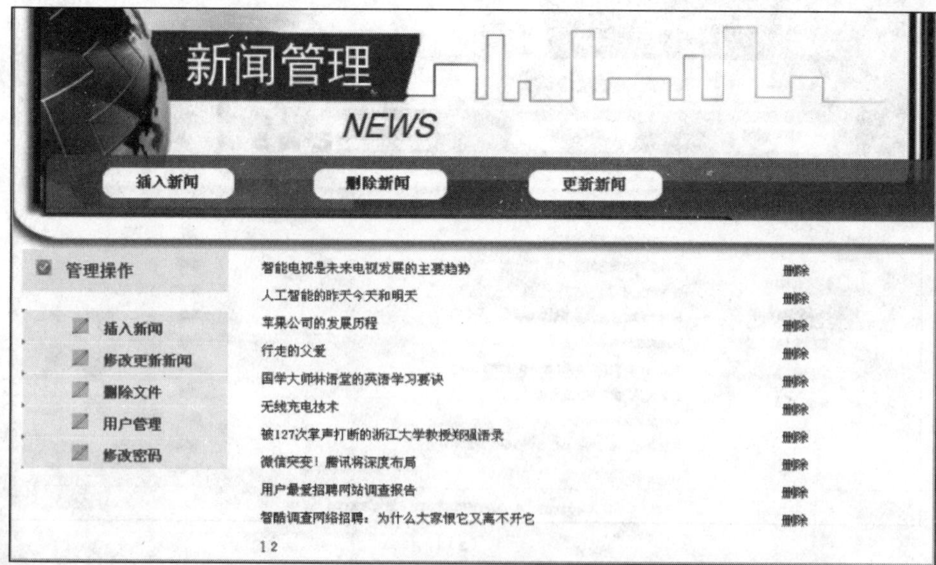

图 7-25　删除文件

课后习题

1. 判断题：基于母版页生成的网页，除了可以在 ContentPlaceHolder 控件内添加内容外，其他区域均为不可编辑区域。 （ ）

2. 单选题：下列选项中，（ ）是数据控件中 DataKeyNames 属性值一般默认的绑定字段。

A. 外键　　B. 主键

C. 数据库其中任意一个字段　　D. 不确定

3. 多选题：如果在 DataList 控件的项模板中添加一个按钮，并将该按钮的 CommandName 属性设置为 Edit，则单击该按钮时，可能触发（ ）事件？

A. RowEditing　　B. RowEdited　　C. EditCommand　　D. click 单击

4. 单选题：在编辑模板中，使用文本框与文件名 filename 字段进行绑定修改，则文本属性值可以设置为（ ）。

A. Text="<%# Bind("filename") %>"　　B. Text=<%# Bind("filename") %>

C. Text="<%# Bind('filename') %>"　　D. Tcxt='<%# Bind("filename") %>'

5. 判断题：当数据控件中设置了 DataKeyNames 属性时，可以通过 DataKey 对象存储当前记录的关键字段值。 （ ）

6. 单选题：GridView 控件处于编辑状态时，可通过下列（ ）个方法获取当前编辑记录的关键字段值。

A. GridView1.DataKeys[NewEditIndex]　　B. GridView1.DataKeys[e.NewEditIndex]

C. GridView1.DataKeys[e.EditIndex]　　D. GridView1.DataKeys[e.Index]

7. 判断题：删除数据库表中记录时，不管有没有外键关联记录，都可直接删除。 （ ）

8. 判断题：在线编辑器可以像文本框一样使用，除了可以插入和编辑文本信息外，还可以对图片进行插入操作，完成下载链接设置等。 （ ）

项目 8

登录注册与身份验证

学习目标

知识教学目标

- 编程实现登录功能
- 编程实现注册功能
- 验证控件应用
- 使用控件实现登录注册
- 用户身份验证模块

技能培养目标

- 掌握编程实现登录、注册功能的实现
- 掌握验证控件、登录注册控件的应用

登录注册功能的实现有多种方式，可以通过 ADO.NET 编程实现、通过登录控件实现，也可以通过 JavaScript 或 Jquery 脚本编程等方式实现。本项目介绍前两种实现方式。在进行后台管理时，需要验证管理员的身份，ASP.NET 提供了一种 HttpModule 的机制可以方便快捷地检测用户身份。

任务8.1 使用ADO.NET编程实现登录注册功能

任务描述：

创建网页并在页面上添加登录、注册链接，成功跳转至登录、注册页面后，实现登录注册功能。

8.1.1 关键知识：验证控件和会话期Session

网页的登录注册一般是在主页面或相关页面建立登录或注册的链接，管理员不需要注册，所以管理员主页面只有登录链接，单击登录注册链接可跳转到登录注册页面。通过编程方式实现登录注册功能，需要建立数据库表存储用户和管理员的基本信息。一般来说，管理员和用户分别由不同的表进行信息管理。

1. 验证控件

Web页面在接受用户数据时，希望用户输入的数据满足一定的要求，如在注册页面中，要求用户必须输入用户名，确认密码必须与密码一致，电话号码、电子邮件等格式要求正确等。ASP.NET提供了一组功能强大的验证控件，可以验证Web页面中用户输入的数据是否有效，如果数据无效，能够为用户提供相关的错误信息。当单击了页面中的按钮，而且该按钮的CausesValidation属性为True，将启动验证，如果页面中的所有验证控件都验证成功，则该页面的Page对象的IsValid属性为True，否则为False。

ASP.NET提供了6种验证控件。

（1）RequiredFieldValidator控件

RequiredFieldValidator控件可要求用户必须输入数据，常用于对必填数据的验证，如可用来验证用户注册页面的用户名信息。RequiredFieldValidator控件将用户数据（在要验证的控件中输入的）与InitialValue属性值进行比较，如果用户数据与InitialValue值不相同，则验证成功；否则，验证失败。InitialValue属性的默认值是空，即只要用户输入数据（在要验证的控件中输入），就可以通过验证。例如，在用户注册页面中，必须输入用户名，可以为输入用户名的控件指定一个RequiredFieldValidator控件进行验证，RequiredFieldValidator控件的InitialValue属性为默认值。

（2）CompareValidator控件

CompareValidator控件将用户输入的数据与指定的数据或某一控件的值进行比较，验证用户输入的数据是否小于、大于、等于、不等于、大于等于、小于等于另外一个值，或验证用户输入的数据是否可以转换为某种数据类型。

CompareValidator控件将用户输入的数据与指定的数据或某控件的值进行比较，要求用户输入的数据与进行比较的值符合指定的关系。CompareValidator控件的主要属性有ControlToCompare、ValueToCompare、Operator和Type。

- ControlToCompare 属性指定与用户输入数据进行比较的控件，例如，在用户注册页面中，要求两次输入的密码必须一致，可以为第二个输入密码的文本框指定 CompareValidator 控件进行验证，将第二个输入密码的文本框的值与第一个输入密码的文本框的值进行比较，则在 CompareValidator 控件的 ControlToCompare 属性中指定第一个输入密码的文本框的 ID。
- ValueToCompare 属性指定与用户输入数据进行比较的常量。
- Operator 属性指定进行比较的运算符，可以是 Equal、NotEqual、GreaterThan、GreaterThanEqual、LessThan、LessThanEqual、DataTypeCheck。
- Type 属性表示要比较的两个值的数据类型，包括 String、Integer、Double、Date 和 Currency 类型。当 Operator 属性为 DataTypeCheck 时，将忽略 ControlToCompare 和 ValueToCompare 属性，如果用户输入的数据能够转换成 Type 所指定的数据类型，则验证通过；否则，验证失败。例如，在文本框中要求输入出生日期，则可以为该文本框指定一个 CompareValidator 控件，设置 Type 属性为 Date，设置 Operator 属性为 DataTypeCheck，从而确保用户输入的数据是合法的日期数据。

（3）RangeValidator 控件

RangeValidator 控件验证用户输入的数据是否符合某个范围要求，如可验证工资是否在 2000～3000 之间，设置控件的 Type 属性值可验证不同的数据类型，包括整数类型、字符串类型、浮点类型、日期类型、货币类型数据等。

RangeValidator 控件的主要属性有 MinimumValue 和 MaximumValue，分别用来指定验证范围的最小值和最大值，如果用户输入的数据在该范围之内，则验证通过；否则，验证失败。例如，要求用户输入的年龄在 20～30 岁之间，则可以使用 RangeValidator 控件进行验证，设置 Type 属性值为 Int 整数类型，MinimumValue 属性值为 20，MaximumValue 属性值为 30。

（4）RegularExpressionValidator 控件

RegularExpressionValidator 控件使用正则表达式来检查用户输入的数据，可以用来验证具有特定格式的数据，如电子邮件地址、电话号码、邮政编码、Internet URL 等。

RegularExpressionValidator 控件的主要属性是 ValidationExpression，用来确定有效性的正则表达式。正则表达式中常用的符号如表 8-1 所示。

表 8-1 正则表达式中的常用符号

符号	说明	示例
[ ]	表示一个字符集	[a-z]表示 a～z 中的一个小写字母
{m,n}	表示字符个数，m<=n	[a-z]{1,3}表示可以输入 1～3 个小写字母
.	表示任意字符	.{3}表示 3 个任意字符
|	表示选择	a|b 表示可以是 a 或 b
\d	表示 0~9 之间的一个数字	\d{3}表示输入 3 个数字
\w	表示一个字（大小写字母、数字、下划线）	与[a-zA-Z0-9_]相同

在 Visual Studio NET 中提供了正则表达式编辑器，可以很容易地编辑正则表达式。在正则表达式编辑器中提供了常用格式的正则表达式，如电话号码、邮政编码、电子邮箱地址、身份证号和 Internet URL 等。单击 ValidationExpression 属性中的按钮，弹出“正则表达式编辑器”对话框，如图 8-1 所示。

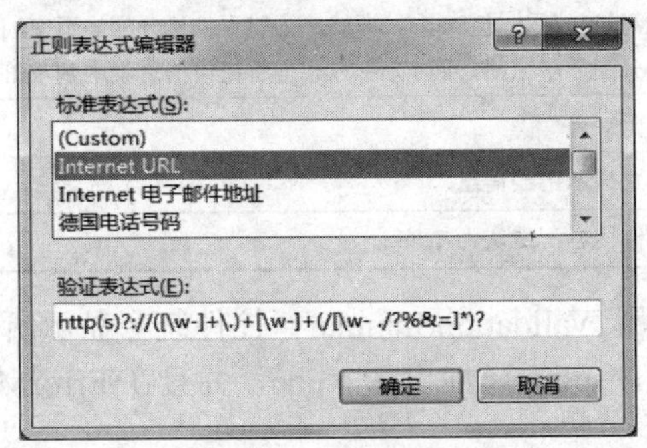

图 8-1 “正则表达式编辑器”对话框

说 明

如果用户输入的数据为空，将不会调用验证函数且验证成功。如果某项数据要求用户必须输入，且符合一定的格式要求，则使用 RequiredFieldValidator 和 RegularExpression Validator 控件共同进行验证。

（5）CustomValidator 控件

CustomValidator 用户自定义控件可根据用户自己定义的规则进行验证。

ASP.NET 所提供的 RequiredFieldValidator、CompareValidator、RangeValidator 和 RegularExpressionValidator 验证控件，可以满足基本的数据验证要求。在有些情况下，对用户的输入数据有特别的要求，例如要求用户输入的密码长度在 6 位以上，且必须包含大写字母、小写字母、数字和特殊字符，则可以使用 CustomValidator 控件，自定义验证规则进行验证。

CustomValidator 控件可以使用客户端进行验证，即使用客户端脚本语言定义验证函数，通过 ClientValidationFunction 属性指定客户端验证函数名称。

使用客户端验证，避免了数据在客户端与服务器端的来回传递，可以提供页面的响应速度。但是，在有些情况下，需要根据服务器端的一些信息来对用户数据进行验证，例如根据数据库中的某些数据来对用户数据进行验证，此时，可以使用服务器端验证，即在 ServerValidate 事件的处理过程中编写代码进行验证。

（6）ValidationSummary 控件

ValidationSummary 汇总控件集中显示页面中的验证错误信息。ValidationSummary 控件不对用户输入的数据进行验证，用于统一显示页面中所有验证控件的错误信息。ValidationSummary 控件的主要属性如表 8-2 所示。

表 8-2 ValidationSummary 控件的主要属性

属　性	说　明
DisplayMode	错误信息的显示格式。BulletList 以项目符号列表的方式显示错误信息；List 以列表方式显示错误信息；SingleParagraph 以单个段落显示错误信息。默认值是 BulletList
Display	决定如何显示错误消息，默认是 Static，即始终为错误信息分配显示空间，Dynamic 方式是只在需要的时候才为错误信息分配显示空间，而 None 方式是将错误信息集中到 ValidationSummary 控件中显示
HeaderText	控件的标题文本
ShowMessageBox	以弹出对话框的形式显示错误信息
ShowSummary	以汇总形式显示错误信息，默认为 True

如果在页面中使用 ValidationSummary 控件统一显示所有验证控件的错误信息，则将验证控件的 Display 属性设为 None，并且在 ErrorMessage 属性中设置验证控件的错误信息。

ValidationSummary 控件默认设计 ShowMessageBox 属性值为 False，如果要以对话框形式显示错误信息，则设置 ShowMessageBox 属性值为 True，同时设置 ShowSummary 属性值为 False。

除 ValidationSummary 控件以外，其他 5 种验证控件的通用属性如表 8-3 所示。

表 8-3 验证控件的通用属性

属　性	说　明
ControlToValidate	要验证的控件的 ID，该属性不能为空，必须指定验证控件对某个用户输入数据的控件进行验证
Display	控件显示错误信息的方式。None 表示不在控件中显示错误信息；Static 表示在页面中静态保留错误信息的显示位置；Dynamic 表示验证失败时，在页面显示错误信息
Text	验证失败时显示的文本，在验证控件位置处显示信息（Display 属性不能设置为 None）
ErrorMessage	验证失败时显示的文本，在 ValidationSummary 控件中显示的信息
IsValid	表示验证控件所关联的控件是否通过验证，True 表示通过
EnabledClientScript	表示是否启用客户端验证，默认设置为 True
ForeColor	控件文本颜色，即显示错误信息的颜色

（7）取消验证

在现实应用中，有时需要不调用页面的验证功能，例如在用户注册页面，单击“取消”按钮，取消用户注册。此时，只需将“取消”按钮的 CausesValidation 属性设为 False，则单击按钮时，不会调用验证程序。

2. Session 会话期状态

ASP.NET 会话状态将一个有限时间窗口内来自同一浏览器的请求标识为一个会话，并在该会话持续期间保留变量的值。默认情况下，所有 ASP.NET 应用程都启用 ASP.NET 会话状态。

（1）定义会话期变量

使用 Session 属性（将会话变量的值存储为按名称索引的集合）可方便地设置

和检索 ASP.NET 会话状态变量。要使用 Session 保存数据，只要指定它的键/值对就可以了，格式如下：

```
Session[键名]=键值;
```

其中，键名为合法的标识符；键值为该键名所对应的数据。如下面的代码示例创建会话变量 UserName 来表示登录用户名，然后将它们设置为从文本框控件 txtusername 中读取值。

```
Session["UserName"]=txtusername.Text;
```

（2）使用会话期变量

会话期变量定义并赋值后，可在应用程序中直接使用，以上面的 UserName 会话期为例，使用时直接引用 Session["UserName"]即可，如在登录页面可判断用户是否有登录：

```
if(Session["UserName"]==null)  {    ……      }
```

或

```
if (HttpContext.Current.Session["UserName "] == null)
```

如果条件判断值为 true，则说明会话期为空。

（3）注销会话期

退出登录时可调用 Abandon()方法注销会话期，代码如下：

```
Session.Abandon();
```

（4）常用属性、方法和事件

Session 对象的常用属性如表 8-4 所示，常用方法、事件如表 8-5 所示。

表 8-4　Session 对象的常用属性

属　性	说　明
Count	获取 Session 键/值对的个数
Item	按名称或索引获取或设置个别会话值。Item 关键字也可以省略，例如 Session.Item("username")也可写成 Session("username")
Keys	获取存储在会话中的所有值的键的集合
Timeout	获取或设置 Session 的超时时间，单位为分钟

表 8-5　Session 对象的常用方法、事件

方法、事件	说　明
Abandon 方法	取消当前会话
Clear 方法	清除会话状态中的所有值，释放服务器内存
Remove 方法	按键名从 Session 中移除一项
RemoveAt 方法	按索引号从 Session 中移除一项
RemoveAll 方法	移除 Session 中的所有项
Srart 事件	在开始一个新会话时发生，一般可以在 Session_Start 事件中为 Session 作初始化
End 事件	在会话被放弃或过期时引发，一般可在 Session_End 事件中作清理

8.1.2 任务实施：ADO.NET 编程实现登录注册功能

1. 登录、注册链接设计

在网页头部添加登录、注册等链接，步骤如下。

（1）新建网站

新建空间网站，命名为 web8，将 web7 网站内容复制到 web8 网站中。

（2）布局客户端登录、注册、退出链接

在客户端页面中，普通用户可通过注册成为网站会员，或注册后获得信息评论、发表等权限。修改 filetitles.aspx 文件的 topper 层代码，删除原来层中的内容，添加一个标签用于显示登录后的欢迎信息，添加 3 个 LinkButton 按钮，分别设置按钮的文本属性为登录、注册和退出，设置相应单击事件，代码如下：

```
<div class="toper">
  <div class="loginbtn">
     <asp:Label ID="lblloginmessage" runat="server" > </asp:Label>
     <asp:LinkButton ID="lbtnlogin" runat="server"
onclick="lbtnlogin_ Click">登录</asp:LinkButton>
     <asp:LinkButton  ID="lbtnregister"  runat="server"  onclick
="lbtnregister_Click">注册</asp:LinkButton>
      <asp:LinkButton ID="lbtnexit" runat="server"
onclick="lbtnexit_ Click">退出</asp:LinkButton>
<a href="#"><img src="images/english.gif" alt=" " width="44"
height="16" class="english" /></a>   </div>
  </div>
```

在 filetitles.aspx.cs 页面加载事件中添加对用户是否登录的验证代码，登录后将隐藏登录和注册按钮，显示欢迎信息，并出现退出按钮，代码如下：

```
if (Session["username"]==null)
   lbtnexit.Visible=false;
else{lbtnexit.Visible=true;  lbtnlogin.Visible=false;
     lbtnregister. Visible=false;
     lblloginmessage.Text="欢迎您" + Session["username"]; }
```

（3）样式设计

在 layout.css 文件中添加标签及链接按钮的链接样式、访问后样式，代码如下：

```
.loginbtn { text-align:right;padding-right:20px;float:left;padding-
top:10px;font-family: 黑体;font-size: 13px; }
.loginbtn a,.loginbtn a:visited{ text-decoration: none; color: #000000;}
```

修改 toper 类样式为：

```
.toper{  position:absolute;  left: 780px;top: 8px;width: 250px;
 text-align:right;color:#5C5C5C;}
```

（4）编写登录、注册、退出链接按钮事件

单击登录按钮，跳转到登录页面，在按钮单击事件中编写代码如下：

```
Response.Redirect("~/login.aspx");
```

单击注册按钮，跳转到注册页面，在按钮单击事件中编写代码如下：

```
Response.Redirect("~/register.aspx");
```

运行 filetitles.aspx 页面，效果图如图 8-2 所示。登录后显示欢迎信息，效果图如图 8-3 所示。

图 8-2　客户端页面登录、注册链接

图 8-3　登录后显示欢迎信息

在图 8-3 所示页面的 filetitles.aspx 文件中，单击退出按钮，需要注销登录时建立的会话期对象，隐藏退出按钮，显示登录和注册按钮，代码如下：

```
Session.Abandon();//注销会话期
lblloginmessage.Text="";lbtnexit.Visible=false;
lbtnlogin.Visible=true;lbtnregister.Visible=true;
```

（5）布局管理员页面登录退出链接

在 Admin 文件夹中，修改 AdminDefault.aspx 页面和母版页面，参照 filetitles.aspx 文件设置，去掉注册链接（管理员不允许通过注册方式获得权限，一般由超级管理员逐级分配管理权限），完成效果图如图 8-4 所示，登录后的显示界面如图 8-3 所示。

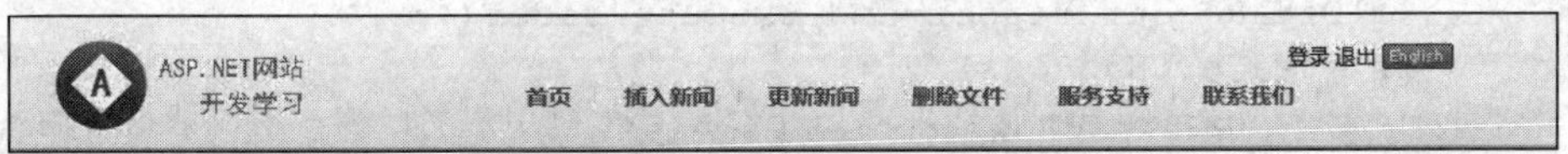

图 8-4　管理员页面登录链接

2. 数据库设计

在 news 数据库中建立管理员表 admin 和用户表 users，表字段如图 8-5 和图 8-6 所示。

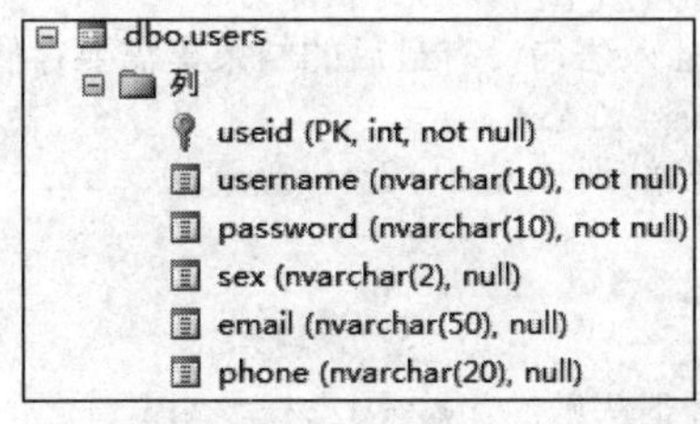

图 8-5　用户信息表

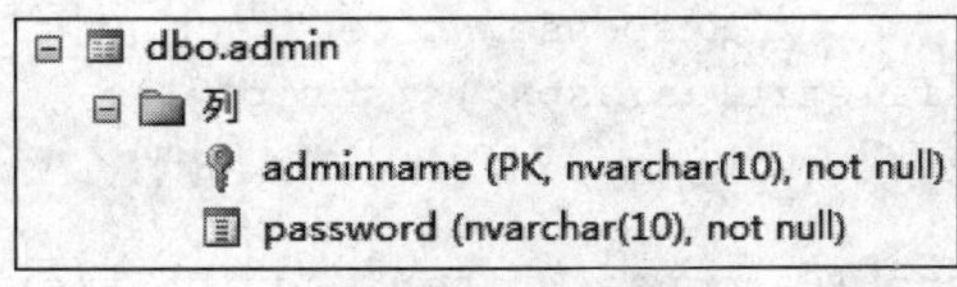

图 8-6　管理员信息表

3. ADO.NET 编程实现注册功能

使用 ADO.NET 编程实现注册（视频）

编程实现用户注册功能，步骤如下。

1）新建 web 窗体页面 register.aspx，完成如图 8-7 所示页面布局。设置用户名文本框控件 ID 为 txtusername，密码文本框控件 ID 为 txtpassword，重复密码文本框控件 ID 为 txtrepassword，性别单选列表控件 ID 为 RadioButtonList1，邮箱文本框控件 ID 为 txtemail，电话文本框控件 ID 为 txtphone，将上述文本框控件的 TextMode 属性分别设置为单行 SingleLine、密码 Password、邮箱 E-mail 和电话 Phone 模式。

2）在 register.aspx.cs 页面添加访问数据库所需要的名称空间，代码如下：

```
using System.Data;
using System.Data.SqlClient;
using System.Configuration;
```

3）在类别级代码中定义连接字符串变量，获取配置文件 web.config 中的数据库信息，定义连接对象，代码如下：

```
public static string connectionstring=ConfigurationManager.
ConnectionStrings["newsConnectionString"].ConnectionString;
SqlConnection conn=new SqlConnection(connectionstring);
```

4）编写“注册”按钮点击事件代码。当用户单击“注册”按钮时，先判断数据库中是否存在相同用户名，如果存在，则弹出同名用户存在的提示对象框，如图 8-8 所示，注册不成功；否则，用户在每个文本框中输入信息后，单击“注册”按钮可顺利注册，代码如下：

```
try { conn.Open();
      string str="select * from users where username='"+
txtusername.Text+"' ";
      SqlCommand cmd=new SqlCommand(str,conn);
      SqlDataReader reader=cmd.ExecuteReader();
      if (reader.HasRows)
        { Response.Write("<script>alert('用户名已被占用，请重新输入新
用户名!')</script>");
          reader.Close();   }
      else{
          reader.Close();
          string str1="insert into users values('"+ txtusername.Text+"',
'"+txtpassword.Text+"','"+ RadioButtonList1.SelectedValue+"',
'"+txtemail.Text+"','"+ txtphone.Text+"')";
          SqlCommand cmd1=new SqlCommand(str1,conn);
          cmd1.ExecuteNonQuery();//因为插入语句没有最后的结果集需要存储
          Session["username"]=txtusername.Text;
          Response.Write("<script>alert('注册成功!');window.location.
href('filetitles.aspx')</script>");
        }
      }
Catch{Response.Write("<script>alert('注册失败!')</script>"); }
finally { conn.Close(); }
```

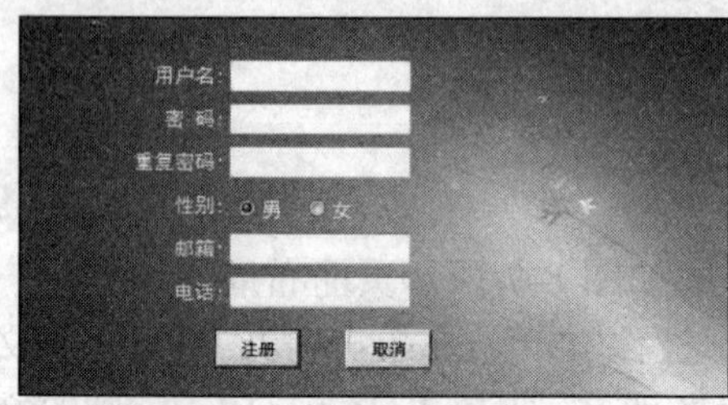

图 8-7　注册页面设计视图

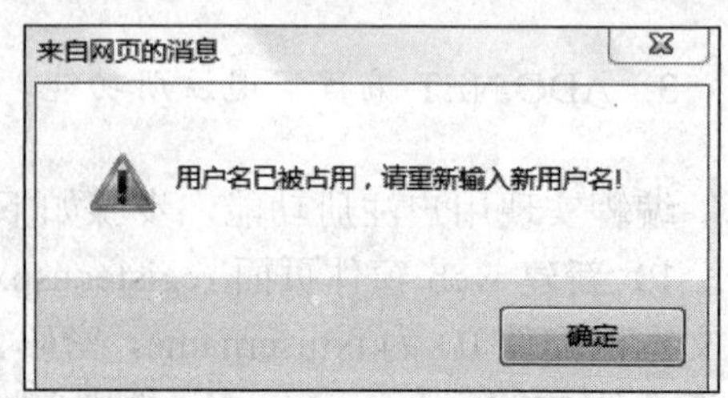

图 8-8　注册名重复提示

5）编写“取消”按钮事件代码。用户单击“取消”按钮后，可清空文本框中内容，也可以直接跳转到相关页面，直接跳转页面的代码如下：

```
Response.Write("<script>window. location.href ('filetitles.aspx')
</script>");
```

4. 数据验证

对注册页面添加验证功能，步骤如下。

（1）添加验证控件

验证控件应用（视频）

在图 8-7 的 register.aspx 设计视图中，给用户名文本框和密码文本框添加 RequiredFieldValidator 控件，分别命名为 RequiredFieldValidator1 和 RequiredFieldValidator2；给密码文本框再添加一个 RegularExpressionValidator 控件，命名为 RegularExpressionValidator1；给重复密码文本框添加一个 CompareValidator 控件，命名为 CompareValidator1；给邮箱文本框和电话文本框添加 RegularExpressionValidator 控件，命名为 RegularExpressionValidator2 和 RegularExpressionValidator3；添加一个 ValidationSummary 控件，命名为 ValidationSummary1。

（2）设置验证控件属性

各验证控件的属性设置如表 8-6 所示，完成后静态效果如图 8-9 所示。

表 8-6　注册文件验证控件属性设置

控件 ID	属性名称	属性值
RequiredFieldValidator1	ControlToValidate	txtusername
	ErrorMessage	“请输入用户名！”
	Display	Static
	ForeColor	Red
	Text	*
RequiredFieldValidator2	ControlToValidate	txtpassword
	ErrorMessage	“请输入密码！”
	Display	Static
	ForeColor	Red
	Text	*
RegularExpressionValidator1	ControlToValidate	txtpassword
	ErrorMessage	密码格式不正确
	ValidationExpression	\w{6,10}
	Display	Static
	ForeColor	Red
	Text	*
CompareValidator1	ControlToCompare	txtpasswrod
	ControlToValidate	txtrepassword
	ErrorMessage	二次输入密码不一致！
	Display	Static
	ForeColor	Red
	Text	*

续表

<table>
<tr><th>控件 ID</th><th>属 性 名 称</th><th>属 性 值</th></tr>
<tr><td rowspan="2">RegularExpressionValidator2</td><td>ControlToValidate</td><td>txtEmail</td></tr>
<tr><td>ValidationExpression</td><td>\w+([-+.']\w+)*@\w+([-.]\w+)*\.\w+([-.]\w+)* 在正则表达式编辑器中，选择“Internet 电子邮件地址”</td></tr>
<tr><td rowspan="4">RegularExpressionValidator2</td><td>ErrorMessage</td><td>邮箱格式不正确</td></tr>
<tr><td>Display</td><td>Static</td></tr>
<tr><td>ForeColor</td><td>Red</td></tr>
<tr><td>Text</td><td>*</td></tr>
<tr><td rowspan="6">RegularExpressionValidator3</td><td>ControlToValidate</td><td>txtphone</td></tr>
<tr><td>ValidationExpression</td><td>(\(\d{3}\)|\d{3}-)?\d{8}在正则表达式编辑器中，选择“中华人民共和国电话号码”格式</td></tr>
<tr><td>ErrorMessage</td><td>电话格式不正确</td></tr>
<tr><td>Display</td><td>Static</td></tr>
<tr><td>ForeColor</td><td>Red</td></tr>
<tr><td>Text</td><td>*</td></tr>
<tr><td rowspan="2">ValidationSummary1</td><td>DisplayMode</td><td>BulletList</td></tr>
<tr><td>HeaderText</td><td>注册页面错误信息</td></tr>
</table>

（3）运行程序

当密码、重复密码、邮箱和电话格式输入不正确时，在验证控件所在位置静态显示 Text 属性设置的值*，表示验证出错，单击“注册”按钮，验证汇总控件将显示所有错误信息，如图 8-10 所示。

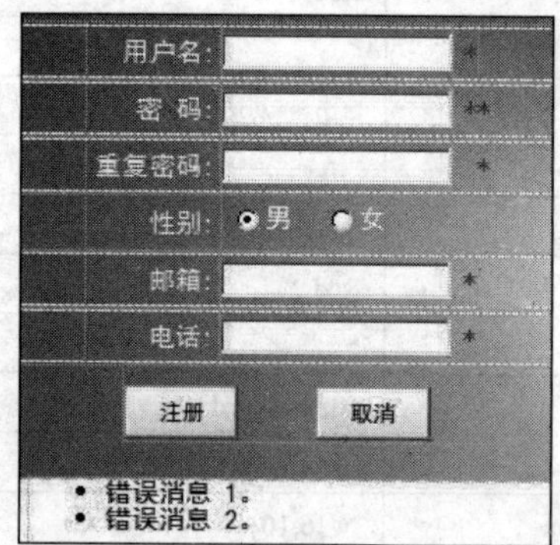

图 8-9　有验证的注册页面效果图

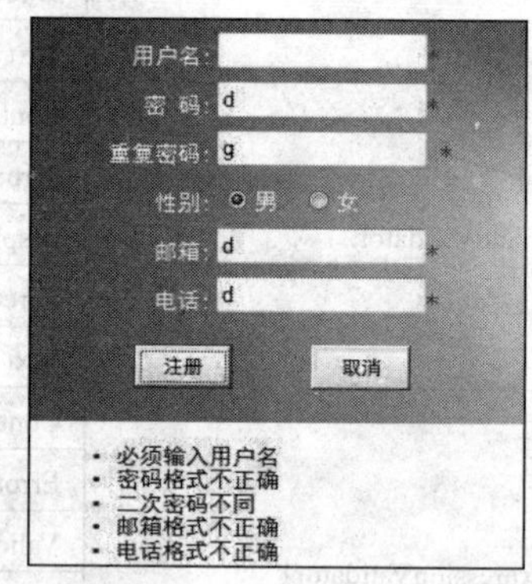

图 8-10　验证错误汇总

（4）修改验证控件属性

1）修改表 8-6 中各控件的 Text 属性值为相应的错误信息，则运行程序可显示如图 8-11 所示的效果。

2）修改 ValidationSummary 控件的 ShowMessageBox 属性值为 True，则验证错误时可弹出如图 8-12 所示对话框。

3）修改表 8-6 中的 Display 值为 None，去掉各控件的 ForeColor 和 Text 属性值设置，则验证错误时原验证控件位置不再显示信息。

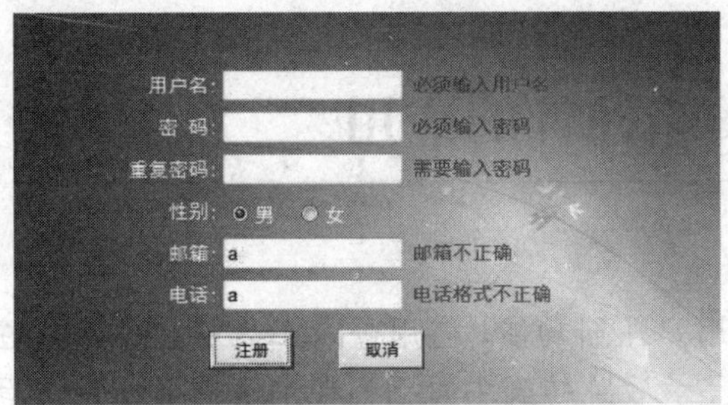

图 8-11 Text 属性值为错误信息

图 8-12 对话框弹出错误汇总

5. ADO.NET 编程实现登录功能

使用 ADO.NET 编程实现登录（视频）

编程实现用户登录功能，步骤如下。

（1）新建页面

以用户登录为例，在 web8 网站中新建 web 窗体页面 login.aspx（如果是管理员登录页面，则可命名为 login_admin.aspx）。

（2）完成页面布局

完成 login.aspx 页面效果图设计，如图 8-13 所示。单击“登录”按钮触发 btnlogin_Click 事件，单击“取消”按钮触发 btncancle_Click 事件。

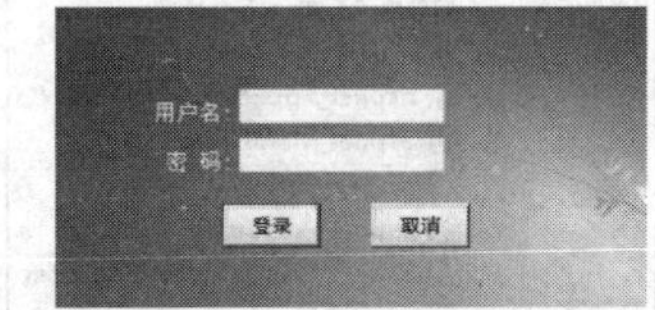

图 8-13 登录页面

（3）编写“登录”按钮事件代码

1）在 login.aspx.cs 页面中添加访问数据库所需要的名称空间。

2）参照“注册”功能的实现，建立类别级对象，获取配置管理文件数据库连接字符串，建立并实例化连接对象 conn。

3）编写登录事件代码，如果用户在文本框中输入的用户名和密码与数据库 users 表中信息一致，则可显示登录成功信息或跳转到相应的页面，代码如下：

```
    try{ string str="select * from users where username='"+ txtusername.Text+"'
and password='"+txtpassword.Text+"'";
        conn.Open();
        SqlCommand cmd=new SqlCommand(str, conn);
        SqlDataReader reader=cmd.ExecuteReader();
        if (reader.HasRows)
            { Session ["username"]=txtusername .Text ;
    Response.Write("<script>window.location.href('filetitles.aspx')<
/script>"); }
         else
            Response.Write("<script>alert('登录不成功') </script>");
         reader.Close();
      }
     catch { Response.Write("<script>alert('登录失败')</script>"); }
    finally {   conn.Close();    }
```

（4）编写“取消”按钮事件代码

编写“取消”按钮事件代码如下：

```
txtusername.Text="";
txtpassword.Text="";
```

任务8.2 ASP.NET 登录工具箱控件的应用

任务描述：

使用注册控件完成用户注册功能，应用登录工具箱控件完成注册用户的登录。注册用户登录后跳转到主页面，在主页面显示用户登录状态及信息，并允许用户单击“退出”按钮退出登录状态。在用户已登录的情况下，使用 ChangePassword 控件为用户和系统管理员提供密码修改功能。

8.2.1 关键知识：ASP.NET 的登录工具箱控件

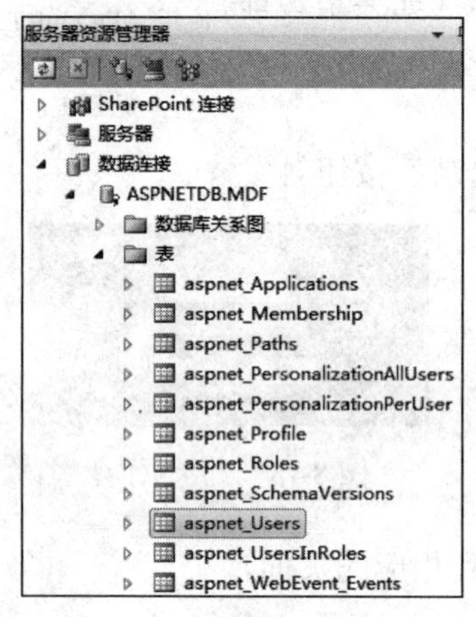

图 8-14　内置数据库文件

Visual Studio.NET 开发平台提供的登录控件组包括登录控件、注册控件、修改密码控件、密码恢复控件和登录状态控件等，通过登录控件组中的注册控件注册的用户信息保存在由系统初次运行注册页面时自动生成的内置数据库 ASPNETDB.MDF 中，该数据库文件自动保存在 App_Data 文件夹中。双击数据库文件，在弹出的服务器资源管理器面板中可看到数据库中的表文件，用户信息保存在 aspnet_Users 表中（见图 8-14）。

1. CreateUserWizard 控件

CreateUserWizard 控件提供用户注册界面，内容包括用户名、密码、密码确认、电子邮件地址、安全提示问题、安全答案等用户信息，通过该控件注册的用户信息保存在自动生成的内置数据库 ASPNETDB.MDF 中（要求系统有安装 sqlexpress 版数据库）。

CreateUserWizard 控件是一个向导控件，它从 Wizard 控件派生出来。在默认情况下，它包括两个步骤：“注册新账户”和“完成”。也可以通过单击“CreateUserWizard 任务”菜单上的“添加/移除 WizardSetps”命令来添加或删除其他步骤，但不允许删除原有的两个步骤。

为了启用用户注册，必须将控件放置在一个不需要权限的 ASP.NET 网页上。

CreateUserWizard 控件上显示的每个文本框都有一个与其关联的 RequiredFieldValidator 验证控件对象。CreateUserWizard 控件的外观可以通过任务窗口中的“自动套用格式”选择一种既定的样式。

CreateUserWizard 控件支持大量的属性，通过这些属性可以修改该控件的外观和行为。主要属性有 FinishDestinationPageUrl 属性，用于设置注册完成后跳转的目标页面，其他常用属性如表 8-7 所示。

表 8-7 CreateUserWizard 控件的常用属性和方法

属性、事件	说明
ActiveStep 属性	获取 WizardSteps 集合中当前显示给用户的步骤
Answer 属性	获取或设置最终用户对密码恢复确认问题的答案
ContinueDestinationPageUrl 属性	获取或设置在用户单击成功页上的"继续"按钮后，将看到的页的 URL 默认为 Empty，当值为 Empty 且用户单击"继续"按钮后，该页将刷新并清除表单中的所有值
DuplicateEmailErrorMessage 属性	获取或设置当用户输入成员资格提供程序中已使用的电子邮件地址时，所显示的错误信息。默认值为"您输入的电子邮件地址已在使用中。请另输入一个电子邮件地址"
DuplicateUserNameErrorMessage 属性	获取或设置当用户输入成员资格提供程序中已使用的用户名时所显示的错误信息。默认值为"请另输入一个用户名"
EmailRegularExpression 属性	一个字符串，该字符串包含用于验证电子邮件地址的正则表达式。默认值为空字符串("")
FinishDestinationPageUrl 属性	获取或设置当用户单击"完成"按钮时将重定向到的 URL
HelpPageUrl 属性	获取或设置"帮助"页的 URL
PasswordRegularExpression 属性	一个字符串，该字符串包含用于验证提供的密码的正则表达式
RequireEmail 属性	获取或设置一个值，该值指示网站用户是否必须填写电子邮件地址
ActiveStepChanged 事件	当用户切换到控件中的新步骤时发生
CreatedUser 事件	在成员资格提供程序创建了新的网站用户账户后发生
FinishButtonClick 事件	当单击"完成"按钮时发生

2. Login 控件

Login 控件包含用于"用户名"和"密码"输入的文本框，一个将登录信息发送到服务器的"登录"按钮和一个"下次记住我"的复选框，设计效果如图 8-15 所示。用户名和密码文本框属性都有关联的 RequiredFieldValidator 验证控件，以防止用户在未提供必填信息的情况下提交页面。而复选框让用户指示是否需要服务器使用 ASP.NET 成员资格存储标识，当他们下次访问该站点时自动进行身份验证。

Login 控件的外观可以通过"Login 任务"窗口中的"自动套用格式"选择设定的样式，如图 8-16 所示。

单击"Login 任务"窗口中的"转换为模板"链接，进入模板编辑状态，如图 8-17 所示，可对 Login 控件中各个构成控件的属性和布局进行调整。

在 Login 控件的属性窗口中，比较重要的是 DestinationPageUrl 属性，该属性将指定用户在登录后跳转的页面，而 FailureText 表示登录失败后提示的文本，CreateUserText 表示创建新用户的提示文本，PasswordRecoveryText 表示提示密码的文本，PasswordRecoveryUrl 表示实现密码提示恢复功能的链接。此外，可以设置很多其他属性，比如显示用户名、密码的文本，登录按钮 PasswordRecoveryUrl 的文本等，常用属性及说明如表 8-8 所示。

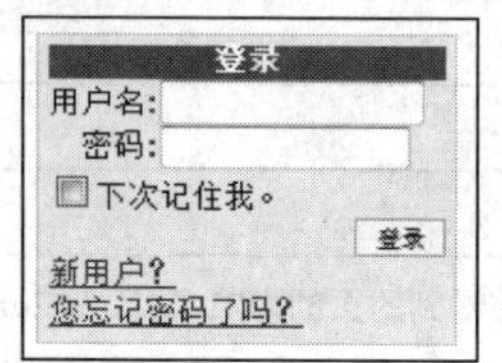

图 8-15　登录控件设计效果

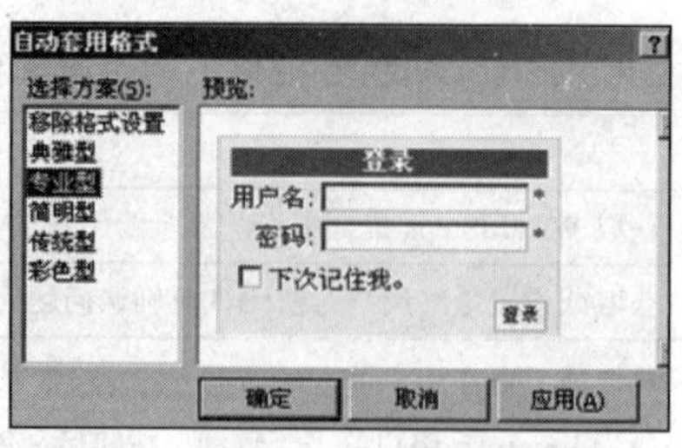

图 8-16　Login 控件的自动套用格式

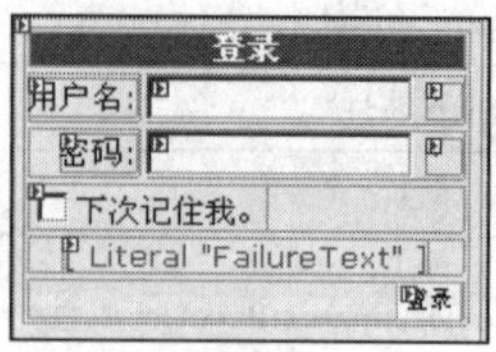

图 8-17　登录控件的模板状态

表 8-8　Login 控件的常用属性

属　性	说　明
CreateUserText	指定新用户的提示文本
CreateUserUrl	指定新用户注册页的链接文本
DestinationPageUrl	指定用户在登录后跳转的页面
DisplayRememberMe	指定是否显示“下次记住我”复选框
FailureAction	指定当登录失败时发生的操作
FailureText	指定当登录尝试失败时显示的文本
HelpPageText	指定登录帮助页链接的文本
HelpPageUrl	指定登录帮助页的 URL
Orientation	指定页面上控件元素的排列方向：Vertical 或 Horizontal
Password	获取用户输入的密码
PasswordLabelText	指定 Password 文本框的标签文本
PasswordRecoveryText	指定密码恢复页链接的文本
PasswordRecoveryUrl	指定密码恢复页的 URL
UserName	获取用户输入的用户名
UserNameLabelText	指定 UserName 文本框的标签文本

3. LoginView 控件

使用 LoginView 控件，可以向匿名用户和登录用户显示不同的信息。该控件显示以下模板之一：AnonymousTemplate 或 LoggedInTemplate。在 AnonymousTemplate 模板中，可以为匿名用户添加显示适当信息的标记和控件；而在 LoggedInTemplate 模板中，则可以为经过身份验证的用户添加显示适当信息的标记和控件。角色组模板，可为已登录且具有一定角色的用户添加适当的信息表集合控件，该模板与 RoleGroups 集合中的特定角色相关联。

图 8-18　添加 LoginName 控件

在 LoginView 控件的 LoggedInTemplate 模板中添加一个 LoginName 控件。LoginName 控件用来显示登录用户的登录名，如图 8-18 所示。设置 LogName 控件的 FormatString 属性值为：“{0}，您好！”。

说　明

LoginName 控件最重要的属性是 FormatString 属性。它用于获取和设置由 LoginName 控件显示的文本。默认值为“{0}”，代表显示用户名的格式项的字符串。

如果用户已使用 ASP.NET 成员资格登录，LoginName 控件将显示该用户的登录名。如果站点使用集成 Windows 身份验证，该控件将显示用户的 Windows 账户名。

4. LoginStatus 控件

LoginStatus 控件有“已登录”和“注销”两种状态，具体为哪种状态是由 Page 对象的 Request 属性的 IsAuthenticated 属性决定的。

LoginStatus 控件可能显示文本，也可能显示图像链接。通过设置 LoginText、LoginImageUrl、LogoutText 和 LoginImageUrl 属性对 LogiStatus 控件的外观进行定义。

注销行为由 LogoutAction 属性控制，该属性有三个值：分别为 Refresh、Redirect 和 RedirectToLoginPage，分别表示刷新当前页，将用户重定向到应用程序配置设置中定义的登录页，以及将用户重定向到 LogoutPageUrl 属性所指定的页。默认设置是刷新当前页。

8.2.2　任务实施：使用控件实现注册、登录和密码修改功能

1. 使用 CreateUserWizard 控件实现注册功能

登录注册控件应用（视频）

使用 CreateUserWizard 控件实现注册功能步骤如下。

（1）新建注册页面

新建 web 窗体页面文件，命名为 filetitles1.aspx，按 filetitles.aspx 布局页面，去掉导航栏右侧 toper 层中的登录、注册等内容。新建 web 窗体，命名为 register_control.aspx，在设计视图页面添加 CreateUserWizard 控件，如图 8-19 所示。单击控件右上角的任务图标 ，弹出如图 8-20 所示任务窗口，单击“步骤”下拉按钮可看到该控件还有一个“完成”界面。选择“完成”，可看到如图 8-21 所示的注册完成后的界面。单击任务窗口中的“自定义创建用户步骤”可修改注册界面，删除“安全提示问题”和“安全答案”文本框中的信息，可得到如图 8-22 所示的注册界面。

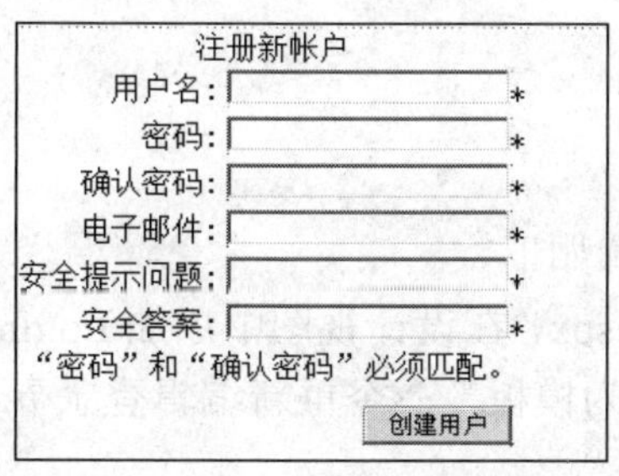

图 8-19　默认注册界面

图 8-20　注册控件任务窗口

图 8-21　注册完成界面

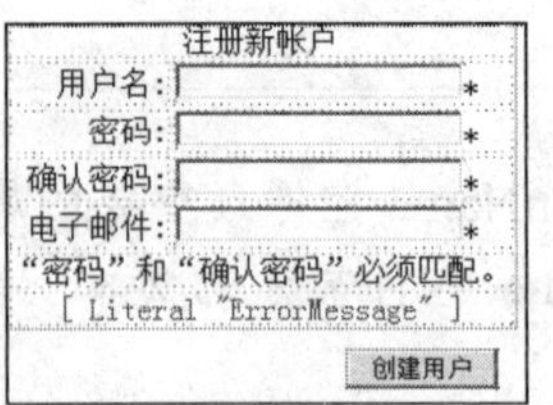

图 8-22　修改后的注册界面

（2）设置属性

设置 CreateUserWizard 控件的 ContinueDestinationPageUrl 属性值为要跳转的主页面 filetitles1.aspx；设置 CompleteSuccessText 属性值为“注册成功”。

（3）运行页面

右键点击网站名，选择“添加→添加 ASP.NET 文件夹”，选择添加 App_Data 文件夹，用于存放注册产生的内置数据库 ASPNETDB.MDF，运行如图 8-19 所示的注册控件页面，在页面中输入相关的注册信息，注册控件给每个输入信息都提供了验证，如密码要求必须 7 位以上长度，且必须包括一位以上非字母数字字符；用户名不能与已注册的用户名相同；电子邮件格式也有相应的验证。验证通过完成注册，跳转到如图 8-21 所示的注册完成界面。单击“继续”按钮，则可跳转到设定的页面，完成注册。

注　意

在 ASP.NET 中使用验证控件时，常常会出现这样的提示：WebForms UnobtrusiveValidationMode 需要“jquery” ScriptResourceMapping，需要添加一个名为 jquery（区分大小写）的 ScriptResourceMapping。用户可在网站中通过添加引用的方式添加 AspNet.ScriptManager.jQuery.dll 的引用。该文件一般可在 C:\Program Files (x86)\Microsoft Web Tools\Packages\AspNet.ScriptManager.jQuery.1.8.2\lib\net45 目录下找到。

（4）修改注册控件

CreateUserWizard 控件的界面设置可通过单击任务窗口的“自定义创建用户步骤”进行修改，可修改成如图 8-22 所示界面，但修改完成后的控件还需要同时修改配置文件信息才能运行，因为 CreateUserWizard 控件集成了验证控件、成员管理等类，内置数据库对注册控件中的字段有关联设置，修改注册控件后部分验证功能受影响，需要修改 web.config 的相关配置信息才能实现注册功能，相关修改此处不再详述。

2. 使用 Login 控件实现登录功能

使用 Login 控件实现用户登录功能，步骤如下。

1）新建登录页面，命名为 login_control.aspx，在设计视图中添加 Login 控件，按图 8-16 选择样式，或通过任务窗口“转换为模板”命令重新编辑登录界面，完成登录界面设计。

2）属性设置。添加登录页上显示的相关链接。在网站根目录下添加一个新Web 窗体，命名为 getpwd.aspx，用于获取密码。

- 设置 Login 控件的 CreateUserText 属性为“新用户？”。
- 设置 Login 控件的 CreateUserUrl 属性为“~/register_control.aspx”。
- 设置 Login 控件的 PasswordRecoveryText 属性为“忘记密码了吗？”。
- 设置 Login 控件的 Password RecoveryUrl 属性为“~/getpwd.aspx”。
- 设置用户登录成功后要跳转的页面。Login 控件的 DestinationPageUrl 属性指定用户登录成功后要跳转的页面，设为“~/ filetitles1.aspx”。若不设置 DestinationPageUrl 属性值，则用户在通过身份验证之后将重新定向到最初请求的 URL。

3）运行页面，以注册用户身份登录。

4）使用登录控件登录后，登录用户名信息可通过编写该控件的登录后事件 LoggedIn 获取，在封装好的登录控件 Login1 中找用于输入登录用户名的文本框控件 UserName，再用 Session 会话期对象存储对象值，代码如下：

```
protected void Login1_LoggedIn(object sender, EventArgs e)
    { TextBox txtusername=Login1.FindControl("UserName") as TextBox;
      Session["username"]=txtusername.Text;     }
```

3. 显示登录状态及登录用户名

使用控件显示用户登录状态和登录用户名信息，步骤如下。

1）设置 LoginView 控件。在一主页文件 filetitles1.aspx 的页面右上角添加层，层中添加一个 LoginView 控件，在 LoginView 控件的任务菜单中的“视图”下拉列表框中选择 LoggedInTemplate 模板，该模板指定登录成功的用户要显示的内容。在模板中添加一个 LoginName 控件，设置 LoginName 控件的 FormatString 属性值为“{0}，您好！”；将 LoginView 控件的视图切换到 AnonymousTemplate 模式，然后在模板中输入“游客，您好！”。

登录注册状态显示（视频）

2）设置 LoginStatus 控件。使用 LoginStatus 控件在网页中显示“登录”或“注销”链接。在 LoginView 控件的 AnonymousTemplate 模板中添加 LoginStatus 控件，设置该控件为登录模式；在 LoginView 控件的 LoggedInTemplate 模板中添加另一个 LoginStatus 控件，设置该控件模式为注销模式。

3）打开配置文件 web.config，在<system.web>节点内添加代码，使单击 LoginStatus 控件中的登录模板后可跳转到指定的登录页面，代码如下：

```
<authentication mode="Forms" >
     <forms loginUrl="login_control.aspx" ></forms>
</authentication >
```

4）运行 filetitles1.aspx 网页，可得如图 8-23 所示界面，成功登录后界面如图 8-24 所示。

图 8-23　未登录状态　　图 8-24　登录状态

说　明

默认情况下，LoginStatus 控件中的登录模板指向登录文件名为"login.aspx"的页面，单击登录，则页面被定向到此登录页。如果需要更改登录文件名，可以在 Web.config 文件的<system.web>节点内添加授权跳转页面。

```
<authentication mode="Forms" >
    <forms loginUrl="login_control.aspx" ></forms>
</authentication >
```

4. 修改密码

使用控件修改密码（视频）

使用控件完成密码修改，步骤如下。

1）在网站根目录下新建 web 窗体页面，命名为 changepassword.aspx。

2）打开有添加 LoginView 控件的主页文件 filetitles1.aspx，在 LoginView 控件的 LoggedInTemplate 模板中添加一个 HyperLink 控件，并设置 HyperLink 控件的 Text 属性值为“修改密码”；NavigateUrl 属性值设置为 changepassword.aspx 的文件链接，值为“~/changepassword.aspx”。

3）在设计视图中打开 changepassword.aspx 页面，在页面新建层，层中添加一个 ChangePassword 控件，在“ChangePassword 任务”窗口中单击“自动套用格式”链接，选择其中一种样式方案，如图 8-25 所示。

4）ChangePassword 控件的 DisplayUserName 属性设置为 True 时，页面中将显示“用户名”文本框，用户可以在此输入用户名，如图 8-26 所示。

5）在“ChangePassword 任务”窗口中将视图切换到“成功”，单击“转换为模板”，在“成功”视图的编辑状态下添加一个 LoginName 控件，如图 8-27 所示。

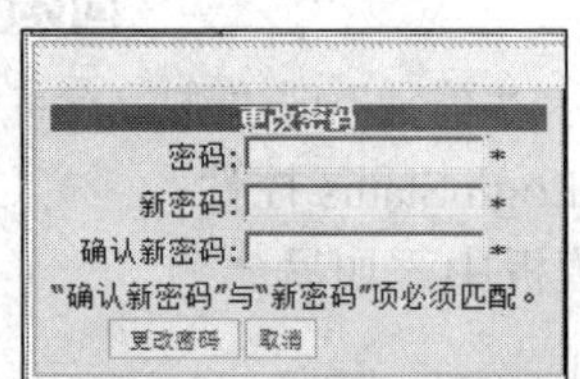

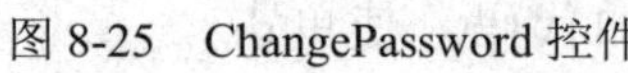

图 8-25　ChangePassword 控件

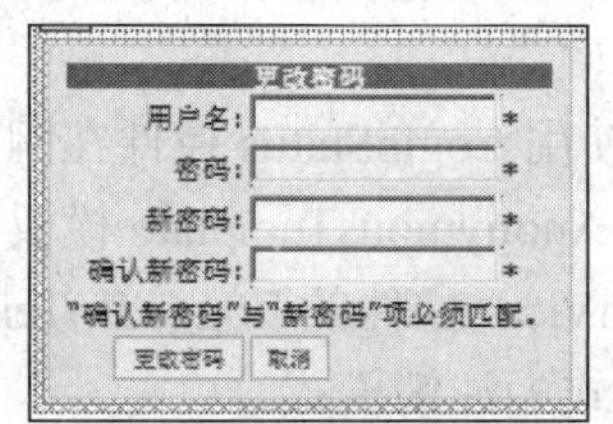

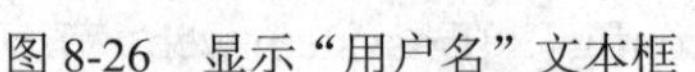

图 8-26　显示“用户名”文本框

图 8-27　修改“成功”视图模板

6）设置 ChangePassword 控件的 ContinueDestinationUrl 和 CancelDestinationPageUrl 属性值均为~/filetitles1.aspx。用户密码修改成功后转入 filetitles1.aspx 页面，添加修改密码链接后，网页登录后页眉信息如图 8-28 所示。

图 8-28　登录后网页页眉信息

任务8.3 利用 HttpModule 实现用户身份验证

任务描述：

用户进入页面时，判断页面是否在管理员文件夹下，是否需要身份验证，身份验证通过则可以访问页面。通过 HttpModule 对访问 Admin 文件的用户进行过滤，在 Http 进行页面访问时用 httpApplication 类的 AcquireRequestState 事件对 Session 进行验证，如果 Session 存在则通过，如果不存在则直接跳转到登录页面。

8.3.1 关键知识：HttpModule

管理员登录后可对数据信息进行全面管理，如添加、删除、修改数据库信息等。为了维护网站数据的安全，管理员必须通过身份验证才能访问后台管理页面。为了便于进行身份验证，管理页面建议放在网站根目录 admin 文件夹下。

实现用户身份验证最简单的方法是将用户登录后的用户信息保存在 Session 中，当用户访问每个页面时都检查 Session 值，确认用户是否已经登录。但在每个访问页面都编写代码检测用户，造成工作量大且代码重复，ASP.NET 提供了一种 HttpModule 的机制可以很好地解决这个问题。

HttpModule 是 ASP.NET 的一种 HTTP 处理机制，当把 HttpModule 注册到网站或 Web 应用后，每接到一个新的 HTTP 请求时，都会执行 HttpModule 中的相应代码，如获取请求的 URL，并分析所对应的页面是否是管理员文件夹中的文件，如果是，则需要验证用户身份，如果不是，则不需要身份验证。

要实现 HttpModule，需要实现 IHttpModule 接口，IHttpModule 向实现类提供模块初始化和处置事件，IHttpModule 包括两个方法：

- public void Init(HttpApplication context);
- public void Dispose();

Init()方法接受一个 HttpApplication 对象，HttpApplication 代表了当前的应用程序，需要在这个方法内注册 HttpApplication 对象暴露给客户端的事件，对事件进行注册，实际的事件处理程序需要另外写方法。

Dispose()方法可以在进行垃圾回收之前进行一些清理工作。

8.3.2 任务实施：使用 HttpModule 模块实现对用户身份验证

使用 HttpModule 模块实现用户身份验证（视频）

网站的 Admin 文件夹中包括管理员主页和对数据库插入、删除、更新等操作的页面。参照任务 8.1 中的 login.aspx，创建管理员登录页面 login_admin.aspx，管理员主页 AdminDefault.aspx 上的登录按钮链接到 login_admin.aspx 文件。运行 Admin 文件夹中的文件时，通过 HttpModule 验证用户是否登录，如果没有登录，则进入登录页面，管理员登录后创建名为 SessionAdmin 的会话期。

使用 HttpModule 模块实现对用户身份验证，步骤如下。

1）创建一个类文件，命名为 CheckAdminModule.cs，保存在 App_Code 文件夹中。

2）编写类文件代码。编写类文件 CheckAdminModule.cs，使继承 IhttpModule 接口，并添加 Init()方法和 Dispose()方法。在 Init()方法内，对想要做出响应的 HttpApplication 事件进行注册（仅进行方法的简单注册，实际的方法需要另写），类文件代码如下：

```
public class CheckAdminMoule:IHttpModule{
 public void Dispose()  {   }
 public void Init(HttpApplication  context)
   { context.PostAcquireRequestState+=new EventHandler (OnRequest);}
 public void OnRequest(Object source,EventArgs e) {  }
}
```

在创建 Module 实例的时候，会调用 Module 的 Init()方法，HttpApplication 在其应用程序周期中触发各类事件，触发事件的时候调用 Module 在其 Init()方法中注册过的方法 OnRequest。在该方法中实现对访问文件目录的判断，同时判断管理员是否登录，如果未登录，则实现页面跳转，如果页面是登录页面或退出页面，则不需要做页面跳转，OnRequest 方法代码如下：

```
public void OnRequest(Object source, EventArgs e)
{
 HttpApplication application = source as HttpApplication;//得到
application
 HttpContext context=application.Context;//得到请求上下文
 Uri url=context.Request.Url;
   //请求 Admin 目录下的文件需要作为管理员登录
 if (context.Request.Url.AbsolutePath.ToLower().Contains("/admin"))
   { if (url.AbsolutePath.ToLower().EndsWith("login_admin.aspx"))
        return;//如果 访问的页面 login_admin.aspx 则直接进入
     if (url.AbsolutePath.ToLower().EndsWith("logout.aspx"))
        return;
     if (HttpContext.Current.Session["SessionAdmin"]==null)
       {   application.Server.Transfer("login_admin.aspx");   }
   }//如果 SessionAdmin 会话期为空，跳转到登录页面
}
```

注　意

这里页面跳转时使用 application.Server.Transfer 语句。不采用 response.Redirect 语句跳转，因为通过 respone.Redirect 语句跳转，页面会再次通过 CheckAdminModule.cs 文件检测 HTTP 模块，对页面重复进行 Session 验证，如果管理员未登录则 Session 值为空，程序跳回验证页面，从而造成死循环。

3）注册托管代码模块。需要将继承接口 HttpModule 的类文件注册到配置文件 web.config 中。Windows 7 系统可在<system.web>节点内添加<httpModules>元素，name 值为类名，type 值为要验证的名称空间.类名，代码如下：

```
<httpModules>
   <add name="CheckAdminModule" type="CheckAdminModule"/>
</httpModules>
```

如果是 Windows 8、Windows 10 系统，则在配置文件的<Configuration>节点中添加托管模块，代码如下：

```
<system.webServer>
  <modules>
    <add name="CheckAdminModule" type="CheckAdminModule"/>
  </modules>
</system.webServer>
```

4）运行 Admin 管理员文件夹中的主页文件 AdminDefault.aspx 或其他的插入、更新、删除等文件，当服务器没检测到名为 SessionAdmin 的会话期对象时，页面会直接跳转到 login_admin.aspx 管理员登录页面。

独立实践

1. 完成项目 4 中的网站 2 用户登录注册页面设计，使用户登录后可对文章进行评价。

2. 完成项目 4 中的网站 2 管理员登录页面设计，进入管理员文件夹中页面的用户需要先登录。

课后习题

1. 单选题：页面中要求必须输入用户名时，可用（　　）控件进行验证。

A. RequiredFiledValidator　　B. CompareValidator
C. RangeValidator　　D. RegularExpresionValidator

2. 单选题：页面中确认密码文本框必须与密码文本框输入内容一致，需要设置 CompareValidator 控件的（　　）属性。

A. ValueToCompare　　B. Operator　　C. Type　　D. ControlToCompare

3. 单选题：特定格式数据，如 E-mail 地址的验证，可以使用（　　）验证控件。

A. RegularExpressionValidator　　B. CustomValidator
C. ValidatorSummary　　D. RangeValidator

4. 多选题：Visual Studio.NET 开发平台提供的登录控件组包括（　　）控件。

A. 登录　　B. 注册　　C. 修改密码　　D. 密码确认

5. 单选题：单击 LoginStatus 控件中的登录链接，默认跳转到（　　）页面。

A. loginadmin.aspx　　B. login.aspx
C. 由开发人员设定　　D. 不确定

6. 判断题：使用 HttpModule 接口可以验证对某个文件夹下的所有页面是否有访问权限。

项目 9

存储过程及事务处理

学习目标

知识教学目标

- 创建存储过程
- 了解输入参数和输出参数及获取返回结果
- 图表显示查询结果
- 创建事务处理

技能培养目标

- 掌握存储过程的应用
- 掌握事务处理的应用

存储过程是存放在数据库服务器上的预先编译好的SQL语句。使用存储过程，可以直接在数据库中存储并运行功能强大的任务。存储过程在第一次执行时，会进行语法检查和编译，编译好的版本保存在高速缓存中供后续调用。

存储过程由前端应用程序激活。在执行重复任务时，存储过程可以提高性能和一致性。由于存储过程可以将一系列对数据库的操作放在数据库服务器上执行，因而可以降低对Web服务器的负载，提高了整个系统的性能。因此，建议对数据的查询、插入和更新操作尽量使用存储过程，并优化查询语句。

存储过程可以包含程序流、逻辑关系和对数据库的查询。可以接受参数、输出参数、返回单个或多个结果集，以及返回值。

存储过程可起到任何SQL语句所起到的作用，并且具有以下优点：

- 可以在单个存储过程中执行一系列SQL语句，在使用时只需传输存储过程名、参数和参数值等数据，减少网络的数据交换。
- 封装了基本事务，增加了代码的重用性、共享性。
- 可以在一个存储过程内引用其他存储过程，这可以简化一系列复杂的语句。
- 存储过程创建时在服务器上进行编译，所以执行起来比单个SQL语句快。

任务9.1 客户订单查询

任务描述：

在电子商务网站中，会有大量的用户高频率地进行产品的查询、订单查看等操作，采用存储过程实现信息的查找有助于提高查找效率。本任务采用存储过程查看所选客户的所有订单。

9.1.1 关键知识：存储过程

1. 创建存储过程

本单元使用微软的Northwind数据库，该数据库安装在SQL Server数据库中，启动数据库服务后可通过下面两种方式创建存储过程。

1）启动MMSM数据库管理器，单击“新建查询”命令，编写存储过程代码，单击“执行”命令，完成存储过程的创建。

2）使用Visual Studio.NET创建网站，打开网页，创建存储过程步骤如下。

① 打开“视图”菜单下的“服务器资源管理器”面板，选择“数据连接→添加连接”命令，或单击“工具”菜单，选择“连接到数据库”命令，在弹出的对话框的服务器文本框中输入.\sqlexpress，数据库选择Northwind，单击“下一步”按钮完成后可在服务器资源管理器面板中看到Northwind数据库。

② 在数据库目录树中展开“存储过程”（Stored Procedures）节点，右击节点，在弹出的快捷菜单中选择“添加新存储过程”（Add New Stored Procedure）命令。

③ 在弹出的存储过程编辑器中输入需要定义的存储过程并执行，完成存储过程的编译。

2. 应用存储过程

通过Command类应用存储过程，常用如下两种方式。

1）存储过程名称作为Command类对象参数进行调用，代码如下：

```
SqlCommand cmd=new SqlCommand("存储过程名", conn);
cmd.CommandType=CommandType.StoredProcedure;
```

2）另一种是建立一个方法，返回Command命令类，与SqlDataAdapter配合使用，产生表格形式的输出结果，代码如下：

```
private static SqlCommand GenerateSelectCommand(SqlConnection conn)
{
   SqlCommand cmd=new SqlCommand("存储过程名", conn);
   cmd.CommandType=CommandType.StoredProcedure;
   return cmd;
}
```

3. 存储过程中输入输出参数的转换及赋值

（1）输入参数的转换及赋值

存储过程中的输入或输出参数需要转换成命令类对象参数才能使用，假设输入参数为@CustomerID nchar(5)，通过下拉列表框 customerlist 中选择的值给输入参数赋值，cmd 为 SqlCommand 命令对象，则输入参数的转换并赋值方法 1 代码如下：

```
cmd.Parameters.Add(new SqlParameter("@CustomerID", SqlDbType.NChar,5));
cmd.Parameters["@CustomerID"].Value=customerlist.SelectedValue;
```

输入参数转换并赋值方法 2 代码如下：

```
SqlParameter pname=new SqlParameter("@CustomerID ", customerlist.
SelectedValue);
cmd.Parameters.Add(pname);
```

（2）输出参数的转换及获取结果

以@lastname NVarChar（20）输出参数为例，存储过程的输出参数转换代码如下：

```
cmd.Parameters.Add(new SqlParameter("@lastname",
SqlDbType.NVarChar, 20));
cmd.Parameters["@lastname"].Direction=ParameterDirection.Output;
```

获取输出参数值代码如下：

```
cmd.Parameters["@lastname"].Value.ToString()
```

9.1.2 任务实施：创建并应用存储过程

客户订单查询（视频）

1. 布局页面，显示客户信息

创建空网站 web9，在网站中添加 Web 窗体，命名为 task1.aspx。在设计视图添加一个 Label 控件、一个 DropDownList 控件、一个 GridView 控件和一个 SqlDataSource 控件，设置属性如表 9-1 所示。配置数据源控件连接到 Northwind 数据库的 Customers 表，选择表中一个字段 CustomerID，完成数据源的配置，将数据源绑定到下拉列表框中，在 Web.config 文件中自动生成名为 NorthwindConnectionString 的连接字符串。

表 9-1 控件属性设置

控 件 类 型	ID	属 性 设 置
Label	lbl customer	Text="请选择客户："
GridView	GridView	
DropDownList	customerlist	AutoPostBack=True

2. 编写订单查询存储过程

将编写存储过程命名为 CustOrdersOrders，用于显示指定用户的订单信息，订单字段包括订单编号、订单日期、提货日期和发运日期，如果 Northwind 数据库中已经有这些信息，则不需要重新写，存储过程代码如下：

```
create PROCEDURE [dbo].[CustOrdersOrders] @CustomerID nchar(5)
AS
SELECT OrderID, OrderDate,RequiredDate, ShippedDate
FROM Orders WHERE CustomerID=@CustomerID ORDER BY OrderID
```

3. 调用存储过程查询用户订单

调用存储过程查询用户订单，步骤如下。

1）建立数据库连接对象，代码如下：

```
public static string connectionstring=ConfigurationManager.
ConnectionStrings["NorthwindConnectionString"].ConnectionString;
SqlConnection conn=new SqlConnection(connectionstring);
```

2）编写下拉列表框选项发生变化事件 SelectedIndexChanged 事件，使得选中客户姓名后，自动提交事件，读取该客户的所有订单信息，代码如下：

```
protected void Customerlist_SelectedIndexChanged(object sender,
EventArgs e)
    {   SqlCommand cmd=new SqlCommand("CustOrdersOrders", conn);
        cmd.CommandType=CommandType.StoredProcedure;
        cmd.Parameters.Add(new SqlParameter("@CustomerID",
SqlDbType. NChar,5));
        cmd.Parameters["@CustomerID"].Value=customerlist.
SelectedValue;
        using (conn)
        {   conn.Open();
            using (SqlDataReader dr=cmd.ExecuteReader())
            {   GridView1 .DataSource=dr;
                GridView1.DataBind();        }
        }
    }
```

3）运行页面，选择客户后可看到该客户的所有订单信息，如图9-1所示。

请选择客户：ANATR

OrderID	OrderDate	RequiredDate	ShippedDate
10308	1996-9-18 0:00:00	1996-10-16 0:00:00	1996-9-24 0:00:00
10625	1997-8-8 0:00:00	1997-9-5 0:00:00	1997-8-14 0:00:00
10759	1997-11-28 0:00:00	1997-12-26 0:00:00	1997-12-12 0:00:00
10926	1998-3-4 0:00:00	1998-4-1 0:00:00	1998-3-11 0:00:00

图9-1 客户订单查询

任务9.2 产品查询

任务描述：

在电子商务网站中，产品信息的查找属于高频事件。为了提高产品的查找效率，可采用存储过程实现产品信息的查找。用户在搜索框输入要查找产品的关键字，通过编程进行模糊查找，可搜索出包括关键字的所有产品信息。

9.2.1 关键知识：数据库的模糊查询和表格控件

1. 数据库的模糊查找

在产品表中实现对产品名称的模糊查找，代码如下：

```
select * from Products where productname like '%'+@productname+'%'
```

其中：

- @productname：表示要查找的产品信息，可以是完整的产品名称，也可以是产品名称中的部分内容。
- 字符 like：在 SQL 结构化查询语言中，like 主要是针对字符型字段的，它的作用是在一个字符型字段列中检索包含对应的子串。
- 字符%：表示任意个数的通配符。

2. 服务器端表格控件的应用

表格控件由行和单元格组成，使用表格控件显示内容需要先建立表格行对象并实例化，用 Add 方法将行添加到表格对象中；然后再创建单元格对象并实例化，往单元格中添加内容后，再通过 row.Cells.Add 方法将单元格添加到相应的行中。

查询的结果可用表格控件进行显示，假设查询结果放在 SqlDataReader 对象 dr 中，并且显示查询结果中前两个字段，表对象名为 tabresult，则用表格显示查询结果代码如下：

```
while (dr.Read())
  {    TableRow row=new TableRow();
       tabresult.Rows.Add(row);
       for (int i=0;i<2;i++)    {
             TableCell cell=new TableCell();
             cell.Text=Convert.ToString(dr[i]);
             row.Cells.Add(cell);    }
  }
```

9.2.2 任务实施：用表格控件显示查询的订单产品

产品查询（视频）

1. 布局产品查询页面

添加 Web 窗体，命名为 task2.aspx。在设计视图添加一个 Label 控件、一个 Textbox 控件、一个 Button 控件和一个标准工具箱中的 Table 控件，控件属性设置如表 9-2 所示。

表 9-2 控件属性设置

控件类型	ID	其他属性设置
Label	lblproduct	Text="请输入要查找的产品名："
TextBox	txtproductname	
Button	butsearch	Text="查找"
Table	tabresult	BorderStyle="Solid" BorderWidth="1px" GridLines="Both"

2. 编写产品查询存储过程

在数据库中添加一个新的存储过程，存储过程名为 pro_searchproduct，该存储过程针对产品表进行查询，实现对产品名称的模糊查询，代码如下：

```
create procedure [dbo].[pro_searchproduct]
@productname nvarchar(40)
as
```

```
select * from Products where productname like '%'+@productname+'%'
```

3. 调用存储过程查询产品

单击“查找”按钮，在按钮单击事件中调用存储过程执行查找，步骤如下。

1）创建数据库连接对象。

2）使用 SqlCommand 命令执行存储过程。

3）使用 SqlDataReader 对象存储查询结果。

4）使用表格显示存储结果。

代码如下：

```
protected void butsearch_Click(object sender, EventArgs e)
 {
   string connectionstring=ConfigurationManager.ConnectionStrings
["NorthwindConnectionString"].ConnectionString;
   using (SqlConnection conn=new SqlConnection(connectionstring))
     {
       SqlCommand cmd=new SqlCommand("pro_searchproduct", conn);
       cmd.CommandType=CommandType.StoredProcedure;
       SqlParameter pname=new SqlParameter("@productname",
txtproductname.Text);
       cmd.Parameters.Add(pname);
       conn.Open();
       using (SqlDataReader dr=cmd.ExecuteReader())
         {
          while (dr.Read())
            {    TableRow row=new TableRow();
                 tabresult.Rows.Add(row);
                 for (int i=0;i<2;i++)  {
                     TableCell cell=new TableCell();
                     cell.Text=Convert.ToString(dr[i]);
                     row.Cells.Add(cell);   }
            }
         }
     }
 }
```

在文本框中输入 ch，根据程序进行产品名称的模糊查询，结果如图 9-2 所示。

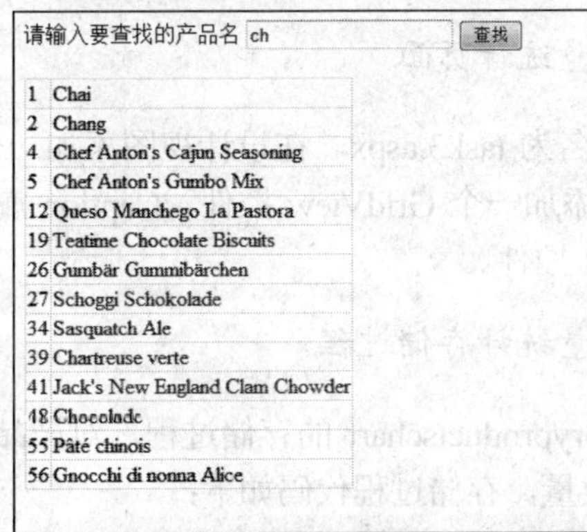

图 9-2　产品的模糊查询

任务9.3 种类产品数量查询及图表显示

任务描述：

用图表进行数据的显示，往往更直观方便。本任务要获得数据库中不同种类产品的数量，涉及两张表：种类表和产品表，对同一种类的产品进行数量统计，同时以图表的形式进行显示。

9.3.1 关键知识：图表控件

1. 图表控件的事件

编写 Chart 图表控件的 DataBound 事件，在 DataBound 事件中利用 Chart 控件的 DataManipulator 属性的 Sort 方法可对图表任意轴上的系列进行升序或降序排序。同样，DataManipulator 提供了过滤图表数据、统计平均值等方法。修改 Area3DStyle 属性设置，可以制作有 3D 效果的图表。使用图表控件，需要添加名称空间的引用，代码如下：

```
Using System.Web.UI.DataVisualization.charting;
```

2. 图表控件序列的配置

在图表控件中，需要设定以图表元素 Series["Series1"]方式显示，这里 Series1 代表图表元素，选定图表类型后，需要对系列值进行设定。以柱形图为例，需要设置 X 轴系列值字段，Y 轴系列值字段。以统计种类表中各个类的数值为例，设定代码如下：

```
Chart1.Series["Series1"].ChartType=SeriesChartType.Column;
Chart1.Series[0].XValueMember="CategoryName";
Chart1.Series[0].YValueMembers="Count";
```

9.3.2 任务实施：用图表控件显示产品种类数量信息

使用图表控件统计种类产品数量，步骤如下。

1. 布局种类产品数量统计页面

添加 Web 窗体，命名为 task3.aspx。在设计视图添加一个 Button 控件，按钮的 ID 属性值为 btnsearch；添加一个 GridView 控件，Caption 属性值设为“种类产品数量统计”；添加一个 Chart 控件。

种类产品数量查询及图表显示（视频）

2. 编写种类产品数量统计存储过程

创建名为 pro_categoryproductschart 的存储过程，对产品表和种类表进行联结，查询每个种类下产品的数量，存储过程代码如下：

```
create procedure pro_categoryproductschart
as
```

```
select CategoryName,COUNT(*) as Count
from products p inner join Categories c
on p.CategoryID=c.CategoryID
group by CategoryName
```

3. 调用存储过程

调用存储过程统计产品数量，步骤如下。

1）在代码后置类文件中编写类别级代码如下：

```
public static string connectionstring=ConfigurationManager.
ConnectionStrings["NorthwindConnectionString"].ConnectionString;
SqlConnection conn=new SqlConnection(connectionstring);
```

2）建立 SqlCommand 对象对存储过程进行调用，返回 SqlCommand 类对象，代码如下：

```
private static SqlCommand GenerateSelectCommand(SqlConnection conn)
 {
   SqlCommand cmd=new SqlCommand("pro_categoryproductschart", conn);
   cmd.CommandType=CommandType.StoredProcedure;
   return cmd;
 }
```

4. 用图表控件显示统计结果

在代码后置类文件中编写按钮点击事件，SqlDataAdapter 执行存储过程，DataSet 对象 dataset 存储数据查询结果，将 dataset 作为 GridView1 控件的数据源，使得 GridView1 控件可显示存储过程查询结果，再将 dataset 作为图表控件的数据源，同时指定图表序列显示模式，设置图表的 X 轴序列和 Y 轴序列分别为查询结果中的两个字段，代码如下：

```
protected void btnsearch_Click(object sender, EventArgs e)
   {
    try
       {  conn.Open();
          SqlDataAdapter da=new SqlDataAdapter();
          da.SelectCommand=GenerateSelectCommand(conn);
          DataSet dataset=new DataSet();
          da.Fill(dataset);
          GridView1.DataSource=dataset.Tables[0];
          GridView1.DataBind();
          Chart1.DataSource=dataset.Tables[0].DefaultView;
          Chart1.Series["Series1"].ChartType=SeriesChartType.Column;
          Chart1.Series[0].XValueMember="CategoryName";
          Chart1.Series[0].YValueMembers="Count";
          Chart1.DataBind();
       }
   catch { Response.Write("error"); }
 }
```

运行程序，单击“查找”按钮，可看到 GridView1 控件显示的种类产品数统计结果，也可以看到以图表形式展示的统计结果，如图 9-3 所示。

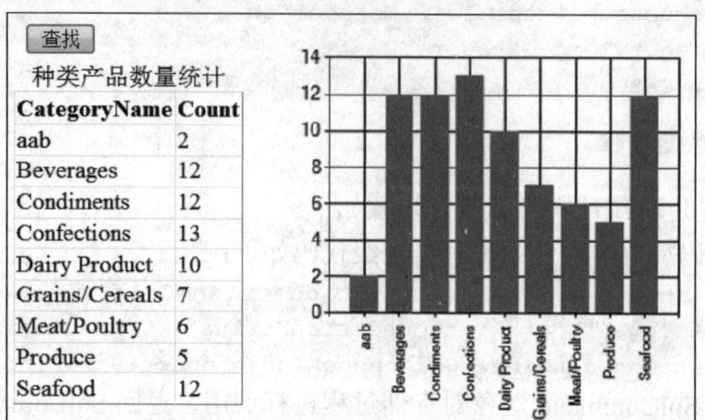

CategoryName	Count
aab	2
Beverages	12
Condiments	12
Confections	13
Dairy Product	10
Grains/Cereals	7
Meat/Poultry	6
Produce	5
Seafood	12

图 9-3　种类产品数量统计

任务 9.4　ADO.NET 事务处理

任务描述：

本任务以添加客户表信息为例进行事务处理演示。

以 Customers 表为例，在程序中事务开始后批量插入多条信息，提交事务后，当其中一条信息因各种原因无法被插入到数据库时，根据事务处理的原则，需要调用 Rollback()方法对事务进行回滚处理，回滚操作后，在事务开始到事务结束期间对数据库的操作将全部取消，回到事务开始前状态。

9.4.1　关键知识：ADO.NET 事务处理概述

事务是一组相关的任务，一个数据库的事务通常包含多个操作，多个操作绑定在一起，这批操作中任意一个任务失败，都会使得前面的任务回滚到开始时的状态。如通过银行进行转账，首先在数据库中将一个账户的金额减去，然后再将另一个账户的金额增加，如果执行金额增加过程任务失败，则会将第一个账户的金额回滚到支付前的状态。

在 ADO.NET 中，用 System.Data.Common.DbTransaction 类表示数据库的事务，DbTransaction 类作为其他具体数据库事务的基类，定义了公共接口，对于 SQL Server 数据库来说，SqlTransaction 表示数据库的事务。在 ADO.NET 中，采用 Dbtransaction 对象控件事务。常用方法如下。

- BeginTransaction()：启动本地事务，事务启动后，可以用 Command 对象的 Transaction 属性在该事务中登记命令，再根据事务组件的成功或失败决定提交或回滚数据源上进行的修改。

- Commit()：提交数据库事务。
- Rollback()：事务执行不成功，回滚事务。

9.4.2 任务实施：使用事务处理批量插入用户信息

ADO.NET 事务处理（视频）

事务处理应用步骤如下：

1）添加 Web 窗体，命名为 task4.aspx。

2）在 task.aspx.cs 文件中添加使用数据库需要的名称空间，参考任务 9.1.2。编写类别级代码获取配置文件中数据库连接字符串，建立并实例化数据库连接对象 conn。

3）在设计视图添加 Button 控件，修改 Text 属性值为提交事务，ID 值为 btntran，编写按钮点击事件，代码如下：

```
    protected void btntran_Click(object sender, EventArgs e)
        {
            using (conn)
            {   conn.Open();
                SqlTransaction sqltran=conn.BeginTransaction();
                SqlCommand cmd=conn.CreateCommand();
                cmd.Transaction=sqltran;
                try  {
                    cmd.CommandText="insert into customers(customerid,
companyname) values('Obama','americacompany')";
                    cmd.ExecuteNonQuery();
                    cmd.CommandText="insert into customers(customerid,
companyname) values('youkuu','chinacompany')";
                    cmd.ExecuteNonQuery();
                    sqltran.Commit();
                    Response.Write("<script>alert('事务插入成功')
    </script>");  }
                catch(Exception ex)   {
                    sqltran.Rollback();
                    Response.Write("<script>alert('插入不成功，回滚！')
</script>");        }
            }
        }
```

可以批量执行插入语句，给 SqlCommand 对象的 CommandText 赋值多个插入语句，多个语句之间用分号间隔，如上面的两个插入语句，批量插入代码如下：

```
    cmd.CommandText="insert into customers(customerid,
companyname) values('Obama','americacompany');insert into customers
(customerid,companyname) values('youkuu','chinacompany')";
    cmd.ExecuteNonQuery();
```

4）运行网页，运行结果如图 9-4 所示。这里所插入的第二条记录的第一个字段，因数据库限定该字段长度为 5 个字符，但插入的数据为 6 个字符，因此不能正确插入数据库。因编写了事务处理程序，所以连带第一条记录也不能被正确插入。

图 9-4 事务处理案例

独立实践

1. 采用存储过程实现某地区雇员信息的查找。
2. 用图表显示产品的销量情况。

课后习题

1. 多选题：在应用程序中使用存储过程的优点有（　　）。
   A. 执行速度快　　B. 减少数据传输量
   C. 可以封装事务处理　　D. 简化语句
2. 单选题：使用 ADO.NET 中的（　　）对象调用存储过程。
   A. Command　　B. DataSet　　C. DataAdapter　　D. DataReader
3. 单选题：存储过程中的参数用（　　）对象表示。
   A. DataSet　　B. Parameter　　C. Connection　　D. Reader
4. 单选题：数据库事务处理中的提交事务方法是（　　）。
   A. BeginTransaction()　　B. Commit()
   C. Rollback()　　D. EndTransaction()
5. 多选题：使用图表控件 char，需要设定（　　）
   A. 图表类型　　B. X 轴系列字段
   C. Y 轴系列字段　　D. 不确定
6. 判断题：在事务语句块中批量插入多条记录，如果其中一条无法顺序插入，则所有记录都不会插入到数据库中。　　（　　）

项目 10

使用 LINQ to SQL 访问数据库

学习目标

知识教学目标

- 建立 LINQ to SQL 实体
- 使用 LinqDataSource 控件访问 LINQ to SQL 实体描述的数据库表
- 对数据库表信息的插入、更新和删除操作

技能培养目标

- 能够使用 LINQ to SQL 读取数据库信息
- 能够使用 LINQ to SQL 管理数据库

LINQ 是一个可以跨数据源、跨各种文件格式的数据集成查询语言，有相应的查询语法。使用 LINQ to SQL，需要先创建数据库实体对象，然后可以通过查询语句执行对数据库的各种查询操作，还可以通过 LinqDataSource 数据源控件对数据库进行插入、更新和删除等操作。

任务 10.1 创建 LINQ to SQL 数据库实体

任务描述：

应用 LINQ to SQL，需要先创建一个 LINQ to SQL Classes 类，在生成的文件设计视图界面添加实体数据库表，从而创建基于 LINQ to SQL 的数据库实体。本任务创建包括种类表、产品表、客户表和订单表的实体 LINQ to SQL 对象。

10.1.1 关键知识：LINQ 概述

LINQ 是 Language Integrated Query 的简称，提供了一种跨各种数据源和数据格式的使用数据一致性模型。LINQ to SQL 依赖于 C＃、Visual Basic.NET 及.NET Framework 中引入的一些新特性，通过 LINQ to SQL 实体描述数据库表。LINQ 查询类似于 SQL 查询语法，通过 LINQ to SQL 对数据库实体执行 LINQ 查询。

使用 LINQ to SQL Designer 创建实体，可以简单地把数据库表从服务器资源管理器拖动到设计器上，设计器将自动生成实体类并为实体类创建正确的特性。

创建 LINQ to SQL 数据库实体（视频）

10.1.2 任务实施：使用 LINQ to SQL Designer 创建数据库实体

1. 添加引用

使用 LINQ to SQL，需要添加对程序集 System.Data.Linq.dll 的引用，新建网站并命名为 web10，右击网站，在弹出的快捷菜单中选择“添加→引用”命令，在“引用管理器”对话框中选择“程序集→框架”，选择添加 System.Data.Linq 的引用。在 Web.config 的<assemblies>节中可看到对该程序集的引用，代码如下：

```
<assemblies>
  <add assembly="System.Data.Linq, Version=4.0.0.0, Culture=neutral, PublicKeyToken=B77A5C561934E089"/>
</assemblies>
```

2. 创建数据库实体

使用 LINQ to SQL 创建数据库实体，步骤如下。

1）右击站点名称，在弹出的快捷菜单中选择“添加→添加新项”命令，在弹出的“添加新项”对话框中选择添加“LINQ to SQL Classes”类，命名为 linqDataClasses，单击“添加”按钮。

2）弹出如图 10-1 所示的对话框，提示是否将 LINQ to SQL Classes 类添加到 App_Code 文件夹，单击“是”按钮，添加 linqDataClasses.dbml 文件。在 App_Code 文件夹中可看到自动生成的 3 个文件。

3）在 App_Code 文件夹中双击 linqDataClasses.dbml 文件，进入对象关系设计器界面，如图 10-2 所示。单击图中的“服务器资源管理器”链接，打开服务器资源管理器面板；或从工具菜单中单击“连接到服务器”，打开服务器资源管理器面板，在数据连接中查看是否有所需要的数据库，如果没有，右击“数据连接”，在弹出的快捷菜单中选择“添加连接”命令，如图10-3所示，弹出如图10-4所示的对话框。数据源选择Microsoft SQL Server（SqlClient），服务器名选择登录到SQL Server数据库的服务器名，数据库选择Northwind数据库，完成数据连接的配置。

图10-1 添加LINQ to SQL类到App_Code文件夹

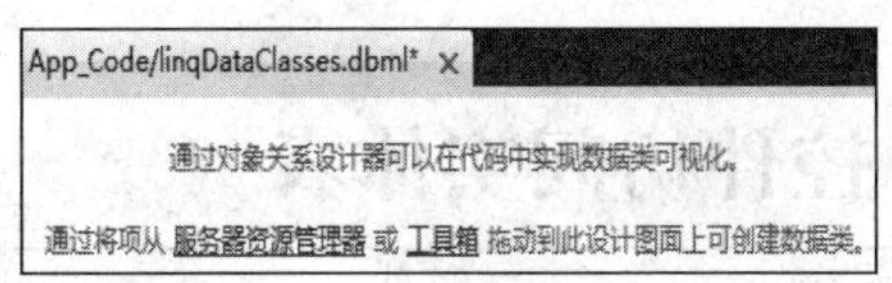

图10-2 对象关系设计器界面

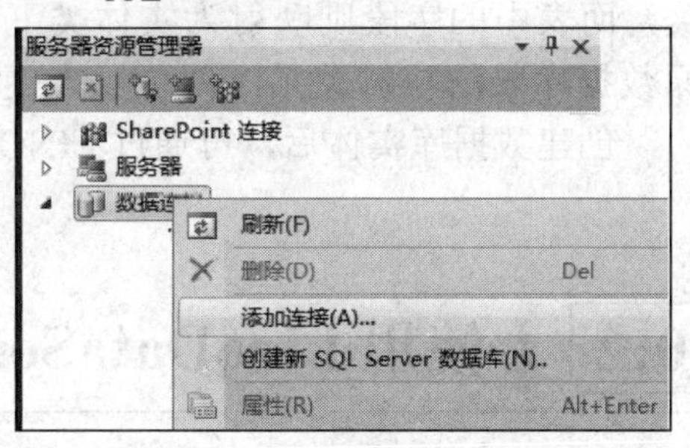

图10-3 添加数据连接

图10-4 配置数据连接

4）将数据库表从服务器资源管理器拖动到linqDataClasscs.dbml设计视图中，如图10-5所示，从Northwind数据库中将表Categories、Products、Orders、Customers共四张表拖到视图中，可对设计视图中的表进行位置移动和删除，可看到表之间的关系。

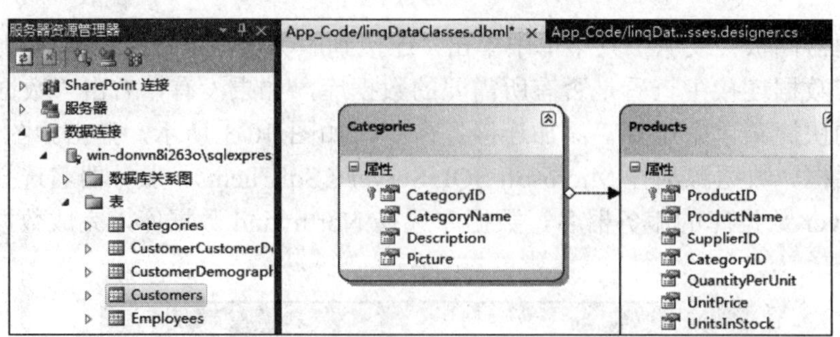

图 10-5　设计视图界面

5）保存 linqDataClasses.dbml 文件，在 App_Code 文件夹下展开 linqDataClasses.dbml，可看到同时生成有 linqDataClasses.dbml.layout 和 linqDataClasses.designer.cs 文件。在.cs 文件中浏览生成的代码，可看到自动生成了一个 DataContext 类型的 linqDataClassesData Context 类，还为每一个数据库表创建了同名的实体类，而表中的字段则映射为实体类下的属性。设计人员可以不用了解实体类与原数据库表的映射关系，便可以方便地使用实体表数据。

创建数据库实体后，可通过 LINQ 对数据库执行各种操作。

任务 10.2　使用 LinqDataSource 控件访问实体表

任务描述：

建立数据库实体对象后，可通过使用 LinqDataSource 控件来访问 LINQ to SQL 实体表，如访问客户表，可以查询所选客户的所有订单。

10.2.1　关键知识：数据库实体类对象

在任务 10.1 中生成的 linqDataClasses.designer.cs 文件中的实体类是参照数据库的结构来创建的，通过 Table<表名>，将数据库表结构转化为类进行表达，通过 ColumnAttribute()方法将数据库表中的字段映射为属性方法。在 VS.net 平台中，开发者可以通过配置 LinqDataSource 数据源控件，与任务 10.1 中创建的数据库实体的上下文对象 linqDataClassesDataContext 相关联，使得该控件可访问任务 10.1 中创建的数据库实体对象。

10.2.2　任务实施：使用控件查询实体表信息

使用 Linq-DataSource 控件访问实体表（视频）

1. 布局页面显示客户表信息

创建一个 web 窗体页面，将数据库中的客户表信息用下拉列表框显示，步骤如下。

1）创建一个 Web 窗体对象，命名为 task1.aspx。在窗体页面添加一个下拉列表框控件、一个 SqlDataSource 控件，设置下拉列表框控件的 AutoPostBack 属性值为True。

2）配置SqlDataSource数据源控件，使其连接到Northwind数据库的Customers表，字段选择CustomerID，数据源控件代码如下：

```
    <asp:SqlDataSource ID="SqlDataSource1" runat="server" ConnectionString
    ="<%$ ConnectionStrings:NorthwindConnectionString %>"
SelectCommand="SELECT [CustomerID] FROM [Customers]">
</asp:SqlDataSource>
```

3）单击下拉列表框右上角的任务图标，在弹出的任务窗口中单击“选择数据源”，弹出如图10-6所示的数据源配置向导，按图配置下拉列表框的数据源和显示字段等内容。

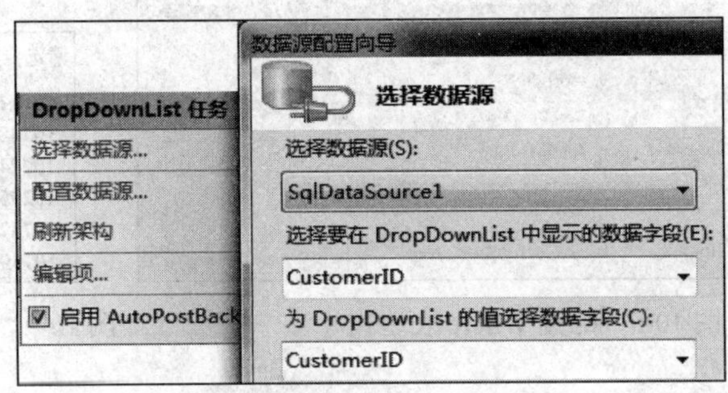

图10-6　下拉列表框数据源配置

说　明

使用SqlDataSource数据源控件连接到Customers表可获取字段CustomerID值，该字段值也可以通过用LinqDataSource控件连接实体对象Customers获取。

2. 建立与实体对象的连接

参照任务10.1建立Linq to SQL实体对象，然后在task1.aspx页面中添加一个LinqDataSource控件，对该控件进行数据源配置，配置数据源对话框如图10-7所示，在“请选择上下文对象”下拉列表框中选择任务10.1中产生的linqDataClassesDataContext对象，单击“下一步”按钮。

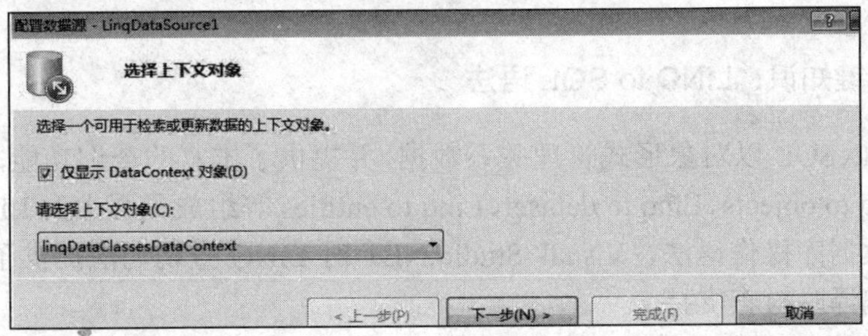

图10-7　LinqDataSource数据源配置

在配置数据框中选择Orders表，勾选CustomerID和OrderID两个字段，再单击Where进入如图10-8所示“配置Where表达式”对话框，选择CustomerID字段，在“运算符”下拉列表框中选择“==”，在“源”下拉列表框中选择表示控件的“Control”，在“参数属性”控件中选择名为 DropDownList1 的下拉列表框控件，完成 LinqDataSource 数据源控件配置。

3. 显示实体对象内容

通过 LinqDataSource 数据源连接数据库实体对象后，可以通过数控控件显示实体对象内容。在窗体页面添加一个 GridView 控件，选择数据源为 LinqDataSource1。运行页面，在下拉列表框中选择用户姓名，如 VINET，即可查看该用户的所有订单 ID，如图 10-9 所示。

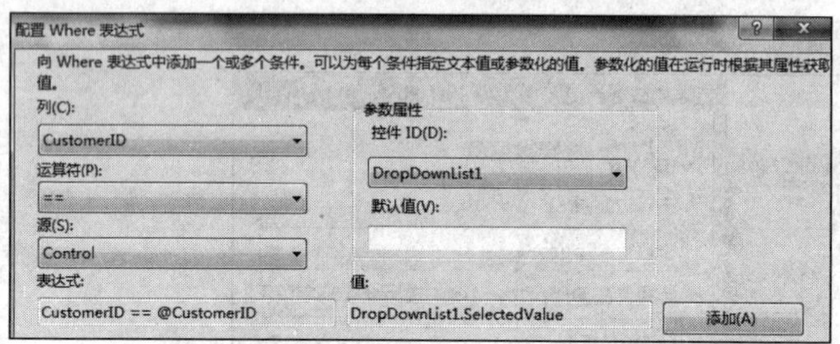

图 10-8 配置 Where 表达式

OrderID	CustomerID
10248	VINET
10274	VINET
10295	VINET
10737	VINET
10739	VINET

图 10-9 实体对象数据查询

任务 10.3 使用 LINQ to SQL 执行数据库查询

任务描述：

创建数据库实体后，可通过 LINQ to SQL 对实体表进行查询等操作。本任务如下：

- 按单价排序显示产品表中产品，显示字段包括产品名称、产品单价。
- 查询在 London 的客户信息，显示联系人名、电话和城市字段。
- 筛选出产品表中单价 UnitPrice 大于 10 或已停产的产品。

10.3.1 关键知识：LINQ to SQL 语法

LINQ to SQL 以对象形式管理关系数据，并提供了丰富的查询功能，它和 Linq to xml、Linq to objects、Linq to dataset、Linq to entities 等组成了强大的 LINQ。LINQ 有自己的数据库操作语法，Visual Studio.NET 对 LINQ 查询句法提供了完整的智能感应和编译时检查支持。

1. LINQ 查询的语义结构

LINQ 定义各种类型的查询操作符，如投影操作符 select、限制操作符 where、排序操作符 orderby、联结操作符 Join、聚合操作符 Count、元素操作符 First 等，用这些关键词编写查询语句，LINQ 的查询返回值的类型是临时变量的类型，可能是一个对象也可能是一个集合。除了先后顺序不同，LINQ 查询语法与 SQL 查询语法很相似，常用语义结构为：

```
类型 查询变量 = from 临时变量 in 集合对象或数据库对象
[where 条件表达式]
[order by 条件]
select 临时变量中被查询的值
[group by 条件]
```

2. where 语句语法

与 SQL 命令中的 where 作用相似，都是起到范围限定也就是过滤作用，而判断条件就是它后面所接的子句。where 操作包括 3 种形式：简单形式、关系条件形式和 First()形式，举例如下。

（1）简单形式

1）使用 where 筛选在 London 的客户，代码如下：

```
var q=from c in db.Customers  where c.City=="London"  select c;
```

2）再如，筛选 1994 年或之后雇用的雇员，代码如下：

```
var q=from e in db.Employees  where e.HireDate>=new DateTime(1994, 1, 1) select e;
```

（2）关系条件形式

1）筛选库存量在订货点水平之下但未断货的产品，代码如下：

```
var q=from p in db.Products where p.UnitsInStock <= p.ReorderLevel && !p.Discontinued  select p;
```

2）筛选出 UnitPrice 大于 10 或已停产的产品，代码如下：

```
var q =from p in db.Products  where  p.UnitPrice > 10m || p.Discontinued select p;
```

3）调用两次 where 以筛选出 UnitPrice 大于 10 且已停产的产品，代码如下：

```
var q =db.Products.where(p=>p.UnitPrice>10m).where(p=>p.Discontinued);
```

（3）First()形式

1）条件：筛选运费大于 10.00 的订单，代码如下：

```
Order ord=db.Orders.First(o=>o.Freight>10.00m);
```

2）筛选 customerid 为"BONAP"的客户，代码如下：

```
Customer cust=db.Customers.First(c=>c.CustomerID=="BONAP");
```

说 明

运算符“=>”是 Lambda 表达式中的运算符，该运算符读为“goes to”。该运算符的左边是输入参数（如果有），右边包含表达式或语句块。如 Lambda 表达式 x => x * x 读作“x goes to x times x”。

3. select 语句语法

查询表达式和 SQL 命令中的 select 作用相似，但位置不同。查询表达式中的 select 及所接子句是放在表达式最后，并把子句中的变量也就是结果返回来。

（1）简单用法

返回仅含客户联系人姓名的序列，代码如下：

```
var q=from c in db.Customers select c.ContactName;
```

（2）匿名类型形式

匿名类型采用new关键字，如new {c,ContactName,c.Phone};这里ContactName和Phone都是在任务10.1中生成的映射文件linqDataClasses.designer.cs中定义的与表中字段相对应的property。编译器读取数据并创建对象时，会创建一个匿名类，这个类有两个属性ContactName和Phone，然后根据数据初始化对象，代码如下：

```
var q=from c in db.Customers select new {c.ContactName,c.Phone};
```

10.3.2 任务实施：基于LINQ to SQL的数据库查询

实现基于LINQ to SQL的数据库查询步骤如下。

1. 布局页面

使用LINQ to SQL执行数据库查询（视频）

在web10网站中添加一个Web窗体页面，命名为task2.aspx。在窗体页面添加3个GridView控件，分别设置Caption属性值为：按单价排序的产品表、城市在London的客户信息表和单价大于10或已停产的产品表。

2. 编程获取实体对象值

1）在task2.aspx.cs页面需要添加如下引用：

```
using System.Linq;
using System.Data .Linq;
```

2）编程获取实体对象值，代码如下：

```
protected void Page_Load(object sender, EventArgs e)
{ linqDataClassesDataContext listdb = new linqDataClassesDataContext();
   var q=from c in listdb.Products.OrderBy(m => m.UnitPrice) select
new { c.ProductName,c.UnitPrice};
   var p=from c in listdb.Customers where c.City=="London" select new
{c.ContactName,c.Phone,c.City};
   var s=from c in listdb.Products where c.UnitPrice > 10m ||
c.Discontinued select c;
```

3. 将对象值绑定到数据显示控件

将实体对象值绑定到数据控件，代码如下：

```
   GridView1.DataSource=q;
   GridView1.DataBind();
   GridView2.DataSource=p;
   GridView2.DataBind();
   GridView3.DataSource=s;
   GridView3.DataBind();     }
```

运行页面，可看到的结果如图10-10～图10-12所示。

说　明

linqDataClassesDataContext 为创建实体时 linqDataClasses.designer.cs 类文件中所产生的强类型对象。

listdb.Products 中的 Products 是指 linqDataClasses.designer.cs 中与 Northwind 数据库表同名的实体表名。

ProductName	UnitPrice
Geitost	2.5000
Guaraná Fantástica	4.5000
Konbu	6.0000
Filo Mix	7.0000
Tourtière	7.4500
Rhönbräu Klosterbier	7.7500
Tunnbröd	9.0000
Teatime Chocolate Biscuits	9.2000

图 10-10　按单价排序的产品表

ContactName	Phone	City
Thomas Hardy	(171) 555-7788	London
Victoria Ashworth	(171) 555-1212	London
Elizabeth Brown	(171) 555-2282	London
Ann Devon	(171) 555-0297	London
Simon Crowther	(171) 555-7733	London
Hari Kumar	(171) 555-1717	London

图 10-11　在 London 的客户信息表

ProductID	ProductName	SupplierID	CategoryID	QuantityPerUnit	UnitPrice	UnitsInStock	UnitsOnOrder	ReorderLevel	Discontinued
1	Chai	1	1	10 boxes x 20 bags	18.0000	39	0	10	☐
2	Chang	1	1	24 - 12 oz bottles	19.0000	17	40	25	☐
4	Chef Anton's Cajun Seasoning	2	2	48 - 6 oz jars	22.0000	53	0	0	☐
5	Chef Anton's Gumbo Mix	2	2	36 boxes	21.3500	0	0	0	☑
6	Grandma's Boysenberry Spread	3	2	12 - 8 oz jars	25.0000	120	0	25	☐
7	Uncle Bob's Organic Dried Pears	3	7	12 - 1 lb pkgs.	30.0000	15	0	10	☐
8	Northwoods Cranberry Sauce	3	2	12 - 12 oz jars	40.0000	6	0	0	☐
9	Mishi Kobe Niku	4	6	18 - 500 g pkgs.	97.0000	29	0	0	☑
10	Ikura	4	8	12 - 200 ml jars	31.0000	31	0	0	☐
11	Queso Cabrales	5	4	1 kg pkg.	21.0000	22	30	30	☐
12	Queso Manchego La Pastora	5	4	10 - 500 g pkgs.	38.0000	86	0	0	☐

图 10-12　单价大于 10 或已停产的产品表

任务10.4　插入、更新、删除数据库信息

任务描述：

创建数据库实体后，可利用 LinqDataSource 控件与数据控件相结合，实现对实体表数据库的各种操作。本任务通过应用 LinqDataSource 控件、GridView 控件和 DetailsView 控件实现对种类表进行数据的插入、编辑和删除操作。

10.4.1　关键知识：LinqDataSource 数据源控件

配置 LinqDataSource 数据源控件时，单击“高级”按钮，勾选如图 10-13 所示的三个复选框，就可以自动生成 Insert、Update 和 Delete 的 LINQ 查询语句，

或者配置好后再设置 LinqDataSource 控件的 EnableInsert、EnableUpdate 和 EnableDelete 的属性值为 True，实现对数据库表信息的插入、更新和删除。

插入、更新、删除数据库信息（视频）

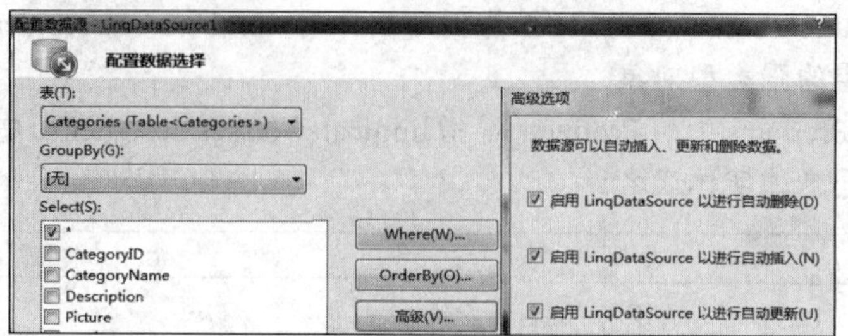

图 10-13　LinqDataSource 数据源控件

10.4.2　任务实施：利用 LinqDataSource 控件实现对数据库信息的管理

通过 LinqDataSource 控件实现对数据库信息的管理，步骤如下。

1）创建一个 Web 窗体对象，名为 task3.aspx。

2）在窗体页面添加一个 LinqDataSource 控件，对该控件进行数据源配置，选择数据表为 Categories，并按 CategoryID 进行排序，在图 10-13 中单击“高级”按钮，勾选“启用 LinqDataSource 以进行自动删除”“启用 LinqDataSource 以进行自动插入”“启用 LinqDataSource 以进行自动更新”3 个复选框，完成数据源配置。控件源视图代码如下：

```
<asp:LinqDataSource ID="LinqDataSource1" runat="server"
          ContextTypeName="linqDataClassesDataContext"
          EnableDelete="True"
          EnableInsert="True" EnableUpdate="True" EntityTypeName=""
         OrderBy="CategoryID"  TableName="Categories">
</asp:LinqDataSource>
```

3）在窗体页面添加 GridView 控件，设置控件数据源为 LinqDataSource1，在 GridView 的任务框中勾选“启用删除”、“启用编辑”复选框，或设置 AutoGenerateEditButton 属性和 AutoGenerateDeleteButton 属性值为 True，设置 DataKeyNames 属性值为 CategoryID，设置允许分页，PageSize 值为 5。

4）在窗体页面添加 DetailsView 控件，设置控件数据源为 LinqDataSource1，设置 AutoGenerateEditButton 属性值为 True，修改 DefaultMode 属性值为 Insert，使得页面运行后直接显示插入界面，完成后的 DetailsView 控件界面如图 10-14 所示。

5）在 task3.aspx.cs 页面编写 DetailsView 控件的插入完成后事件 ItemInserted 事件代码，使得在 DetailsView 控件中添加的数据能及时绑定到 GridView 控件中进行显示。

```
   protected void detailsviewInsert_ItemInserted(object sender,
DetailsViewInsertedEventArgs e)
      {  GridView1.DataBind();  }
```

6）运行页面，界面如图 10-14 所示，可对种类表进行插入操作；如图 10-15 所示，可对种类表进行编辑，对没有外键关联的记录进行删除。

CategoryName	
Description	
插入 取消	

图 10-14 DetailsView 界面

CategoryID	CategoryName	Description	
1	Beverages	Soft drinks, coffees, teas, beers, and ales	编辑 删除
2	Condiments	Sweet and savory sauces, relishes, spreac	编辑 删除
3	Confections	Desserts, candies, and sweet breads	编辑 删除
4	Dairy Product	Cheeses	编辑 删除
5	Grains/Cereals	Breads, crackers, pasta, and cereal	编辑 删除
12			

图 10-15 GridView 运行界面

独立实践

1. 查阅 Linq to SQL 进行数据库实体操作的相关语法。
2. 使用 Linq to SQL 查询 Northwind 数据库表中的库存产品信息。
3. 使用 Linq to SQL 语句添加 Northwind 数据库表中的产品，并对产品进行修改和删除管理。
4. 完成任务 10.4 中图 10-15 中所示表，当删除有外键关联的记录时，进行删除提示，并进行关联信息的删除。

课 后 习 题

1. 多选题：下列选项中，（　　）是 LINQ 具有的特征。
   A. 提供了一种跨各种数据源和数据格式的数据一致性模型
   B. 通过 LINQ to SQL 实体描述数据库表
   C. LINQ 查询类似于 SQL 查询，通过 LINQ to SQL 对数据库实体执行 LINQ 查询
   D. LINQ to SQL 依赖于.NET Framework 中引入的一些新特性
2. 单选题：LINQ to SQL 数据库实体对象实际是（　　）。
   A. 一个数据库　　　　B. 参照数据库结构依一定规则生成的类
   C. 一个普通类文件　　D. 多个数据库表组成的对象
3. 多选题：LINQ to SQL 数据库实体对象具有（　　）
   A. 与数据库表同名的实体表名类
   B. 可以通过实体对象对数据库进行操作
   C. 可以通过 LinqDataSource 数据源控件进行访问
   D. 与数据库表字段同名的属性
4. 判断题：除了先后顺序不同，LINQ 查询语法与 SQL 查询语法很相似。　　（　　）

AJAX 框架应用

学习目标

知识教学目标

- 了解 ASP.NET AJAX 框架
- 了解 AJAX 工作原理
- 掌握 AJAX 技术

技能培养目标

- 能够在页面中应用 AJAX 技术

AJAX 技术应用非常广泛，如 Google maps、Gmail 等。AJAX 通过使用 JavaScript+CSS+XMLHttpRequest+服务器端的集合，实现网页的无刷新效果，使网页显示出更美好的页面，使用户体验更好。

任务11.1 使用AJAX检测用户名是否可用

任务描述：

用户注册的用户名检测，是AJAX技术应用的一个简单实例。在传统的Web应用中，只有当表单提交时，才能向服务器端提交数据，通过服务器端的数据处理，判断用户名是否存在，并生成新的页面，将数据发回给客户端。采用AJAX技术，当输入用户名后，客户端可向服务器端发送用户名，服务器端判断用户名是否存在，并将判断结果返回客户端，客户端在页面不刷新的情况下，在页面显示判断结果。

本任务使用AJAX技术进行用户名检测，如果用户所输入的用户名不存在，在页面显示“用户名可用”；否则，在页面显示“用户名已经存在，请修改用户名”。

11.1.1 关键知识：AJAX和XMLHttpRequest概述

1. AJAX概述

（1）了解ASP.NET AJAX框架

ASP.NET AJAX框架是功能丰富的客户端脚本库与基于服务器开发平台ASP.NET的结合。使用ASP.NET AJAX框架开发的Web应用，能够直接调用服务器端程序，获得服务器端数据，更新部分页面显示，避免了页面的刷新，减少了服务器跟客户端的数据传输，提高了程序效率。

ASP.NET AJAX框架由三个模块组成。

1）ASP.NET AJAX模块。这部分是ASP.NET AJAX的核心，包括了核心AJAX类型系统、网络协议层（Networking Stack）、组件模型、扩展器（Extender）基类，以及与ASP.NET集成的服务器端功能，即AJAX Extensions，包括ScriptManager、UpdatePanel、Timer等控件。

2）ASP.NET AJAX CTP模块。ASP.NET AJAX社区支持的“增值”CTP部分，包括了以前各个Atlas CTP版本包含的、但并不在完全支持的“核心”1.0版本内的额外的高级特性。

3）ASP.NET AJAX Control Toolkit模块。ASP.NET AJAX Control Toolkit包含了基于ASP.NET AJAX 1.0版“核心”版本的大量的功能极强的免费AJAX控件。它是一个开源项目，由微软和非微软开发人员共同开发维护，主要支持站点是http://www.CodePlex.com。

（2）AJAX工作原理

AJAX是Asynchronous JavaScript And XML的缩写，即异步JavaScript与XML。AJAX不是一种新的编程语言，而是一种应用JavaScript、XML等技术进

行 Web 开发的编程模式。在传统的 Web 应用中，当客户端向服务器端提交请求后，服务器端接收请求，并生成一个新的页面，回发给客户端。而在实际应用中，真正需要更新的只是页面中的部分数据，页面中大部分的内容都是相同的。显然，采用这种方式开发的 Web 应用浪费了带宽，增加了服务器的响应时间，降低了程序执行效率。传统 Web 应用的工作原理如图 11-1 所示。

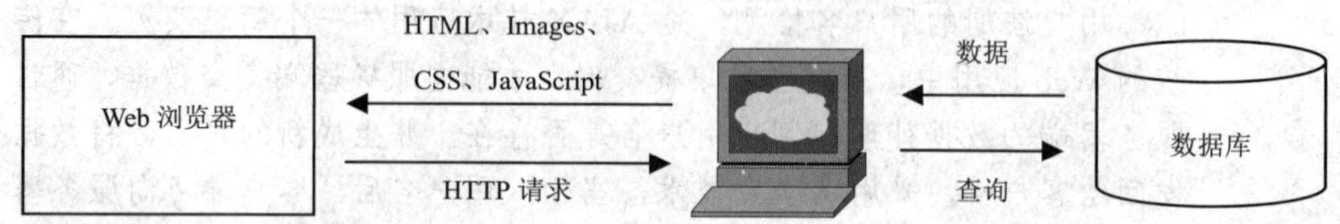

图 11-1　传统 Web 应用工作原理

采用 AJAX 开发的 Web 应用，当客户端向服务器端提交请求时，仅将必要的数据发送到服务器，而服务器也仅将必要的数据发回客户端，在页面不刷新的情况下，更新部分页面显示。与传统的 Web 应用相比，采用 AJAX 开发的 Web 应用，减少了客户端与服务器端的数据传输量，提高了运行效率。AJAX 的工作原理如图 11-2 所示。

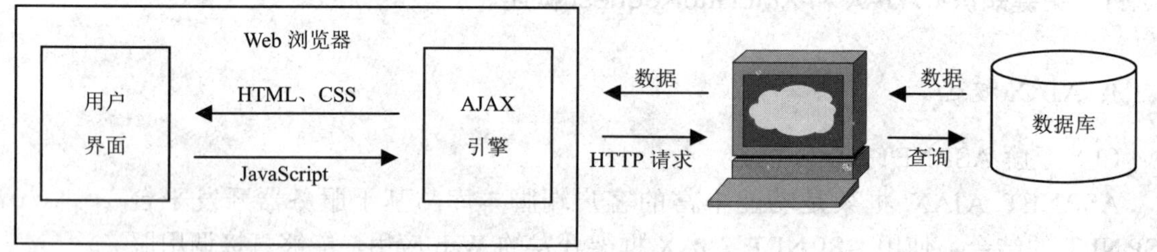

图 11-2　AJAX 工作原理

（3）AJAX 技术

AJAX 不是新技术，而是各种老技术（XML、HTML、CSS、JavaScript 等）的综合。AJAX 所包含的技术如下：

1）HTML、CSS 用于页面显示数据。

2）DOM 用于动态显示和交互。

3）XML、XSLT 用于数据交换、处理。

4）XMLHttpRequest 用于异步数据读取。

5）JavaScript 用于绑定和处理所有数据。

其中，DOM、XMLHttpRequest 和 JavaScript 是 AJAX 技术的核心。

（4）AJAX 技术的优点

AJAX 的优点主要有如下几点：

1）AJAX 的本质是一个浏览器端的提示信息。

2）AJAX 技术的主要目的在于局部交换客户端及服务器间的数据。

3）这个技术的主角是 XMLHttpRequest，其最主要的特点，在于能够不用重新载入整个版面来更新资料，也就是所谓的 Refresh without Reload（轻刷新）。

4）与服务器之间的沟通完全是通过 JavaScript 来实现的。

5）使用 XMLHttpRequest 本身传送的数据量很小，所以反应会很快，也就是让网络程序更像一个桌面应用程序。

6）AJAX 就是运用 JavaScript 在后台跟服务器要资料，最后通过 JavaScript 或者 DOM 来呈现结果，所有动作都是由 JavaScript 代劳，所以省去了网页重载的麻烦，使用者也感受不到等待的痛苦。

2. XMLHttpRequest 概述

（1）XMLHttpRequest 基础知识

所有现代浏览器均支持 XMLHttpRequest 对象（IE5 和 IE6 使用 ActiveXObject）。XMLHttpRequest 用于在后台与服务器交换数据。这意味着可以在不重新加载整个网页的情况下，对网页的某部分进行更新。

XMLHttpRequest 对象的主要属性如表 11-1 所示。

表 11-1 XMLHttpRequest 对象的主要属性

属 性	说 明
onreadystatechange	存储函数名称，当 readystate 改变时，将执行该函数
readystate	存储 XMLHttpRequest 对象的状态 XMLHttpRequest 的状态从 0～4 发生变化，即 0：请求未初始化；1：服务器连接已建立； 2：请求已接收；3：请求处理中； 4：请求已完成，且响应已就绪
status	200："OK"；404：未找到页面
responseText	字符串形式的服务器响应
responseXML	XML 形式的服务器响应

（2）判断系统使用的浏览器类型

在 IE7 以上版本的浏览器中，支持 XMLHttpRequest 对象；IE6 及以下版本的浏览器支持 ActiveXObject 对象。下面代码用于判断 AJAX 运行环境所使用的浏览器版本：

```
var xmlhttp
if (window.XMLHttpRequest) {
  // IE7+、Firefox、Chrome、Opera、Safari 浏览器
  xmlhttp=new XMLHttpRequest();    }
else {//IE6、IE5 浏览器
  xmlhttp=new ActiveXObject("Microsoft.XMLHTTP");     }
```

（3）发送数据

使用 XMLHttpRequest 对象的 open()和 send()方法向服务器发送请求。

```
xmlhttp.open("GET","CheckUserName.aspx?UserName="+username.value,
true);
xmlhttp.send();
```

在 open(method,url,async);中，method 表示请求的类型，有 GET 或 POST 两种，一般用 getURL 表示请求文件的 URL；async 表示是否异步，true 表示异步，false 表示同步，AJAX 要求 async 设为 true。

如果 async 设为 true，即异步方式，必须设置 onreadystatechange 事件的处理函数，代码如下：

```
xmlhttp.onreadystatechange=OnMessageBack;
```

其中，OnMessageBack 是一个函数，当 XMLHttpRequest 对象的 readyState 改变时，将执行 OnMessageBack 函数。当 readyState 状态值为 4 时，表示服务请求已经完成。

（4）获取数据

有两种方式获取服务器响应：一种方式是通过 responseText 获取字符串形式的响应数据；另一种方式是通过 responseXML，以 XML 形式获取服务器响应。

```
    function OnMessageBack()
    {  if (xmlhttp.readyState==4&&xmlhttp.status==200) {
      document.getElementById("divMessage").innerHTML=xmlhttp.
responseText;}
    }
```

如果服务器已经响应请求，将服务器的响应字符串在页面的 id 为 divMessage 的控件上显示。

11.1.2 任务实施：使用 AJAX 进行用户名检测

使用 AJAX 进行用户名检测（视频）

使用 AJAX 进行用户名检测，步骤如下。

1）新建空网站，命名为 web11，在网站中新建一个 Web 窗体，命名为 task1.aspx，在数据库中导入名为 news 的数据库。

2）在页面中添加一个 HTML 文本框控件，一个 HTML 命令按钮控件，在源代码中添加一个 div 层，属性值设置如表 11-2 所示，页面布局如图 11-3 所示。

表 11-2 页面控件属性值设置

控 件 名 称	属 性 值
HTML 中的 Input(Text)	Id 属性值为 txtUsername
HTML 中的 Input(Button)	Id 属性值为 btnCheck，Value 属性值为检测用户名
div 层	Id 属性值为 divMessage，style="color: #FF0000"

图 11-3 页面布局

3）添加用户名检测处理页面文件。添加一个窗体页面文件，命名为 CheckUserName1.aspx。

4）编写 task1.aspx 页面的脚本代码。在 task1.aspx 的源代码视图 head 部分添加 JavaScript，创建 XMLHttpRequest 对象，并将用户名传给服务器，编写处理服务器响应的函数 OnMessageBack，代码如下：

```
<script type="text/javascript">
    var xmlhttp;
    function Validation() {
      if (window.XMLHttpRequest) // IE7+、Firefox等浏览器
          {  xmlhttp=new XMLHttpRequest();      }
      else //IE6、IE5浏览器
          {  xmlhttp=new ActiveXObject("Microsoft.XMLHTTP");   }
      var username=document.getElementById("txtUsername ");
      xmlhttp.open("GET","CheckUserName1.aspx?UserName=
"+username.value,true);
      xmlhttp.onreadystatechange=OnMessageBack;
      xmlhttp.send();     }
    function OnMessageBack()
      {
       if (xmlhttp.readyState==4&&xmlhttp.status==200) {
           document.getElementById("divMessage").innerHTML=
xmlhttp.responseText; }
      }
</script>
```

5）为 HTML 按钮 btnCheck 添加 Click 事件的处理，修改后按钮控件源代码如下：

```
<input  id="btnCheck" type="button" value="检测用户名" onclick=
"Validation ()" />
```

6）修改 CheckUserName1.aspx 窗体页面的源代码，将 CheckUserName1.aspx 中的除第一行以外的所有代码删除，CheckUserName1.aspx 中代码如下：

```
<%@ Page Language="C#" AutoEventWireup="true" CodeBehind="CheckUserName1.
aspx.cs" Inherits="CheckUserName1" %>
```

7）配置 Web.config 文件，在<configuration>节点中添加数据库连接配置字符串，连接到 news 数据库，代码如下：

```
<connectionStrings>
    <add name="newsConnectionString" connectionString="Data Source
=.\sqlexpress;Initial Catalog=news;Integrated Security=True"
providerName="System.Data.SqlClient" />
</connectionStrings>
```

说　明

这里用.\sqlexpress 登录数据库服务器，如所安装数据库版本不同，则登录方式不同，需要同步修改 web.config 中的代码。

8）在页面 CheckUserName1.aspx 的后置代码文件 CheckUserName1.aspx.cs 中添加页面级对象，获取 web.config 文件中的连接字符串，并建立连接对象，代码如下：

```
public static string connectionstring=ConfigurationManager.
ConnectionStrings["newsConnectionString"].ConnectionString;
SqlConnection conn=new SqlConnection(connectionstring);
```

9）编写 Page_Load 事件处理过程，检测用户名字是否已经在 users 表中存在，代码如下：

```
    protected void Page_Load(object sender, EventArgs e)
    {
         string username=Request.QueryString["UserName"];
         conn.Open();
         SqlCommand command=new SqlCommand("select count(*) from 
users where username=@username", conn);
         SqlParameter paramUserName=new SqlParameter("@username",
SqlDbType.NVarChar);
         paramUserName.Value=username;
         command.Parameters.Add(paramUserName);
         //将返回的查询结果，即，用户名等于 username 的记录条数
         int count=(int)command.ExecuteScalar();
         //如果 count=0，表示该用户名在表 Users 中不存在；否则，表示该用户已经
存在。通过 Response 对象将数据发送回客户端
         if (count==0)
              Response.Write("用户名可用。");
         else
              Response.Write("用户名已存在，请修改用户名。");
          conn.Close();
    }
```

10）运行结果。对 task1.aspx 中的脚本和 CheckUserName1.aspx.cs 中的代码设置断点运行程序，并监视 xmlhttp.readyState 值的变化，可看到当用户输入要检测的用户名，并单击了“检测用户名”按钮后，程序从 task1.aspx 脚本代码开始执行，运行 open 方法，然后执行 xmlhttp.onreadystatechange = OnMessageBack 语句，使得 xmlhttp.readyState 值等于 1，建立起服务器连接，然后运行 send()方法，接着运行 OnMessageBack()函数，发现获取服务器响应的条件不成立，跳转到 CheckUserName1.aspx 页面执行数据库查询，获得用户名是否存在的结果值，再回到 task1.aspx 页面执行 OnMessageBack()函数，直到函数中条件成立，将服务器响应结果输出到层中。

当用户名在数据库中不存在时，运行效果如图 11-4（a）所示；当用户名在数据库中已经存在，如“guo”，运行效果如图 11-4（b）所示。

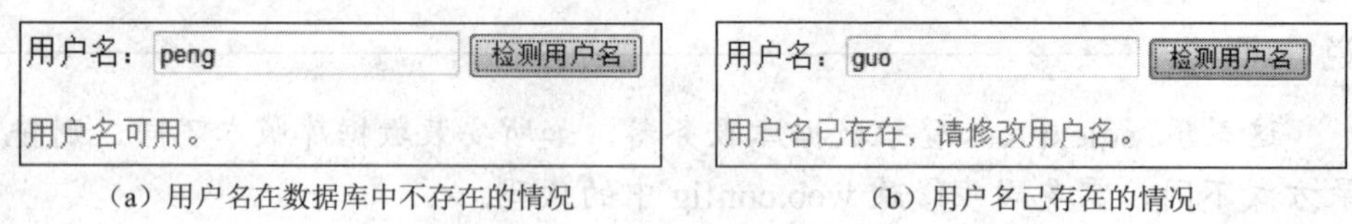

（a）用户名在数据库中不存在的情况　　（b）用户名已存在的情况

图 11-4　运行效果

任务 11.2 Web 服务的应用

任务描述：

通过 ScriptManager 调用 Web 服务实现用户名检测，如果用户所输入的用户名不存在，在页面显示“用户名可用”；否则，在页面显示“用户名已经存在，请修改用户名。”

11.2.1 关键知识：ScriptManager 控件

（1）ScriptManager 控件

ScriptManager 控件管理支持 AJAX 的 ASP.NET 网页的客户端脚本。默认情况下，ScriptManager 控件会向页面注册 Microsoft AJAX Library 的脚本，使客户端脚本能够使用类型系统扩展、支持页面局部更新和调用 Web 服务。Web 页面如果要支持 AJAX 功能，必须有且仅有一个 ScriptManager 控件。ScriptManager 控件必须放在 form 中，且必须放在其他 AJAX 控件之前。

（2）ScriptManager 的属性

ScriptManager 的主要属性如表 11-3 所示。

表 11-3 ScriptManager 的主要属性

属　性	说　明
AsyncPostBackErrorMessage	异常错误消息属性。获取或设置异步回发期间发生未处理的服务器异常
AuthenticationService	获取与当前 ScriptManager 实例关联的 AuthenticationServiceManager 对象
EnablePageMethods	获取或设置一个值，该值指示能否从客户端脚本调用 ASP.NET 页中公共静态页方法
EnablePartialRendering	获取或设置一个值，该值指示是否允许页面局部更新，以便使用 UpdatePanel 控件来单独更新页面区域
EnableScriptGlobalization	获取或设置一个值，该值指示 ScriptManager 控件是否支持分析区域性特定的信息并设置其格式的脚本，当属性值为 true 时，全球化函数将显示特定于区域性的信息
EnableScriptLocalization	获取或设置一个值，该值指示 ScriptManager 控件是否呈现脚本文件的本地化版本
ProfileService	获取与当前 ScriptManager 实例关联的 ProfileServiceManager 对象
RoleService	获取与当前 ScriptManager 实例关联的 RoleServiceManager 对象
ScriptMode	获取或设置一个值，以指定是呈现客户端脚本库的调试版本还是发布版本
ScriptPath	已过时。获取或设置客户端脚本库的路径
Scripts	获取一个包含 ScriptReference 对象（每个对象代表一个呈现给客户端的脚本文件）的 ScriptReferenceCollection 对象
Services	获取一个 ServiceReferenceCollection 对象，该对象包含 ASP.NET 中所有呈现给客户端调用的 Web 服务

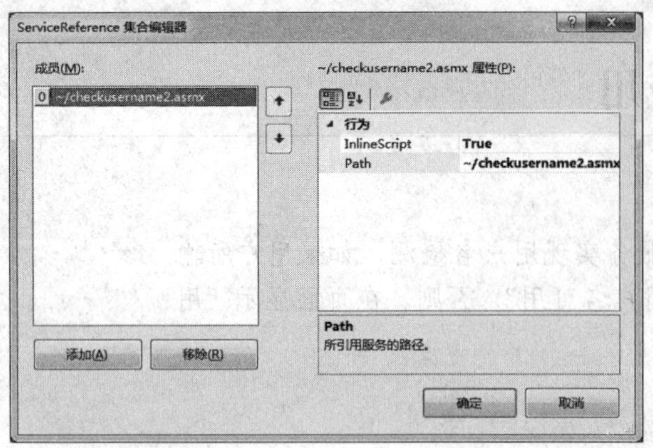

图 11-5 配置 ScriptManager 控件的 Service 属性

（3）与 Web 服务文件的关联

通过 ScriptManager 的 Service，客户端可以直接调用服务器端的 Web 服务。单击 ScriptManager 控件的 Service 属性右侧的按钮[...]，弹出如图 11-5 所示的对话框，单击对话框中的“添加”按钮，设置右侧的行为属性值，将 InlineScript 值设为 True，Path 属性值设置为 Web 服务文件名称路径，这样可以通过 ScriptManager 调用 Web 服务实现特定的功能。

11.2.2 任务实施：通过 ScriptManager 控件实现用户名检测

使用 Script-Manager 控件进行用户名检测（视频）

通过 ScriptManager 控件调用 Web 服务以实现用户名检测的步骤如下。

1. 新建 Web 服务文件

在 web11 网站中新建 Web 服务文件，命名为 CheckUserName2.asmx。在网站中可看到新建的 Web 服务文件共有两个文件，除了名为 CheckUserName2.asmx 的文件外，另一个文件自动命名为 CheckUserName2.cs，放在名为 App_Code 的文件夹下。

2. 编写 Web 服务代码

1）在 CheckUserName2.cs 文件自动生成的代码中，取消对[System.Web.Script.Services.ScriptService]语句的注释，允许使用 ASP.NET AJAX 从脚本中调用此 Web 服务。

2）在 CheckUserName2.cs 中添加方法 CheckUserName 的定义，文件 CheckUserName2.cs 中的代码如下：

```
public class CheckUserName2:System.Web.Services.WebService
{
    public static string connectionstring=ConfigurationManager.
    ConnectionStrings["newsConnectionString"].ConnectionString;
    SqlConnection conn=new SqlConnection(connectionstring);
    [WebMethod]
    public string CheckUserName(string username)
    {   string strResult="";
        conn.Open();//打开连接
        SqlCommand command=new SqlCommand("select count(*) from
       users where username=@username", conn);
        SqlParameter paramUserName=new SqlParameter("@username",
       SqlDbType.NVarChar);  //为 Command 对象设置参数,并为参数赋值
        paramUserName.Value=username;
```

```
            command.Parameters.Add(paramUserName);
            //将返回的查询结果,即用户名等于 username 的记录条数
            int count=(int)command.ExecuteScalar();
            //如果 count=0,表示该用户名在表 Users 中不存在;否则,表示该用户已
经存在
           if (count==0)
               strResult="用户名可用。";
            else
               strResult="用户名已存在,请修改用户名。";
           conn.Close();
           return strResult;
     }
  }
```

3. 注册 Web 服务

1）添加一个新的 Web 窗体，命名为 task2.aspx。

2）在页面中添加 ScriptManager 控件，按如图 11-5 所示设置 ScriptManager 的 Service 属性值，注册 Web 服务。

3）在页面中添加一个 HTML 文本框控件，一个 HTML 命令按钮控件，在源代码视图添加一个 div 层，各控件属性设置如表 11-2 所示。

4. 添加 Web 服务引用脚本和事件

在页面文件 task2.aspx 中的 head 部分，添加 JavaScript 代码如下：

```
  <script type="text/javascript">
      function Validation() {        //获得文本框输入的用户名
         var username=
document.getElementById("txtUsername").value;
             //获得 Web 服务引用
         var check=CheckUserName2;
             //调用 Web 服务中的方法,检测用户名,第二个参数是回调函数,当服务器
响应时,调用回调函数 OnMessageBack
         check.CheckUserName(username,OnMessageBack);     }
             //回调函数
      function OnMessageBack(result) {
             //将服务器返回的结果在 divMessage 上显示
         document.getElementById("divMessage").innerHTML=
result;  }
  </script>
```

为 HTML 按钮 btnCheck 添加 Click 事件的处理，修改后按钮控件源代码如下：

```
  <input  id="btnCheck" type="button" value="检测用户名" onclick=
"Validation ()" />
```

运行程序，运行结果与任务 11.1 相同，如图 11-4（a）和图 11-4（b）所示。可断点运行程序，查看 Web 服务的调用执行过程。

注　意

- ScriptManagerProxy 与 ScriptManager 十分类似，如果在母版页中使用了 ScriptManager，而内容页需要使用其他脚本时，则在内容页使用 ScriptManagerProxy，而不是 ScriptManager。
- ScriptManager 控件需要放在所有其他控件的前面。

任务 11.3 UpdatePanel 控件的应用

任务描述：

根据用户输入的用户名，即时更新欢迎信息；单击按钮，即时显示当前时间。使用两个更新面板，设置不同的更新模式，比较欢迎信息的更新情况。

11.3.1 关键知识：UpdatePanel 控件

UpdatePanel 控件主要用于页面局部更新，可以将需要局部更新的控件放在 UpdatePanel 中，使用时需要同时将 ScriptManager 控件放置在所有控件的最前端，并使得 EnablePartialRendering 属性设为 True（该属性默认值为 True）。

UpdatePanel 控件的最主要属性是更新模式属性 UpdateMode，默认更新模式为永远可被更新模式 always，另外，还可设置为条件更新模式，属性值为 conditional。更新条件可受触发器控件控制或被本更新面板中的其他回发事件控制。

UpdatePanel 常用属性如表 11-4 所示。

表 11-4　UpdatePanel 的常用属性

属　性	说　明
RenderMode	获取或设置一个值，该值指示 UpdatePanel 控件的内容是否包含在 HTML <div> 或 <span> 元素中
ChildrenAsTriggers	获取或设置一个值，该值指示来自 UpdatePanel 控件的子控件的回发是否更新面板的内容
Triggers	获取一个 UpdatePanelTriggerCollection 对象，该对象包含以声明方式为 UpdatePanel 控件注册的 AsyncPostBackTrigger 和 PostBackTrigger 对象 AsyncPostBackTrigger 指定某个服务器控件的回发事件作为 UpdatePanel 的异步更新触发器，当该控件发生回发事件时，更新 UpdatePanel PostBackTrigger 指定某个服务器控件，当该控件发生回发事件时，将更新整个页面
UpdateMode	获取或设置一个值，该值指示何时更新 UpdatePanel 控件的内容 该属性值为 Always 或 Conditional Always 表示页面任何控件的回发，都将更新 UpdatePanel 的内容 Conditional 表示只有当 Triggers 中指定的控件回发时，或当 ChildrenAsTriggers 属性设为 True，并且 UpdatePanel 的子控件发生回发时，才更新 UpdatePanel 的内容，或执行 UpdatePanel 的 Update 方法时，才更新 UpdatePanel。一般将该属性设置为 Conditional

UpdatePanel 控件的常用方法如表 11-5 所示。

表 11-5　UpdatePanel 的常用方法

方法名	说明
Update	导致更新 UpdatePanel 控件的内容

11.3.2　任务实施：使用 UpdatePanel 控件实现登录用户信息显示

使用 UpdatePanel 控件实现登录用户信息显示（视频）

使用 UpdatePanel 控件实现登录用户名信息显示，步骤如下。

1. 布局包含 ScriptManager 控件和 UpdatePanel 控件的页面

1）新建 Web 窗体，命名为 task3.aspx。

2）在页面中添加一个 ScriptManager 控件，不需要设置属性值。

3）在页面中添加一个 UpdatePanel 控件，命名为 updatepanel_Name；在 updatepanel_Name 中添加文本框 txtName、按钮 btnUpdateName 和标签 lblShowName，并将 updatepanel_Name 的 UpdateMode 属性设为 Conditional。

4）在页面中再添加一个 UpdatePanel 控件，命名为 updatepanel_Time，在这个控件中添加按钮 btnUpdateTime 和标签 lblShowTime，并将 updatepanel_Time 的 UpdateMode 属性设为 Always。

5）在页面中添加一个层，层中添加一个点击按钮 btnSubmit 和一个标签 lblMessage。

页面布局如图 11-6 所示。

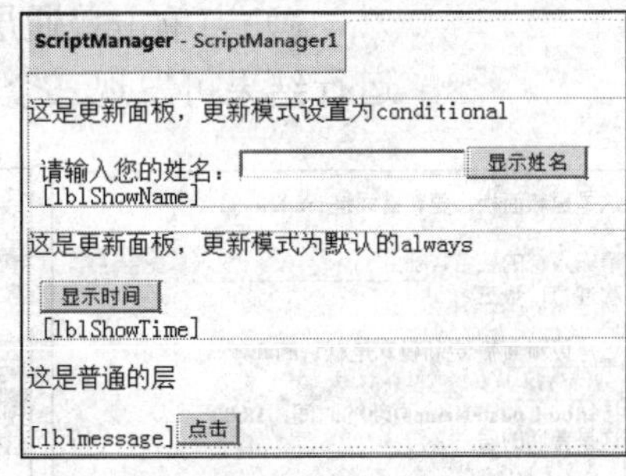

图 11-6　窗体页面布局

2. 编写事件代码实现用户信息显示

1）在后置代码文件 task3.aspx.cs 中，添加按钮 btnUpdateName 的 Click 事件处理过程，代码如下：

```
protected void btnUpdateName_Click(object sender, EventArgs e)
{  this.lblShowName.Text="欢迎您！"+this.txtName.Text;
   this.lblShowTime.Text=" 按 钮  btnUpdateName  更 新 的 时 间 :
"+DateTime.Now. ToShortTimeString();
   lblMessage.Text="条件更新";}
```

2）添加按钮 btn UpdateTime 的 Click 事件处理过程，代码如下：

```
protected void btnUpdateTime_Click(object sender,EventArgs e)
{  this.lblShowTime.Text="现在时间是: "+DateTime.Now.ToShortTimeString();
   this.lblShowName.Text="按钮 btnUpdateTime 更新的欢迎信息: "+this.
txtName.Text;
   lblMessage.Text="永远更新";}
```

3）添加单击按钮的点击事件处理过程，代码如下：

```
protected void btnSubmit_Click(object sender, EventArgs e)
{
```

```
        this.lblShowTime.Text="点击层中按钮后现在时间是："+DateTime.Now.
    ToShortTimeString();
        this.lblShowName.Text="点击层中按钮后更新的欢迎信息为："+this.
txtName.Text;
        lblMessage.Text="普通层中的标签值";      }
```

3. 运行结果分析

1）运行页面，在文本框中输入用户名，单击“显示姓名”按钮，更新 updatepanel_Name 和 updatepanel_Time，updatepanel_Time 的 UpdateMode 属性为 Always，页面上任何控件的回发都将更新 updatepanel_Time，运行结果如图 11-7（a）所示。

2）单击“显示时间”按钮，向服务器发送这个面板中的信息，将更新 updatepanel_Time 面板中的标签，而 updatepanel_Name 的 UpdateMode 属性设为 Conditional，因此，按钮“显示时间”的回发不会引起 updatepanel_Name 控件中的标签值的更新，运行结果如图 11-7（b）所示。

3）当单击普通层中的“点击”按钮时，页面信息将全部发送给服务器处理，运行结果可发现三个标签值都发生了变化，如图 11-7（c）所示。

（a）单击“显示姓名”按钮

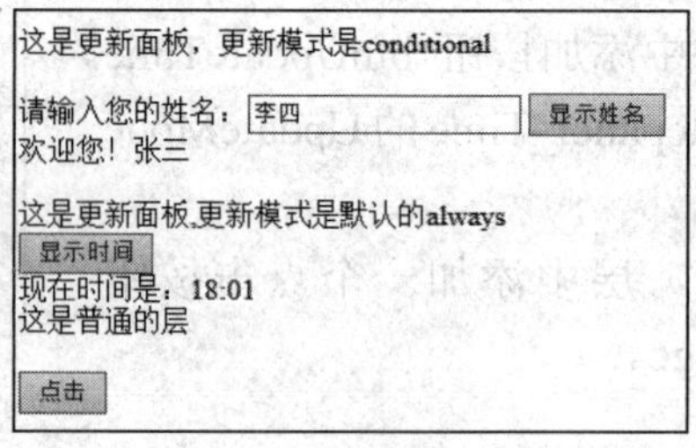

（b）单击“显示时间”按钮

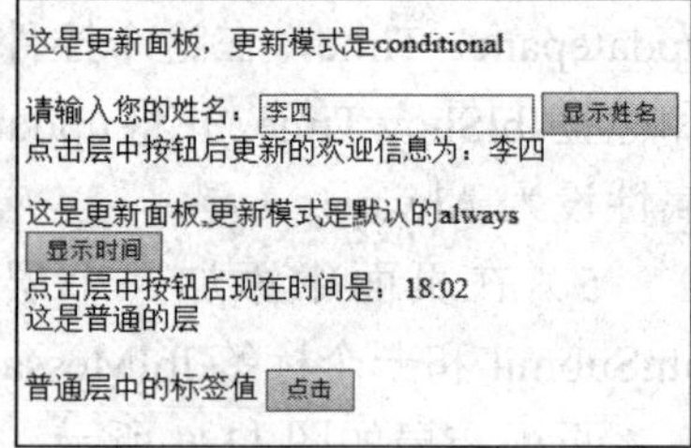

（c）单击普通层中的按钮

图 11-7　运行效果

思　考

采用断点调试，监视每个标签值的变化情况，分析原因。

说　明

UpdateProgress 经常与 UpdatePanel 结合使用，当 UpdatePanel 进行异步更新时，显示提示信息。

任务 11.4　计时器应用

任务描述：

实时更新用户登录页面的总时间，并每隔一秒显示一次实际时间。

11.4.1　关键知识：AJAX 的计时器控件

AJAX 的 Timer 控件与 C/S 程序中的 Timer 控件功能类似，每间隔指定的时间局部更新页面。

Timer 控件的常用属性如表 11-6 所示。

表 11-6　Timer 控件的常用属性

属　性	说　明
Enabled	获取或设置一个值，该值指示 Timer 控件在经过 Interval 属性中指定的毫秒数后是否启动到服务器的回发
Interval	获取或设置在启动回发之前需要等待的毫秒数

Timer 控件间隔时间到后可触发 Tick 事件，每间隔 Interval 指定时间触发一次。

11.4.2　任务实施：使用 AJAX 计时器控件统计用户登录时间

使用 Timer 控件统计用户登录时间，步骤如下。

使用 Timer 控件统计用户登录时间（视频）

1. 布局包含 ScriptManager 控件和 UpdatePanel 控件的页面

1）新建 Web 窗体，命名为 task4.aspx。

2）在页面中添加 ScriptManger 控件，不设置属性。

3）在页面中添加 UpdatePanel 控件，在 UpdatePanel1 中添加 Timer 控件和两个 Label 控件，分别命名为 Timer1、lblShowTime 和 lblNow。

4）设置 UpdatePanel1 的 UpdateMode 属性为 Conditional，单击 Triggers 属性右侧的按钮 ...，弹出如图 11-8 所示的对话框，单击对话框中的“添加”按钮，设置右侧的行为属性 ControlID 值为计时器 Timer1。

5）设置计时器 Timer1 的时间间隔属性值 Interval 为 1000 毫秒。双击计时器，触发 Timer1_Tick 事件。

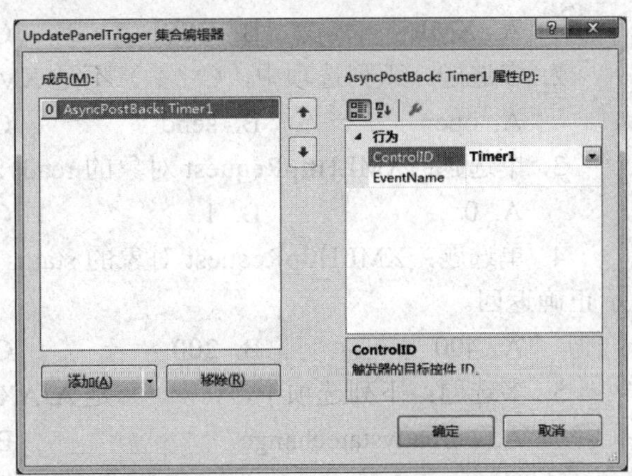

图 11-8　设置更新面板的触发器属性

2. 编写事件代码实现计时功能

1）在后置代码文件 task4.aspx.cs 文件中定义全局变量 loginTime，并在 Page_Load 事件处理过程中添加代码，将登录起始时间存储在全局变量 loginTime 中，代码如下：

```
public DateTime loginTime;
protected void Page_Load(object sender, EventArgs e)
 {  if (ViewState["LoginTime"]==null) {
          loginTime=DateTime.Now;
          ViewState["LoginTime"]=loginTime;  }
     else
          loginTime=(DateTime)ViewState["LoginTime"];  }
```

2）在 Timer1 的 Tick 事件处理过程中添加代码，计算登录总时长，并在标签控件 lblShowTime 上显示总登录时长，在标签控件 lblNow 上显示当前时间。代码如下：

```
protected void Timer1_Tick(object sender,EventArgs e)
{  int loginSeconds=(int)(DateTime.Now-loginTime).TotalSeconds;
   this.lblShowTime.Text="您已经登录"+loginSeconds.ToString()+"秒";
   this.lblNow.Text="现在时间："+DateTime.Now.ToLongTimeString();
}
```

Timer控件应用

您已经登录20秒

现在时间：8:51:47

图 11-9　计时器应用

运行页面，结果如图 11-9 所示。

独立实践

1. 修改任务 11.4 中代码，用其他方式保存页面运行的起始时间。断点调试程序，分析 Timer1_Tick 事件什么时候会被执行。

2. 应用 ScriptManager 控件、UpdatePanel 控件和 Timer 控件制作一个网页时钟。

课 后 习 题

1. 多选题：AJAX 主要包括（　　）技术。

A. XML　　B. CSS　　C. JavaScript　　D. ADO.NET

2. 多选题：下列选项中，（　　）不是 XMLHttpRequest 对象的方法。

A. open　　B. send　　C. readystate　　D. responseText

3. 单选题：XMLHttpRequest 对象的 readyState 属性值为（　　）时，代表请求已完成。

A. 0　　B. 1　　C. 2　　D. 4

4. 单选题：XMLHttpRequest 对象的 status 表示当前请求的 http 状态码，其中（　　）表示正确返回。

A. 400　　B. 200　　C. 404　　D. 500

5. 多选题：下列选项中，（　　）是 AJAX 的 XMLHttpRequest 对象属性。

A. onreadystatechange　　B. abort

C. responseText　　D. Status

项目 12

ASP.NET MVC 入门

学习目标

知识教学目标

- 了解 ASP.NET MVC 的基本含义
- 了解路由机制

技能培养目标

- 能够创建 ASP.NET MVC 应用程序
- 能够添加控制器、视图和模型

ASP.NET MVC 是微软官方提供的以 MVC 模式为基础的 ASP.NET Web 应用程序（Web Application）框架，它由 Castle 的 MonoRail 而来。本项目采用的版本是内置在 Visual Studio 2015 中的 ASP.NET MVC 5，因此，计算机中需要安装 Visual Studio 2015。

任务12.1 创建第一个 MVC 应用程序

任务描述：

通过 Visual Studio.NET 开发平台创建一个默认的基于 ASP.NET MVC 的应用程序，并查看其运行效果，理解 MVC 工作模式。

12.1.1 关键知识：ASP.NET MVC 开发模式

ASP.NET 是一个使用 HTML、CSS、JavaScript 和服务器脚本创建网页和网站的开发框架。ASP.NET 支持三种不同的开发模式：Web Pages（Web 页面）、Web Forms（Web 窗体）和 MVC（Model View Controller 模型-视图-控制器）。

Web Pages（Web 页面）是最简单的 ASP.NET 模型，它提供了一种简单的方式来将 HTML、CSS、JavaScript 和服务器脚本结合起来，服务器脚本语言通常是 Visual Basic 或是 C#，类似 PHP 和 ASP，页面中内置了用于数据库、视频、社交媒体等的模板和帮助器，它是开发 ASP.NET 网页最简单的开发模式。

Web Forms（Web 窗体）传统的 ASP.NET 事件驱动开发模型，添加了服务器控件、服务器事件以及服务器代码的网页，它的工作原理如图 12-1 所示。

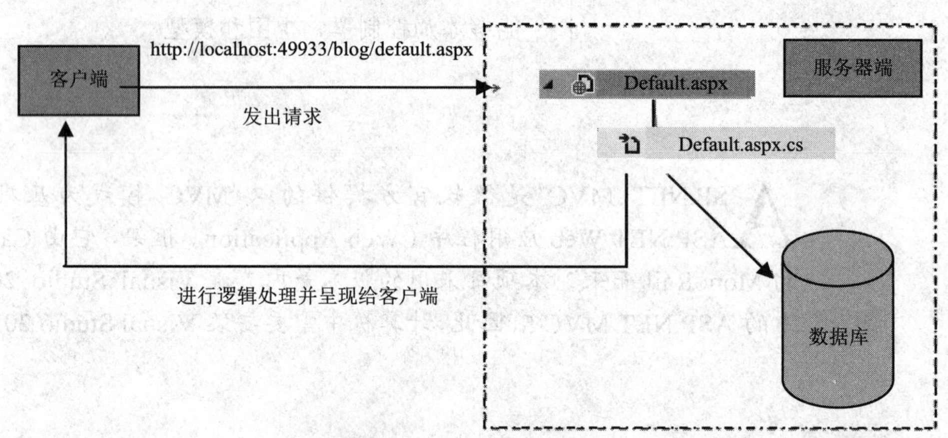

图 12-1　Web Forms 开发模式

在传统的 WebForm 模式，用户请求一个例如 http://localhost:49933/blog/default.aspx 的 URL，WebForm 程序会到网站根目录下去寻找 blog 目录下的 default.aspx 文件，然后由 default.aspx 页面对应的后置代码文件（.CS 文件）进行逻辑处理，包括到数据库存取数据，最后由 default.aspx 页面呈现给用户。

MVC 是一种使用 MVC（Model View Controller 模型-视图-控制器）设计创建 Web 应用程序的模式，它的应用程序主要包含：

1）Model（模型）是应用程序中用于处理应用程序数据逻辑的部分，通常模型对象负责在数据库中存取数据。

2）View（视图）是应用程序中处理数据显示的部分，是动态生成 HTML 所使用的模板文件，通常视图是依据模型数据创建的。

3）Controller（控制器）是应用程序中处理用户交互的部分，通常处理浏览器的请求，取得数据模型，然后指定要响应浏览器请求的视图模板。

ASP.NET MVC 开发模式的工作原理如图 12-2 所示。

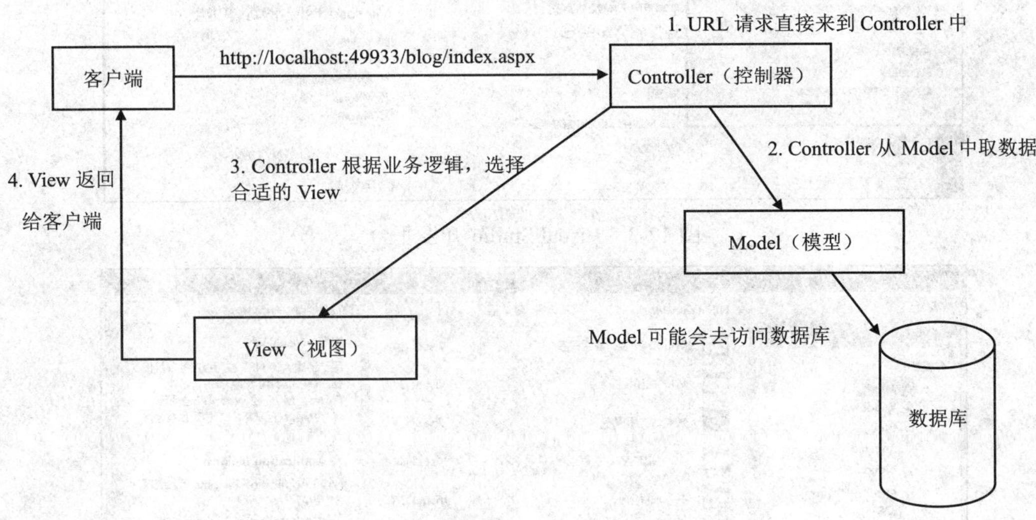

图 12-2　ASP.NET MVC 开发模式

在 ASP.NET MVC 中，客户端所请求的 URL 首先被映射到相应的 Controller，由 Controller 处理业务逻辑，并从 Model 中获取数据，然后再选择合适的 View 返回给客户端。图 12-2 中客户端请求 URL 中的 blog 指的是控制器名称，index 是该控制器中的 Action，Action 决定了显示视图。

MVC 分层有助于管理复杂的应用程序，开发人员可以在某段时间内专门关注一个方面。例如，可以在不依赖业务逻辑的情况下专注于视图设计。同时，MVC 分层也让应用程序的测试更加容易。

12.1.2　任务实施：创建并运行 MVC 项目

创建第一个 MVC 应用程序（视频）

1. 新建 MVC 项目

Visual Studio 是一个 IDE 集成开发环境（见图 12-3），打开 Visual Studio 2015 在菜单栏中选择“文件→新建→项目”命令。

在左侧选择“Visual C#”，然后选择“ASP.NET Web 应用程序”，命名为“MvcApplication1”，保存在名为“web12”的文件夹中，单击“确定”按钮，如图 12-4 所示，在弹出的“新建 ASP.NET 项目”对话框中，选择“MVC”，如图 12-5 所示，单击“确定”按钮。

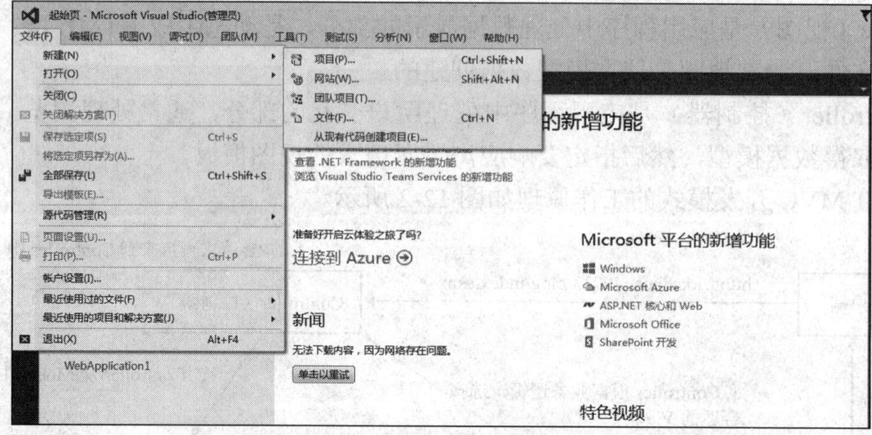

图 12-3　Visual Studio 开发平台

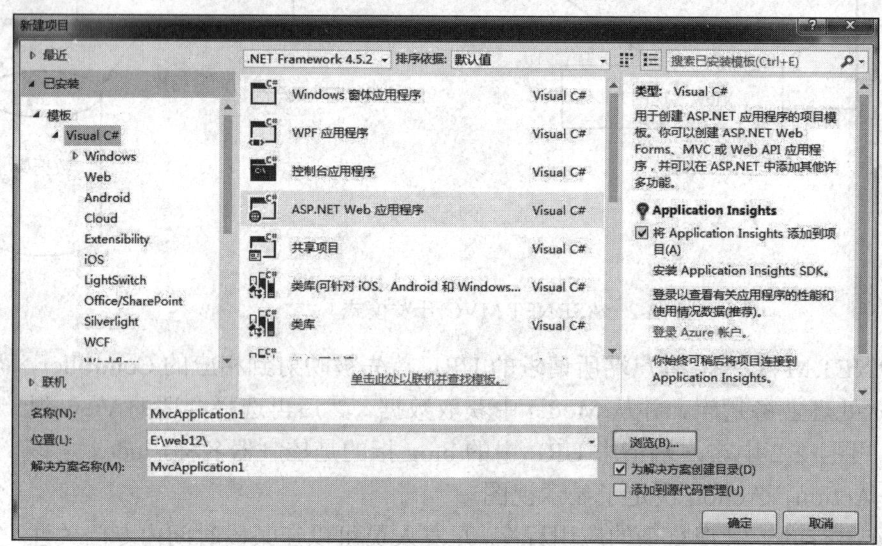

图 12-4　新建项目

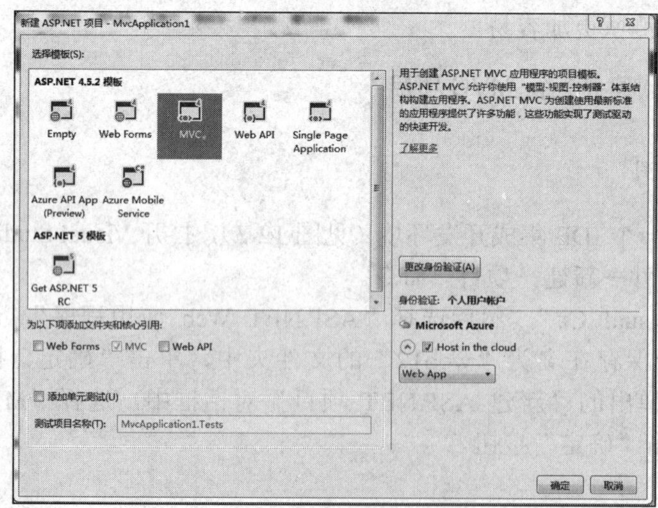

图 12-5　创建 MVC 工程

Visual Studio 将会创建第一个 MVC 应用程序，如图 12-6 所示。

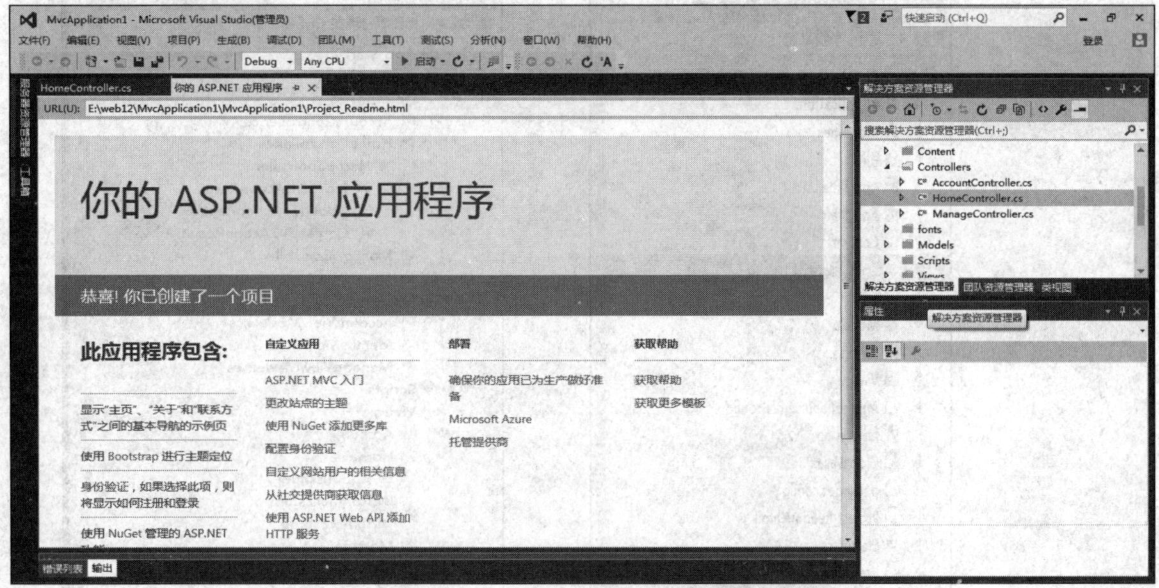

图 12-6　创建第一个 MVC 应用程序

2. 查看新建项目后的文件组织结构

创建了 MVC 的应用程序后，生成的基本文件组织结构如图 12-7 所示。

可以看出，VS 默认创建很多文件夹，各个文件夹存放内容如下。

- App_data 文件夹：存放网站的本地数据库，存放.mdb、.mdf、.xml 类型的文件。
- Content 文件夹：存放应用需要的一些资源文件，如图片、CSS 等。
- Scripts 文件夹：JavaScript 脚本文件。
- Controllers 文件夹：所有控制器的类文件。
- Models 文件夹：所有模型的类文件。
- Views 文件夹：存放所有 cshtml 或 aspx 的文件。

其中，Models、Views 和 Controllers 这三个文件夹构成了俗称的 MVC（见图 12-8）。进一步展开 Controllers、Views、Models 文件夹，Controllers 文件夹包含三个控制器 AccountController、HomeController 和 ManageController；Models 文件夹中包含三个模型 AccountModels、IdentityModels 和 ManageViewModels；Views 文件夹包含四个文件夹 Account、Home、Manage 和 Shared，每个文件夹中都包含 cshtml 网页的文件，其中 Shared 文件夹中包含布局模板页面_Layout.cshtml。

从文件名命名规律发现这些文件之间的对应关系，事实上这些命名规律正是 MVC 工作模式中必须遵守的。如控制器 Controllers 中的 HomeController 跟视图 Views 中的 Home 对应，View 的名称加上“Controller”就是对应控制器的名称。控制器中的方法名称跟 Views 文件下视图名称对应，如 HomeController 中的 Index 方法对应 Views\Home\的 Index.cshtml。

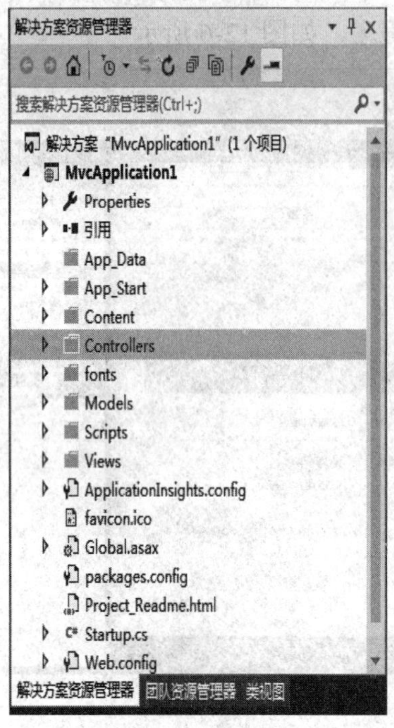

图 12-7　MVC 文件架构图

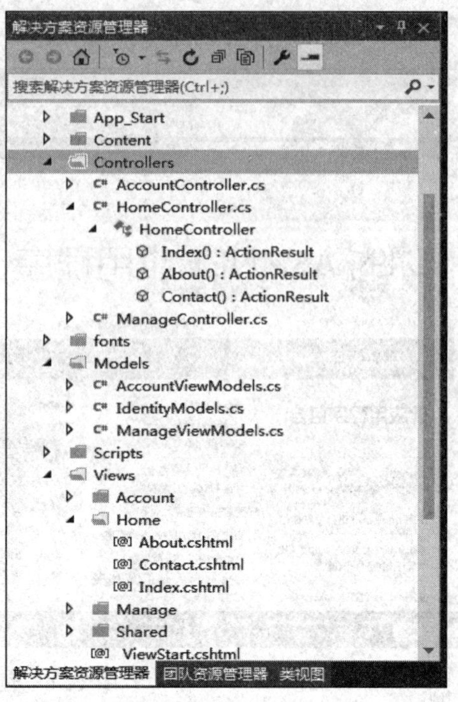

图 12-8　MVC 应用程序文件结构

3. 运行 MVC 应用程序

由于刚刚创建的 ASP.NET MVC 应用程序使用了默认的模板，所以在当前的工程中不需要做任何事情，即可直接运行。从“调试”菜单中选择“启动调试”命令，如图 12-9 所示。

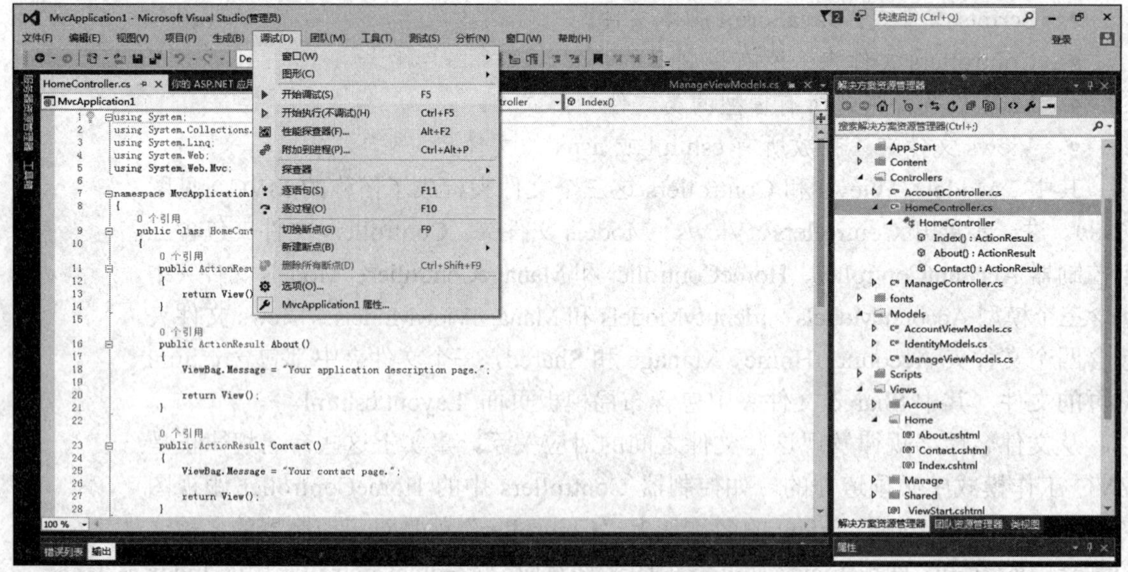

图 12-9　运行第一个 MVC 应用程序

Visual Studio 会启动 IIS Express，并运行 MVC 应用程序。应用程序主页面运行效果如图 12-10 所示。

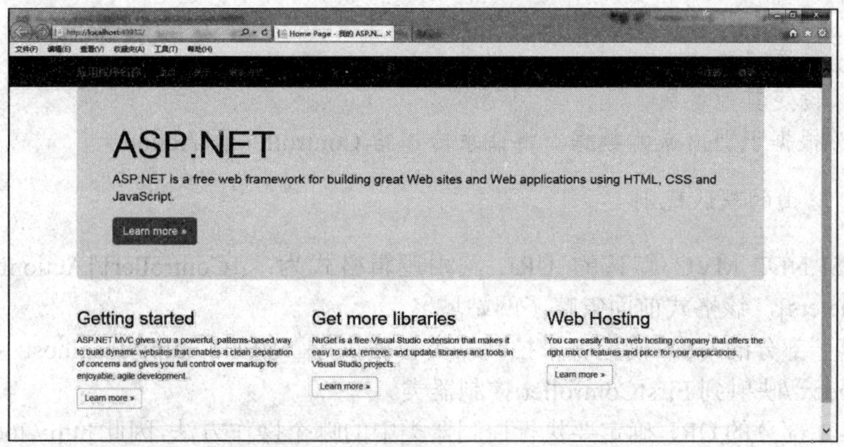

图 12-10 第一个 MVC 应用程序运行效果

图 12-10 中浏览器的地址栏显示的是 http://localhost:49933/。其中，localhost 总是会被解析为当前的本地计算机，也就是刚刚建立的应用程序的临时网站地址。当 Visual Studio 运行 Web 项目的时候，Wcb 服务器会使用一个随机的端口号，图 12-10 中地址栏显示的 49933 代表随机产生的端口号，不同计算机产生的端口号可能不同。

这是一个简单的 MVC 应用程序，在默认模板页面的右边，提供了“主页”“关于”“联系方式”的链接，单击“主页”“关于”“联系方式”链接可以切换到不同的页面。同时，它还提供了注册和登录功能。

任务12.2 添加控制器 Controllers

任务描述：

在 MvcApplication1 项目中添加自定义的控制器，并由该控制器显示不同的网页效果。

12.2.1 关键知识：ASP.NET MVC 控制器类

添加控制器（图片）

控制器类是 ASP.NET MVC 的核心类，它处理一切请求，这也是使用了 ASP.NET MVC 后与传统 ASP.NET 应用最大的差别。在传统模式下，一个用户请求的 URL 将对应一个 aspx 文件，而在 ASP.NET MVC 下，一个用户请求的 URL，将被解析为某个控制器类 Controller 中的一个方法 Action，最后由 Action 确定呈现的视图。如何对 URL 进行解析，即 ASP.NET MVC 的 URL 的路由规则。

1. 路由的作用

ASP.NET MVC 项目是 URL 请求驱动的，假如有一个请求：localhost/home/index，

路由的作用是：

- 确定 Controller。
- 确定 Action。
- 确定其他参数。
- 根据识别出来的数据，将请求传递给 Controller 和 Action。

2. 路由的默认规则

ASP.NET MVC 默认的 URL 路由逻辑格式为：/[Controller]/[ActionName]/[Parameters]，该格式前面省略了网站域名。

第一部分的 URL 确定哪个控制器类会被执行。例如，http://localhost: 49933/First/Index /映射到 FirstController 控制器类。

第二部分的 URL 确定要执行控制器类中的哪个操作方法，因此 http://localhost: 49933/First/ Index /，会使得 FirstController 控制器类的 Index 方法被执行。但若 ActionName 省略，默认情况下会调用 Index 方法。因此，对于 http://localhost: 49933/First/，ASP.NET MVC 同样调用 FirstController 控制器类的 Index 方法。若在浏览器输入 http://localhost: 49933/First/ Welcome /，ASP.NET MVC 会调用 FirstController 控制器类的 Welcome 方法。若希望利用 URL 传递一些参数信息给控制器类，则在创建控制器方法的时候也应该包含参数，后面案例会详细介绍。

12.2.2 任务实施：MVC 项目中添加控制器 Controllers

添加控制器（视频）

1. 添加控制器

在 MvcApplication1 项目的基础上，在解决方案资源管理器中，右击控制器文件夹 Controllers，在弹出的快捷菜单中选择“添加→控制器”命令，如图 12-11 所示。

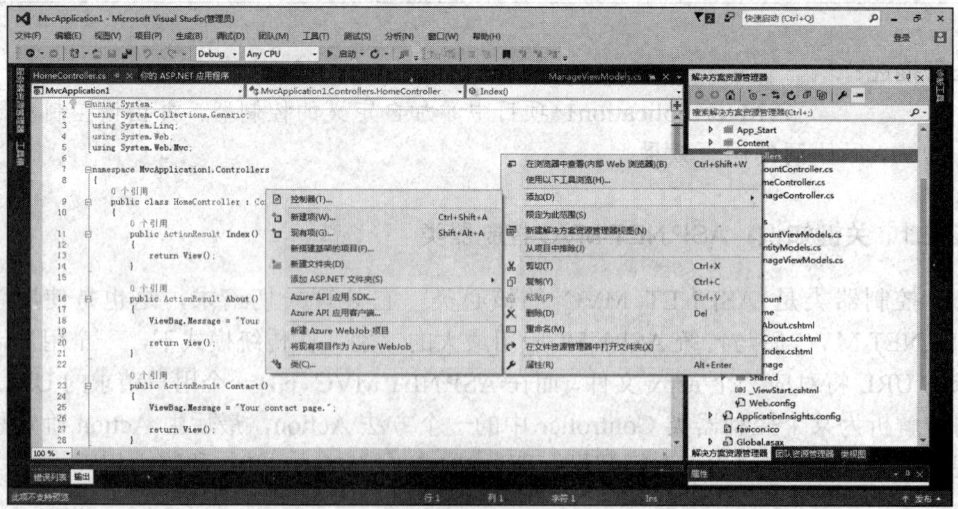

图 12-11 添加控制器

保留默认的模板为“MVC 5 控制器-空”，如图 12-12 所示。

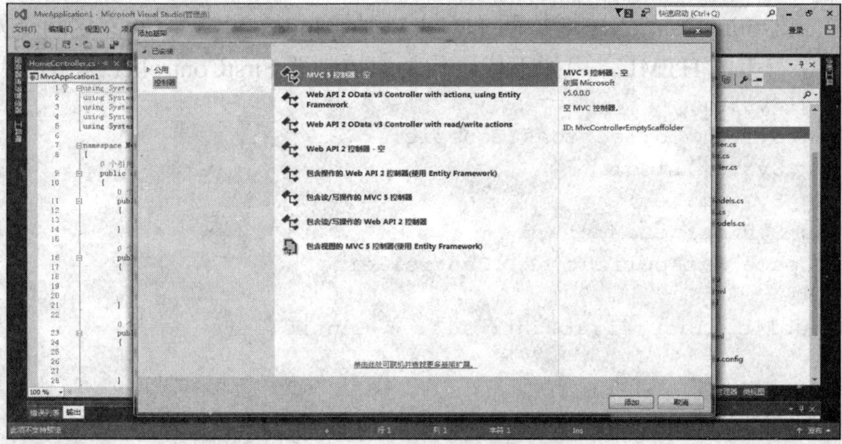

图 12-12　添加基架窗口

单击“添加”按钮，命名新的控制器为“FirstController”，如图 12-13 所示。

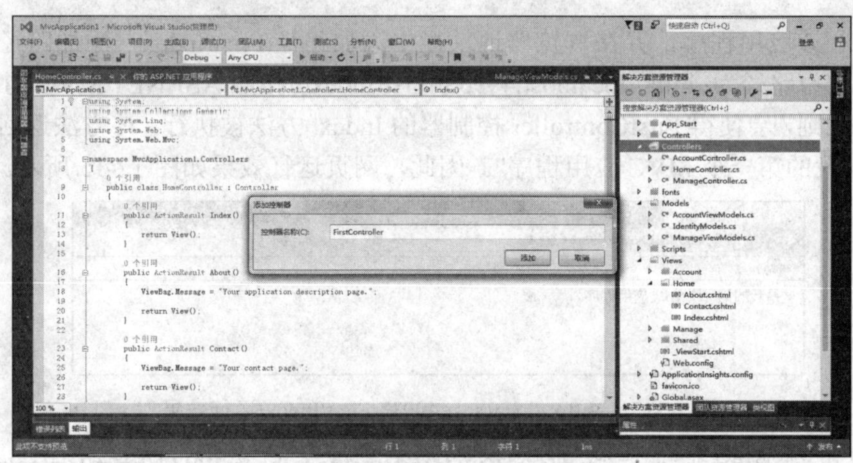

图 12-13　添加控制器窗口

此时，在解决方案资源管理器中会创建一个名为 FirstController.cs 的新文件，该文件会被 IDE 默认打开，如图 12-14 所示。

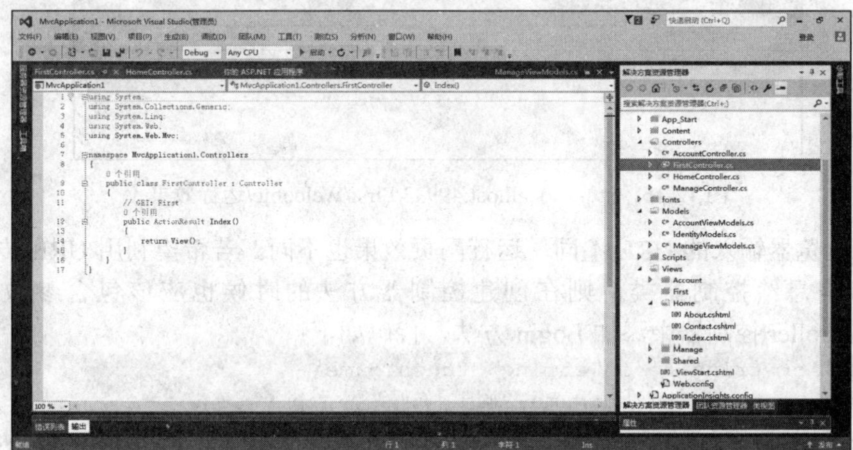

图 12-14　打开 FirstController 控制器文件

给控制器 FirstController 增加两个方法分别是 Index 和 Welcome，这两个方法均返回一个字符串的 HTML。用如下代码代替原控制器 FirstController.cs 中的代码：

```
using System;
using System.Collections.Generic;
using System.Linq;
using System.Web;
using System.Web.Mvc;
namespace MvcApplication1.Controllers
{
    public class FirstController : Controller
    {
        public string Index()
        {          return "这是我的第一个 MVC 应用程序";         }
                  public string Welcome()
                  {          return "欢迎您来到我的网页";          }
        }
}
```

运行该应用程序，并在浏览器地址栏中添加路径/First/index，添加路径后地址栏中完整路径为：http://localhost:49933/First/Index/，按照 ASP.NET MVC 的 URL 的路由规则，会使得 FirstController 控制器的 Index 方法被执行，该方法返回字符串"这是我的第一个 MVC 应用程序"。因此，网页运行效果如图 12-15 所示。

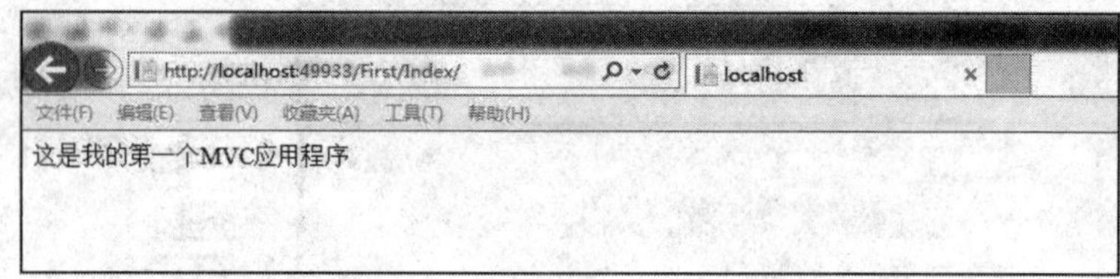

图 12-15　http://localhost:49933/First/Index/运行效果

若在浏览器地址栏修改路径为：http://localhost:49933/First/Welcome/，FirstController 控制器的 Welcome 方法被执行，该方法返回字符串"欢迎您来到我的网页"，网页运行效果如图 12-16 所示。

图 12-16　http://localhost:49933/First/Welcome/运行效果

在浏览器输入的 URL 不同，运行网页效果也不同。若希望利用 URL 传递一些参数信息给控制器类，则在创建控制器方法的时候也应该包含参数。在 FirstController 控制器中添加 Login 方法，代码如下：

```
public string Login(string StudentName)
   {  return StudentName+"同学,你好！";  }
```

运行程序，在浏览器中输入 http://localhost:49933/First/Login?StudentName=Rose，ASP.NET MVC model binding system 会自动将地址栏中 URL 里的 query string 映射到 Login 方法中的参数，网页运行效果如图 12-17 所示。

图 12-17 利用 URL 传递参数给控制器实例运行效果

2. 改变路由的默认规则

若要更改 ASP.NET MVC 默认的 URL 路由逻辑格式，可以在项目 MvcApplication1 中的 App_Start 文件夹，打开 RouteConfig 这个类，查看其 RegisterRoutes 的方法，如图 12-18 所示。

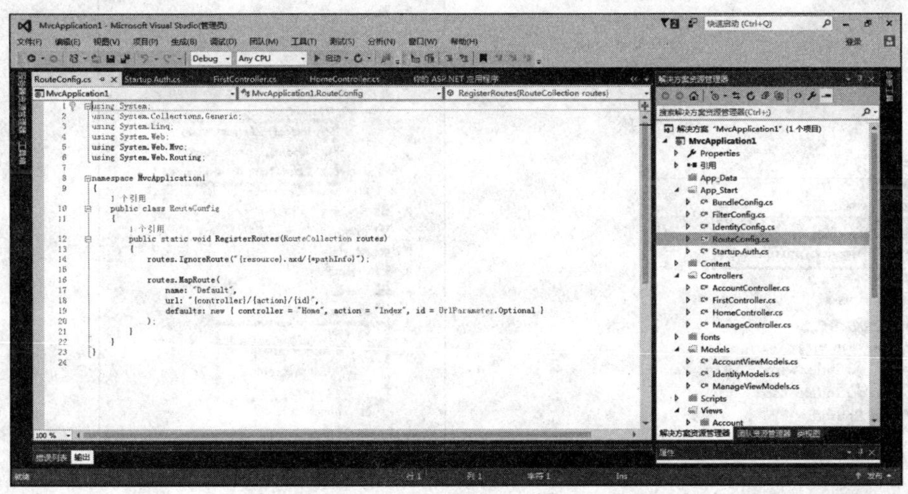

图 12-18 RegisterRoutes 方法

RegisterRoutes 方法为 ASP.Net MVC 项目设置了默认的路由规则：{controller}/{action}/{id}，也就是说可以通过 http://localhost/Home/Index/1 这种 URL 来访问项目。如果想要改变默认的路由规则，例如想要以这种 URL：http://localhost/Home-Index-1 来访问项目，则直接将上面的默认路由规则改为：{controller}-{action}-{id}即可。

同时，RegisterRoutes 方法也指定了运行的默认控制器是 Home，方法是 Index。运行程序执行 http://localhost:49933/，实际执行的是 http://localhost:49933/Home/Index。若想默认执行 http://localhost:49933/First/Index，则将 RegisterRoutes 方法代码做如下更改：

```
    public static void RegisterRoutes(RouteCollection routes)
       {
         routes.IgnoreRoute("{resource}.axd/{*pathInfo}");
         routes.MapRoute(   name: "Default",
            url:"{controller}/{action}/{id}",
            defaults: new { controller="First",action="Index",id=
UrlParameter.Optional }  );
       }
```

3. 控制器的相关约定

在构建 ASP.NET MVC 项目中，构建控制器一般要遵循以下相关约定：

1）所有的控制器放到 Controllers 文件夹中，命名方式以控制器名+Controller。

2）每个 Controller 都对应 View 中的一个文件夹，文件夹的名称跟 Controller 名相同，如图 12-19 所示。

3）Controller 中的方法名都对应一个 View 视图（非必须，但是建议这么做），而且 View 的名字跟 Action 的名字相同，如图 12-20 所示，HomeController 控制器中 Index 方法与 Views\Home\的 Index.cshtml 视图对应。

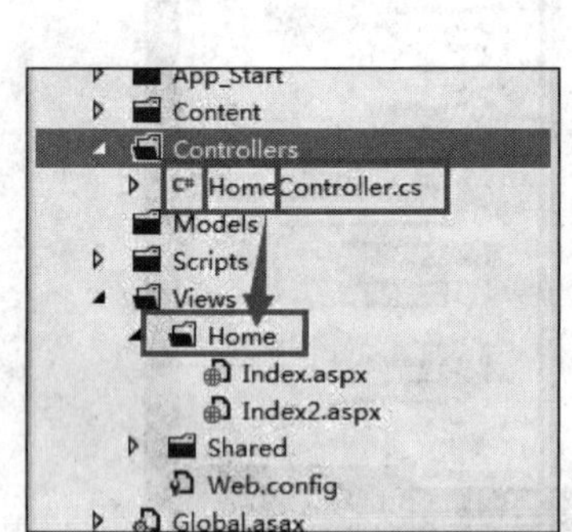

图 12-19　Controller 与 View 的对应关系

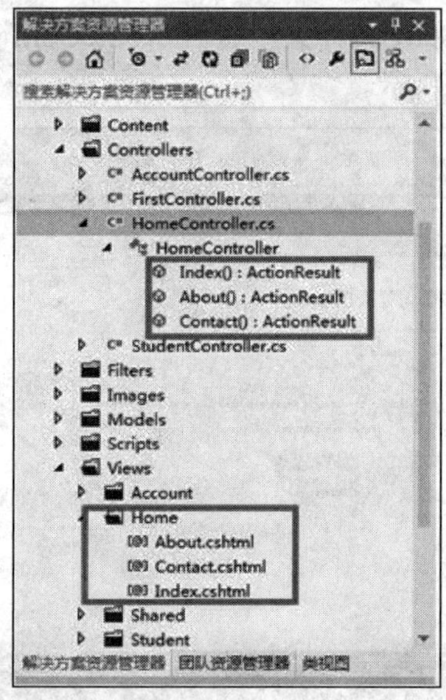

图 12-20　Controller 中的 Action 与 View 的对应关系

4）控制器必须是非静态类，并且要实现 IController 接口，代码如下：

```
namespace MvcApplication1.Controllers
{
   public class FirstController:Controller
   {
      public string Index()
      {    return "这是我的第一个 MVC 应用程序";      }
      public string Welcome()
      {    return "欢迎您来到我的网页";      }
      public string Login(string StudentName)
      {    return StudentName+"同学,你好！";      }
   }
}
```

任务 12.3　添加视图 View

任务描述：

在 MvcApplication1 项目中继续添加自定义的 View，通过视图开发技术封装生成返回到客户端浏览器 HTML 的过程。

添加视图（图片）

12.3.1　关键知识：ActionResult 实例和视图开发技术

任务 12.2 中创建的 FirstController 控制器的各个方法都是直接返回 HTML 内容。通常情况下不会让控制器直接返回 HTML，因为这样代码会变得非常的烦琐。相反，通常会使用一个单独的视图模板文件来帮助生成返回的 HTML，也就是 View。在本任务中需要创建控制器 SecondController 类，该控制器调用视图模板文件 View 来呈现网页。

在一个 Controller 中可以包含多个 Action，每一个 Action 都是一个方法，返回一个 ActionResult 实例。

1. 添加控制器

在 MvcApplication1 项目的基础上，在解决方案资源管理器中，右击控制器文件夹 Controllers，在弹出的快捷菜单中选择“添加→控制器”命令，保留默认的模板为“MVC 5 控制器-空”，命名新的控制器为“SecondController”，并单击“添加”按钮。

此时，在解决方案资源管理器中会创建一个名为 SecondController.cs 的新文件，如图 12-21 所示，该文件会被 IDE 默认打开。

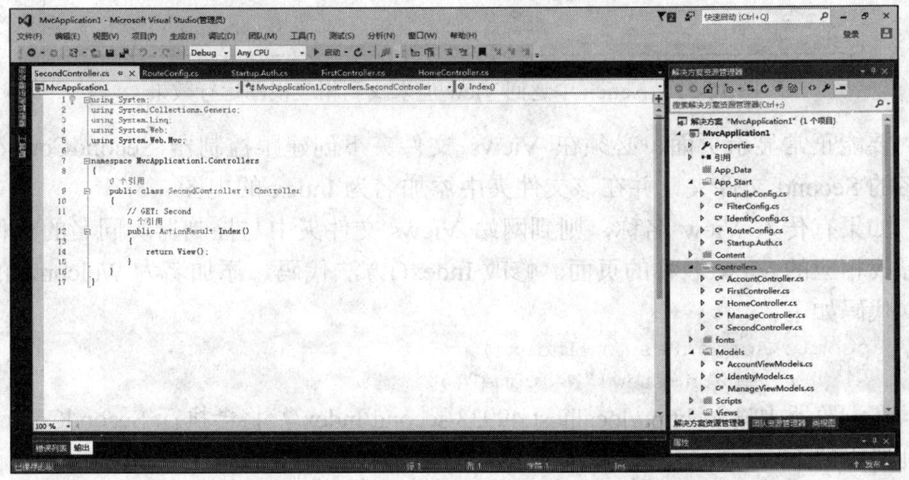

图 12-21　打开 SecondController 控制器文件

在刚刚创建的 SecondController 控制器中，有一个名为 Index 的 Action，返回 ActionResult 实例。

2. ActionResult 实例

ActionResult 实例是一个操作方法的结果，并且是一个抽象类，它可以是在 Action 中返回视图，也可以返回文件流、重定向、空内容等结果，这里只介绍几个最常用的 ActionResult 用法。

（1）View

如果没有传入 View 名称，默认到网站 Views 文件夹下与控制器同名的文件夹下寻找与 Action 名称相同的 View 页面并返回，若找不到，则报错。

```
public ActionResult Index()
    {    return View();    }
```

在浏览器中输入 http://localhost:49933/Second/index/，根据 MVC 的工作原理，将会执行 SecondController 控制器下的 Index 方法，而 Index 方法中返回\Views\Second\文件夹下的 Index 页面。在本例中，Views 文件夹下并没有创建 Second 目录以及添加名为 Index 的页面，故运行效果如图 12-22 所示。

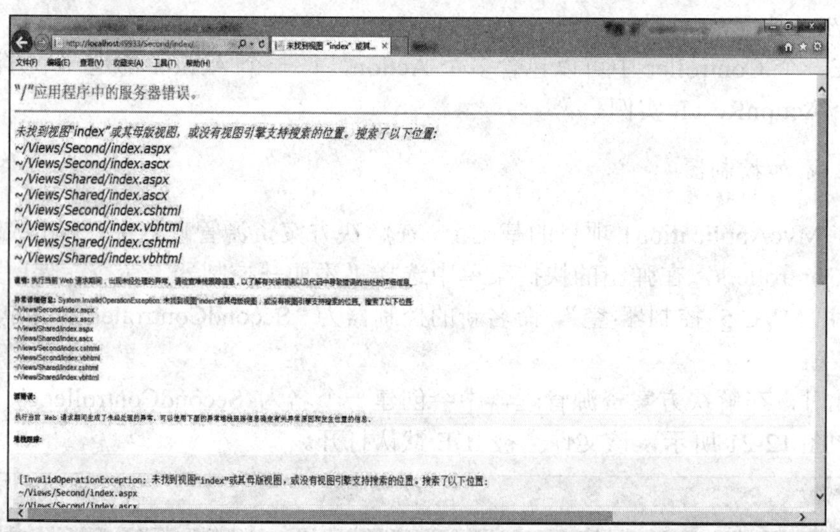

图 12-22　Action 中返回 View 但未找到相应视图运行效果

要能正常显示页面，必须在 Views 文件夹下创建跟控制器 SecondController 同名的 Second 文件夹，并在该文件夹中添加名为 Index 的视图。

如果有传入 View 名称，则到网站 Views 文件夹中与控制器类同名的文件夹下寻找相应的 View 名称的页面。修改 Index()方法代码，添加名为 Welcome 的页面，代码如下：

```
public ActionResult Index()
    {    return View("Welcome");    }
```

在浏览器中输入 http://localhost:49933/second/Index/，将会执行 SecondController 控制器中的 Index 方法，并返回\Views\Second\文件夹下的名为 Welcome 的页面，若找不到，则报错。

（2）Content

通过 Content 可以向浏览器返回一段字符串类型的文本结果，就相当于

Response.Write("xxxx") 一样的效果。在 SecondController 控制器中添加 ContentResultDemo 方法，代码如下：

```
public ActionResult ContentResultDemo()
    {
        string contentString="欢迎你！";
        return Content(contentString);
    }
```

在浏览器中输入 http://localhost:49933/second/ContentResultDemo，将会执行 SecondController 控制器中的 ContentResultDemo 方法，运行效果如图 12-23 所示。

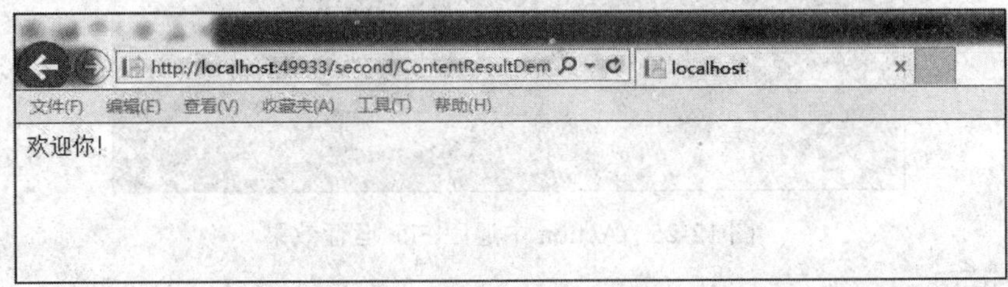

图 12-23 Action 中返回 Content 运行效果

（3）EmptyResult

当用户有不当操作，如试图链接到带防盗链的图片时，这个 EmptyResult 就可以派上用场，返回它可以让用户看不到内容。通过访问浏览器端的源代码，发现是一个空内容。在 SecondController 控制器中添加 EmptyResultDemo 方法，代码如下：

```
public ActionResult EmptyResultDemo()
    {   return new EmptyResult();     }
```

在浏览器中输入 http://localhost:49933/second/EmptyResultDemo/，将会执行 SecondController 控制器中的 EmptyResultDemo 方法，运行效果如图 12-24 所示。

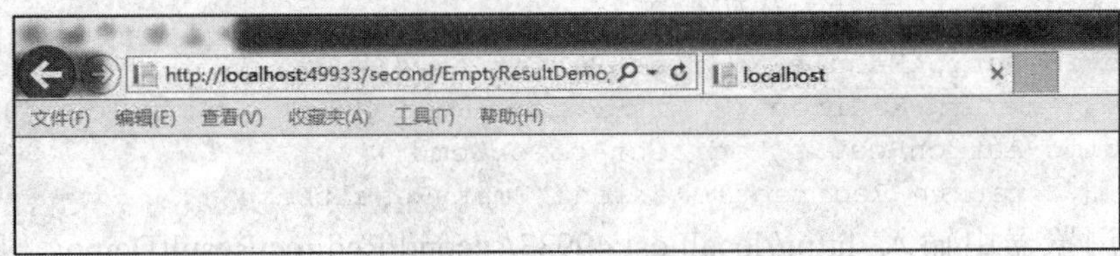

图 12-24 Action 中返回 EmptyResult 运行效果

（4）File

通过 File 可以向浏览器返回一段文件流，主要用于输出一些图片或为文件提供下载等。在 SecondController 控制器中添加 FileStreamResultDemo 方法，代码如下：

```
public ActionResult FileStreamResultDemo()
    {
      FileStream fs=new FileStream(Server.MapPath(@"/Content/1.jpg"),
FileMode.Open,FileAccess.Read);
        return File(fs,@"image/gif");
    }
```

在浏览器中输入 http://localhost:49933/second/FileStreamResultDemo，将会执行 SecondController 控制器中的 FileStreamResultDemo 方法，该方法向浏览器输出一张 JPG 图片，如图 12-25 所示。

图 12-25　Action 中返回 File 运行效果

注　意

此案例中要在 SecondController 控制器代码的前面加上如下代码:

```
using System.IO;
```

同时，要想在网页上正常显示图片，必须先在 web12\MvcApplication1\content\文件夹下添加名为 1.jpg 的图片。

（5）Redirect 与 RedirectToAction

Redirect（重定向）与 RedirectToAction（重定向到指定 Action），主要是向浏览器发送重定向响应。在 SecondController 控制器中添加 RedirectResultDemo、RedirectActionDemo 方法，代码如下：

```
public ActionResult RedirectResultDemo()
    {  return Redirect(@"http://localhost:49933/first/welcome");   }
public ActionResult RedirectActionDemo()
    {  return RedirectToAction("EmptyResultDemo");    }
```

在浏览器中输入 http://localhost:49933/second/RedirectResultDemo/，则执行 SecondController 控制器中 RedirectResultDemo 方法，即重定向到 http://localhost:49933/first/welcome，该重定向的 URL 将会执行 FirstController 控制器中 Welcome 方法，该方法代码如下：

```
public string Welcome()
    {    return "欢迎您来到我的网页";    }
```

网页运行效果如图 12-26 所示。

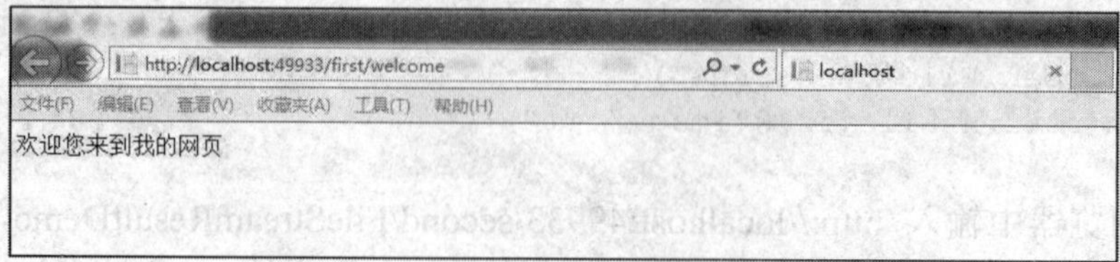

图 12-26　Action 中返回 Redirect 运行效果

在浏览器中输入 http://localhost:49933/second/RedirectActionDemo/，则执行SecondController 控制器中 RedirectActionDemo 方法，该方法中返回名为EmptyResultDemo 的 Action，而该 Action 返回一个空白页面，运行效果如图 12-27所示。

图 12-27 Action 中返回 RedirectToAction 运行效果

3. 视图开发技术

（1）Razor

在 MVC 中，添加的视图是基于 Razor 的 cshtml 文件，事实上，Razor 支持两种文件类型，分别是.cshtml 和.vbhtml。其中，.cshtml 的服务器代码使用了 C#的语法，.vbhtml 的服务器代码使用了 VB.NET 的语法。Razor 提供了一个优雅的方式来使用 C#或者 VB.NET 语言创建所要输出的 HTML。

@含义：@是 Razor 中的一个重要符号，它被定义为 Razor 服务器代码块的开始符号，它后面的代码自动解析了 C#服务器端代码。

代码块说明：

@{ 代码块 }

@if (条件) { 代码块 }

@switch (条件) { 分支匹配代码块 }

@for (循环控制) { 代码块 }

@foreach (循环控制) { 代码块 }

@while (循环控制) { 代码块 }

@do { 代码块 } while (循环控制)

说 明

Razor 支持代码混写，在代码块中插入 HTML、在 HTML 中插入 Razor 语句都是可以的。例如，使用@来做 for 循环，代码如下：

```
@for (int i=0;i<10;i++)
{<P> @i</p>}
```

（2）Html helper 的用法

Html helper 就是用来辅助产生的 HTML 之用，在开发 view 的时候会面对许多 Html 标签，处理这些会显得烦琐。为了降低 view 的复杂度，可以使用 Html 辅助方法帮助产生一些 Html 标签或内容，因这些 Html 标签都有固定标准的写法，所以将其包装成 Html 辅助方法，可让 view 开发更快速，也可以避免不必要的语法错误。

1）输出超链接。

- Html.ActionLink("linkText","actionName")：第一个参数是该链接要显示的文字，第二个参数是对应的控制器的方法视图，默认控制器为当前页面的控制器，例如：Html.ActionLink("跳转到 About 页面", "About")解析为<a href="/Home/About">跳转到 About 页面</a>。
- Html.ActionLink("linkText","actionName","controlName")：第一个参数是要显示的文本，第二个参数是视图名，第三个参数是控制器名。例如，Html.ActionLink("跳转到别的 controler 中", "Index", "Home")解析为：<a href="/Home/Index">跳转到别的 controler 中</a>。
- Html.ActionLik("linkText","actionName",routeValues)：第一个参数是要显示的文本，第二个参数是视图名，第三个参数是 URL 中的参数。例如，Html.ActionLink("跳转到 About 页面", "About", new { id = "1", name = "x" })解析为：<a href="/Home/About/1? id = "1"&name=x">跳转到 About 页面</a>。
- Html.ActionLink("linkText","actionName",routeValues,htmlAttributes)：第一个参数是要显示的文本，第二个参数是视图名，第三个参数是 URL 中的参数，第四个参数是设置标签属性。例如，<%=Html.ActionLink("跳转到 About 页面", "About", new { id = "1", name = "x" }, new { disabled = "disabled",@class = "about"})%>解析为：<a class="about" disabled="disabled" href="/Home/About/1?name=x">跳转到 About 页面</a>。注意：设置标签的 class 属性时，应在 class 前加上@，因为 class 是关键字。
- Html.ActionLink("linkText","actionName","controlName",routeValues,htmlAttributes)：它包含了上面提到的所有参数类型。

2）输出表单。通过 Html helper 输出表单有以下两种方法。

方法一：

```
@using(Html.BeginForm())
{   ......        }
```

方法二：

```
@{Html.BeginForm();}
     ......
@{Html.EndForm();}
```

常用表单输入栏位如下。

- @Html.Password()：用于产生密码栏位。
- @Html.Hidden()：用于产生隐藏栏位。
- @Html.TextArea()：用于产生多行文字的输入框，使用方式与 html.textbox 类似，但拥有较多的多载可以指定 rows 和 column 的值。
- @Html.DropDownList()：用于产生下拉框。
- @Html.listBox()：用于产生多选的下拉式菜单，和上面的用法相似。
- @Html.RadioButton()：用于产生单选按钮。

- @Html.CheckBox()：用于产生多选按钮。

例如：

```
@using(Html.BeginForm()){
<p>账号：@Html.TextBox("account")</ p>
<p>密码：@Html.Password("password")</p>
}
```

输出的内容是：

```
< form method="post">
< p>账号：<input id="account" name ="account" type="text" value="" /></p>
<p>密码：<input id="password" name ="password" type="password" value=""
/></p>
</form>
```

12.3.2 任务实施：视图开发技术应用

添加视图 View（视频）

1. 添加视图

（1）ThirdController 控制器

在 MvcApplication1 项目的基础上，在解决方案资源管理器中，右击控制器文件夹 Controllers，在弹出的快捷菜单中选择“添加→控制器”命令，保留默认的模板“MVC 5 控制器-空”，命名新的控制器为“ThirdController”，并单击“添加”按钮，创建的 ThirdController 控制器如图 12-28 所示。

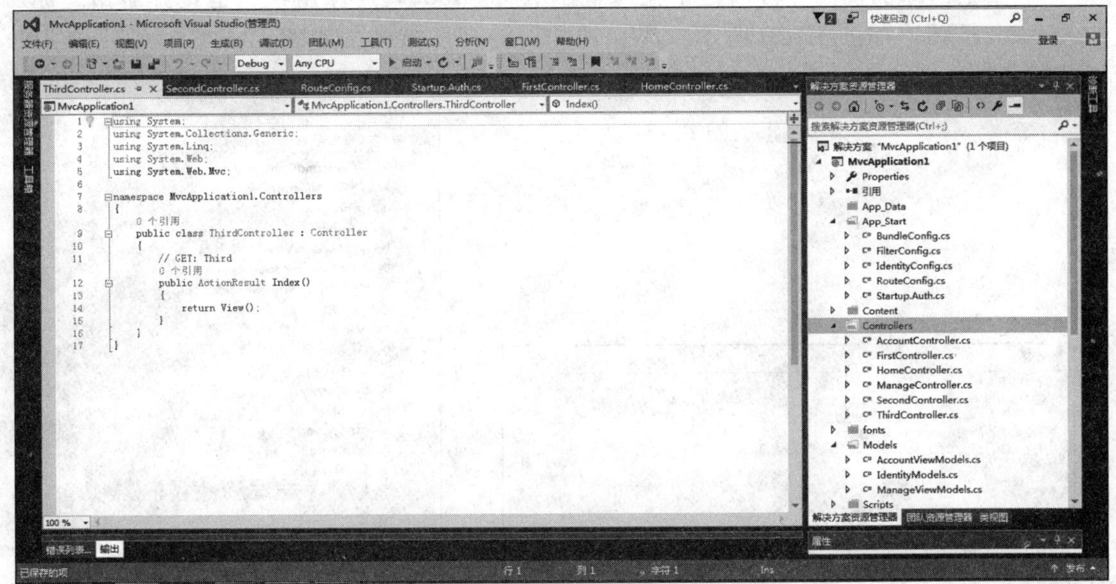

图 12-28 打开 ThirdController 控制器文件

ThirdController 控制器中 Index 方法返回的是 View，在浏览器输入 http://localhost:49933/Third/index/，则执行 ThirdController 控制器的 Index 方法，该方法返回一个 View，该 View 即 Views\Third\文件夹中的名为 Index 的页面。因此，要正常显示网页就必须在 Views 文件夹下建立 Third 文件夹，并添加名为 Index 的视图。

（2）添加视图

在解决方案资源管理器中，首先在 Views 文件下创建 Third 文件夹，如图 12-29 所示。

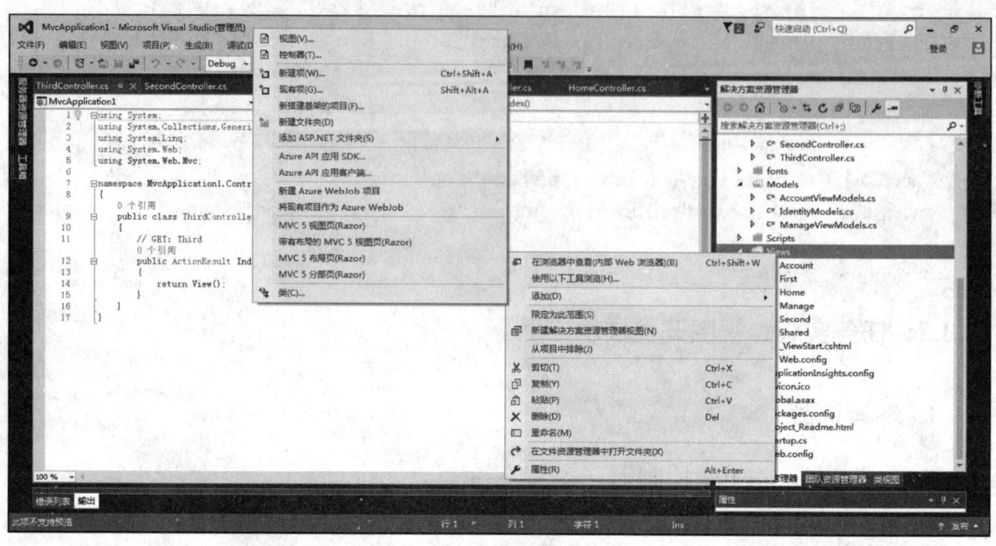

图 12-29　在 Views 文件夹下创建与控制器同名的 Third 文件夹

右击 Third 文件夹，在弹出的快捷菜单中选择“添加→视图”命令，在出现的“添加视图”对话框中输入视图名称“index”，保留默认值，并单击“添加”按钮，如图 12-30 所示。添加视图后的文件结构图如图 12-31 所示。

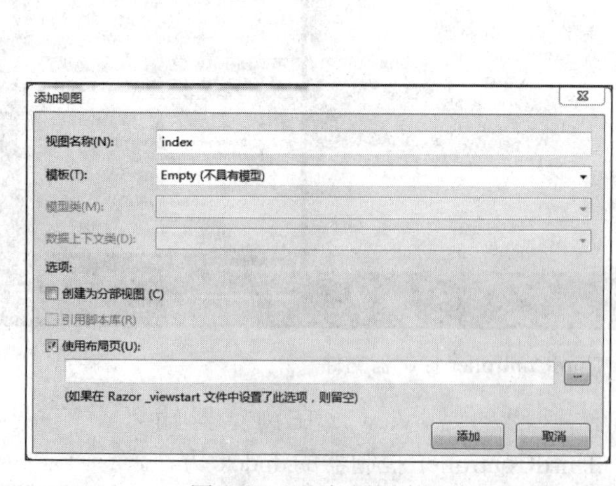

图 12-30　添加视图窗口

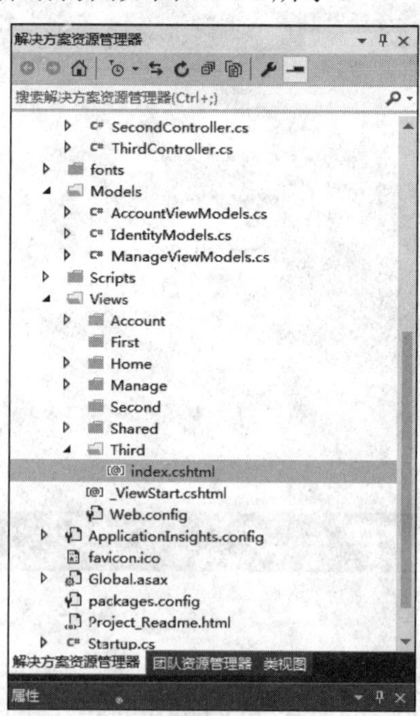

图 12-31　添加视图后的文件结构图

在解决方案资源管理器中，可以看到已被创建的 MvcApplication1\Views\Third\index.cshtml 文件。

同时，也可以通过在 ThirdController 控制器中的 Index 方法内空白处右击，在弹出的快捷菜单中选择“添加→视图”命令，进入如图 12-32 所示的添加视图窗口，它将自动在 Views 文件下创建 Third 文件夹，并在 MvcApplication1\Views\Third\文件夹下创建 Index.cshtml 文件。

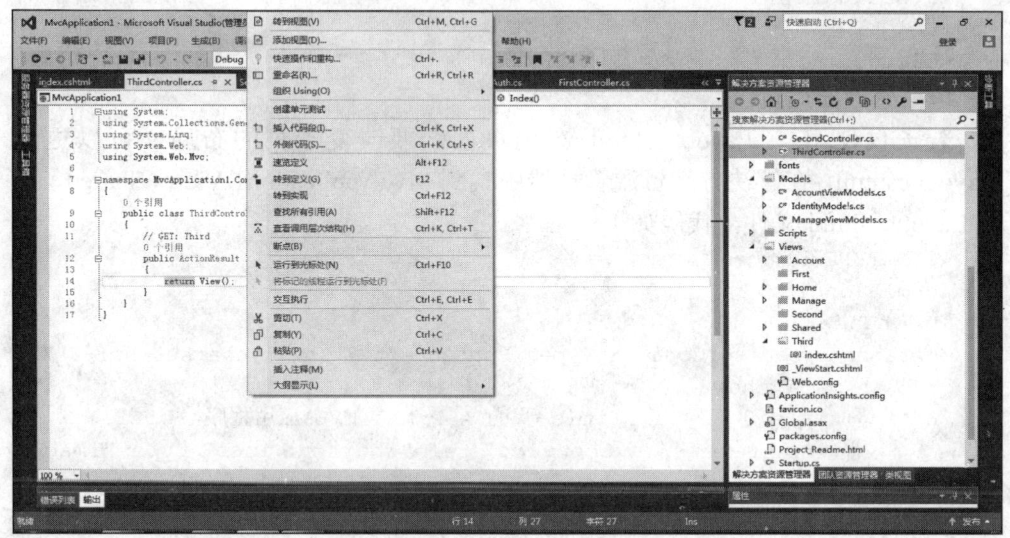

图 12-32 在 Index 方法内添加视图

刚被创建的 Index.cshtml 文件的代码如下：

```
@{
    ViewBag.Title="Index";
}
<h2>Index</h2>
```

在解决方案资源管理器中找到 MvcApplication1\Views\Shared 文件夹，打开_Layout.cshtml 文件，此文件被称为布局页面（Layout page）。在图 12-30 添加视图窗口中，由于勾选了“使用布局或母版页”复选框，添加的视图 Index.cshtml 就使用了该布局页面。

（3）运行程序

运行应用程序，在浏览器中输入 http://localhost:49933/Third/index/，运行效果如图 12-33 所示。浏览器的标题栏会显示为“Index-我的 ASP.NET MVC 应用程序”，页面顶部的链接显示为“应用程序名称”“主页”“关于”“联系方式”，右边的链接为“注册”和“登录”，这些都是因为使用了布局页面_Layout.cshtml。

图 12-33 通过视图呈现网页

若不希望使用布局页面，则在图 12-30 添加视图窗口中不勾选“使用布局或母版页”复选框，或者在 Index.cshtml 的代码中增加“Layout=null;”，代码如下：

```
@{
ViewBag.Title="Index";
Layout=null;
}
<h2>Index</h2>
```

（4）修改布局页

若子页使用了_Layout.cshtml 布局页面，要改变子页的布局，可以更改_Layout.cshtml。在解决方案资源管理器中找到 MvcApplication1\Views\Shared，打开_Layout.cshtml 文件，代码如下：

```
<!DOCTYPE html>
<html lang="zh">
    <head>
<meta http-equiv="Content-Type" content="text/html;charset=utf-8"/>
        <meta charset="utf-8" />
        <title>@ViewBag.Title-我的 ASP.NET MVC 应用程序</title>
        <link href="~/favicon.ico" rel="shortcut icon" type="image/
x-icon" />
        <meta name="viewport" content="width=device-width" />
        @Styles.Render("~/Content/css")
        @Scripts.Render("~/bundles/modernizr")
    </head>
    <body>
        <header>
            <div class="content-wrapper">
                <div class="float-left">
                    <p class="site-title">@Html.ActionLink("将你的徽
标放置在此处", "Index", "Home")</p>
                </div>
                <div class="float-right">
                    <section id="login">

                </div>          @Html.Partial("_LoginPartial")
                    </section>
                    <nav>
                        <ul id="menu">
                            <li>@Html.ActionLink("主页","Index","Home")
</li>
                            <li>@Html.ActionLink("关于","About","Home")
</li>
                            <li>@Html.ActionLink("联系方式","Contact",
"Home")</li>
                        </ul>
                    </nav>
                </div>
            </div>
        </header>
        <div id="body">
            @RenderSection("featured",required:false)
```

```
            <section class="content-wrapper main-content clear-fix">
                @RenderBody()
            </section>
        </div>
        <footer>
            <div class="content-wrapper">
                <div class="float-left">
                    <p>&copy;@DateTime.Now.Year-我的 ASP.NET MVC 应用程序</p>
                </div>
        </footer>
        @Scripts.Render("~/bundles/jquery")
        @RenderSection("scripts",required:false)
    </body>
</html>
```

_Layout.cshtml 页面类似于 ASP.NET 中的母版页，@RenderBody()相当于占位符，所创建的所有视图页面作为子页面“填充”在该占位符所在的位置。

1）在布局模板页面内把网站标题从“我的 ASP.NET MVC 应用程序”改为“第一个 ASP.NET MVC 应用程序”，代码如下：

```
<title>@ViewBag.Title-第一个 ASP.NET MVC 应用程序</title>
```

2）更改网页中的超链接，将“应用程序名称”改为“欢迎光临”，代码如下：

```
<div class="float-left">
    <p class="site-title">@Html.ActionLink("欢迎光临","Index", "Home")</p>
</div>
```

3）运行程序，在浏览器中输入 http://localhost:49933/Third/index/，运行效果如图 12-34 所示。

因为布局页面_Layout.cshtml 发生改变，index.cshtml 页面使用了该布局页面，故运行效果也跟着发生改变。

图 12-34 修改布局页后子页运行效果图

4）修改视图。修改 Index.cshtml 文件的代码，将 ViewBag.Title 的值改为“MVC”，并在<h2>标签后增加 HTML 代码如下：

```
@{
    ViewBag.Title="MVC";
}
<h2>Index</h2>
```

```
<p>ASP.NET MVC 的基本概念</p>
```

使用 ViewBag 对象可以轻松地从视图模板传递值给布局模板页面，Index.cshtml 文件中 ViewBag.Title 改为“MVC”，布局模板页面_Layout.cshtml 中<title>标签为：

```
<title>@ViewBag.Title-第一个 ASP.NET MVC 应用程序</title>
```

所以，布局页面的标题也同步进行修改，改为“MVC - 第一个 ASP.NET MVC 应用程序”。

运行效果。运行程序，在浏览器中输入 http://localhost:49933/Third/index/，运行效果如图 12-35 所示，网页在使用布局页_Layout.cshtml 的基础上，标题变成“MVC-第一个 ASP.NET MVC 应用程序”，页面正文增加了“ASP.NET MVC 的基本概念”文字。

图 12-35　修改视图后子页运行效果图

说　明

如果在浏览器中看不到修改，有可能是页面被缓存了。按 Ctrl + F5 组合键强制浏览器重新请求并加载服务器返回的 HTML。此外，Index.cshtml 视图中的内容会合并到_Layout.cshtml 模板，从而形成一个完整的 HTML 返回到客户端浏览器。使用布局模板页面，可以很容易进行修改并应用到所有页面。

说　明

视图的一些相关规定如下。

1）所有的视图必须放到 Views 目录下，如图 12-36 所示。

2）不同控制器的视图用文件夹进行分割，每个控制器都对应一个视图目录。

3）一般视图名字跟控制器的 Action 相对应（非必须）。

4）多个控制器公共的视图放到 Shared，例如公用的错误页、列表模板页、表单模板页等。

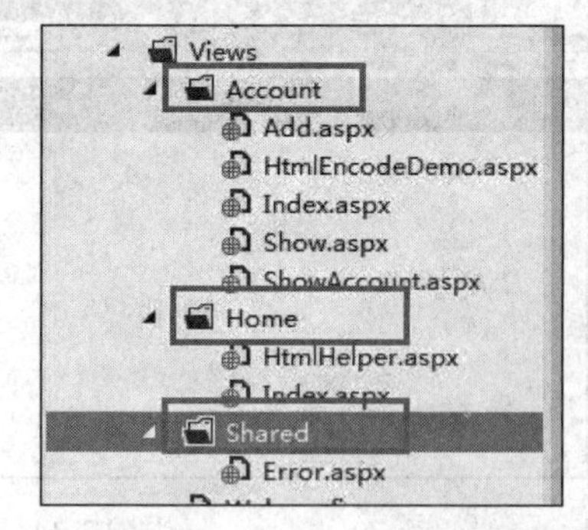

图 12-36　Views 文件夹目录

2. 视图开发技术应用

（1）创建控制器

在解决方案资源管理器中，右击控制器文件夹 Controllers，在弹出的快捷菜单中选择“添加→控制器”命令，保留默认的模板“MVC 5 控制器-空”，命名新的控制器为 FourthController，单击“添加”按钮，创建的 FourthController 控制器如图 12-37 所示。

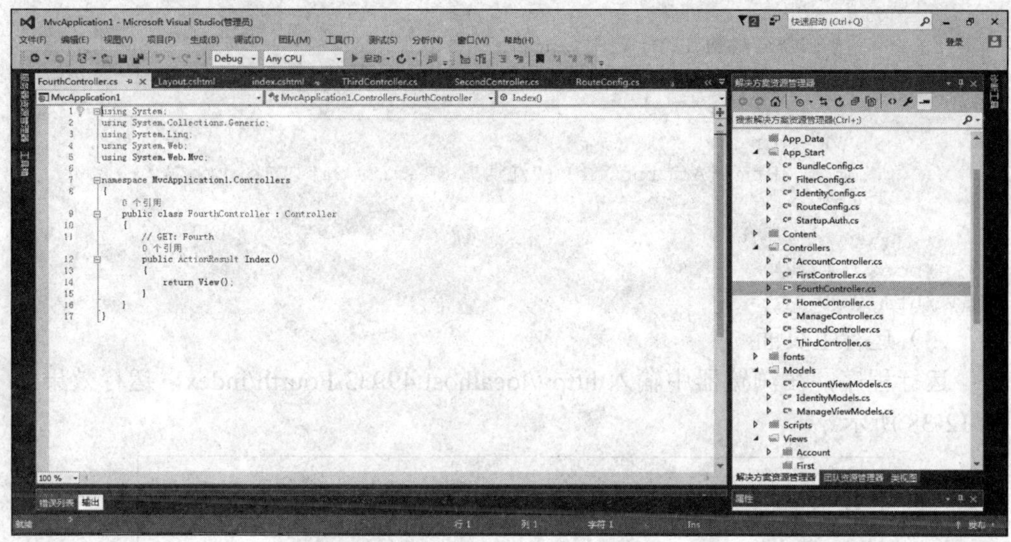

图 12-37　FourthController 控制器

（2）编写代码

1）修改 FourthController，增加两个 Action，分别取名 Login 和 Register，代码如下：

```
namespace MvcApplication1.Controllers
{
  public class FourthController : Controller
  {
     public ActionResult Index()
     {    return View();    }
     public ActionResult Login()
     {    return View();    }
     public ActionResult Register()
{    return View();      }
}
}
```

2）在 FourthController 控制器中的 Index 方法内空白处右击，在弹出的快捷菜单中选择“添加→视图”命令，不勾选“使用布局或母版页”复选框，单击“添加”按钮，它将自动在 Views 文件下创建 Fourth 文件夹，并在 MvcApplication1\Views\Fourth\文件夹下创建 Index.cshtml 文件。

在该页面中，利用视图开发技术，增加 form 表单以及两个超链接“登录”和“注册”，这两个超链接分别链接到 http://localhost:49933/Fourth/Login 和 http://localhost:49933/Fourth/Register。

```
@{  Layout=null;   }
<!DOCTYPE html>
<html>
<head>
```

```
    <meta name="viewport" content="width=device-width" />
    <title>Index</title>
</head>
<body>
    <div>
        @using(Html.BeginForm()){
          @Html.ActionLink("登录","Login","Fourth");
            <br />
            <br />
            @Html.ActionLink("注册","Register","Fourth");
        }
    </div>
</body>
</html>
```

（3）运行主页面

运行程序，在浏览器中输入 http://localhost:49933/Fourth/index，运行效果如图 12-38 所示。

图 12-38　首页 Index.cshtml 运行效果

（4）创建登录页面

在 FourthController 控制器中的 Login 方法内空白处右击，在弹出的快捷菜单中选择“添加→视图”命令， 不勾选“使用布局或母版页”复选框，它将自动在 MvcApplication1\Views\Fourth\文件夹下创建 Login.cshtml 文件。在该页面中增加“账号”输入框、“密码”输入框以及“登录”按钮，代码如下：

```
{   Layout=null;   }
<!DOCTYPE html>
<html>
<head>
    <meta name="viewport" content="width=device-width" />
    <title>Login</title>
</head>
<body>
    <div>
        @using(Html.BeginForm())
        {
            <table>
                <tr>
                    <td> <p>账号：@Html.TextBox("account")</p>  </td>
                    <td>  <p>密码：@Html.Password("password")</p></td>
                    <td><input  type="button"value=" 登 录 "onclick=
"javascript:window.location='/Fourth/index'"/ /></td>
```

```
            </tr>
        </table>
    }
  </div>
</body>
</html>
```

在图 12-38 中的 Index.cshtml 页面上，单击“登录”按钮，跳转至链接 http://localhost:49933/Fourth/Login 的页面，该页面运行效果如图 12-39 所示。

图 12-39 登录页面 Login.cshtml 运行效果

在“登录”按钮中设置了单击后提交到 Fourth 控制器中 Index 方法，因而单击“登录”按钮后，返回首页 Index.cshtml。

（5）添加注册页面

按同样的方法，可以在 Register 方法内右键添加视图，生成 Register.cshtml，该页面可按照视图开发技术根据需要自行补充。

任务 12.4 添加模型 Model

任务描述：

在 MvcApplication1 项目中添加控制器（Controller）、视图（View）和模型（Model），控制器能根据传入的 URL 请求传递相应的数据给 Model，并取得数据模型，然后指定响应浏览器请求的视图模板 View。

添加模型（图片）

12.4.1 关键知识：模型 Model

控制器类处理浏览器传入的请求，并从数据库中检索数据，最终决定什么类型的返回结果会发送回浏览器。视图模板可以被控制器用来产生格式化过的 HTML，从而返回给浏览器。最佳的做法是：一个视图模板应该永远不会执行业务逻辑或者直接和数据库进行交互；相应的，一个视图模板应该只和控制器所提供的数据进行交互，维持这种“隔离关系”，可以帮助保持代码的干净、测试性，使代码更易维护。

12.4.2 任务实施：添加控制器、视图和模型

添加模型（视频）

1. 添加控制器

在解决方案资源管理器中，右击控制器文件夹 Controllers，在弹出的快

捷菜单中选择“添加控制器”命令，命名控制器为 StudentController，修改 StudentController 类的 Index 方法如下：

```
public class StudentController:Controller
{
        public ActionResult Index(string StudentName,int num)
        {
            ViewBag.StudentName=StudentName;
            ViewBag.num=num;
            return View();
        }
}
```

若浏览器中请求的 URL 地址是：http://localhost:49933/Student/index?StudentName=Rose&num=5，ASP.NET MVC model binding system 会自动将地址栏中 URL 里的 query string 映射到 Index 方法中的参数 StudentName 和 num 中。ViewBag 是一个动态属性，是 MVC3 以后新增的功能，主要为了从 Controller 到 View 进行传值所用。在 Index 方法中，对 ViewBag 的两个动态属性进行赋值。

2. 添加视图

在控制器 StudentController 的 Index 方法内右击，在弹出的快捷菜单中选择“添加→视图”命令，不勾选“使用布局或母版页”复选框，其他保留默认值，取名为 Index。在刚创建的 Index.cshtml 文件中，修改代码如下：

```
@{
    Layout=null;
}
<!DOCTYPE html>
<html>
<head>
    <meta name="viewport" content="width=device-width" />
    <title>Index</title>
</head>
<body>
    <div>
        <h3>@ViewBag.StudentName，欢迎您！</h3>
        <ul>
          @for (int i=1;i<=ViewBag.num;i++)
            { <li>这是您的第 @i 次访问本网站</li> }
      </ul>
    </div>
</body>
</html>
```

在该视图中，直接读取 ViewBag 动态属性的值。运行应用程序，并浏览下面的 URL: http://localhost:49933/Student/index?StudentName=Rose&num=5，运行效果如图 12-40 所示。

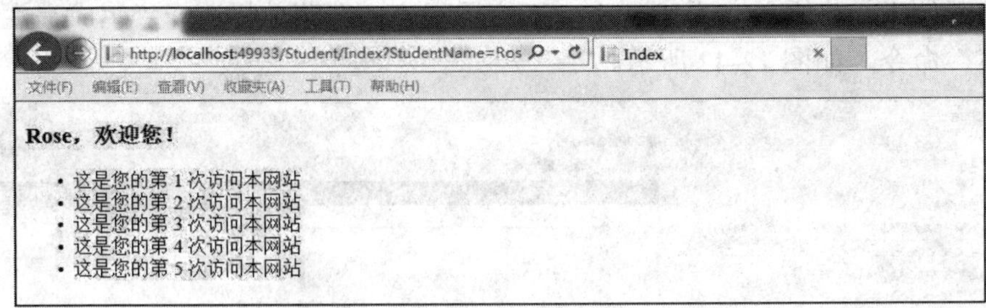

图 12-40 从控制器传数据到视图

3. 添加模型

添加模型，并使用模型将数据从控制器传递到视图中。用模型来传递数据，这是 MVC 开发模式中首选的办法。

（1）添加新类，并添加类属性代码编写

在解决方案资源管理器中，右击模型文件夹 Models，在弹出的快捷菜单中选择“添加→类”命令，如图 12-41 所示。

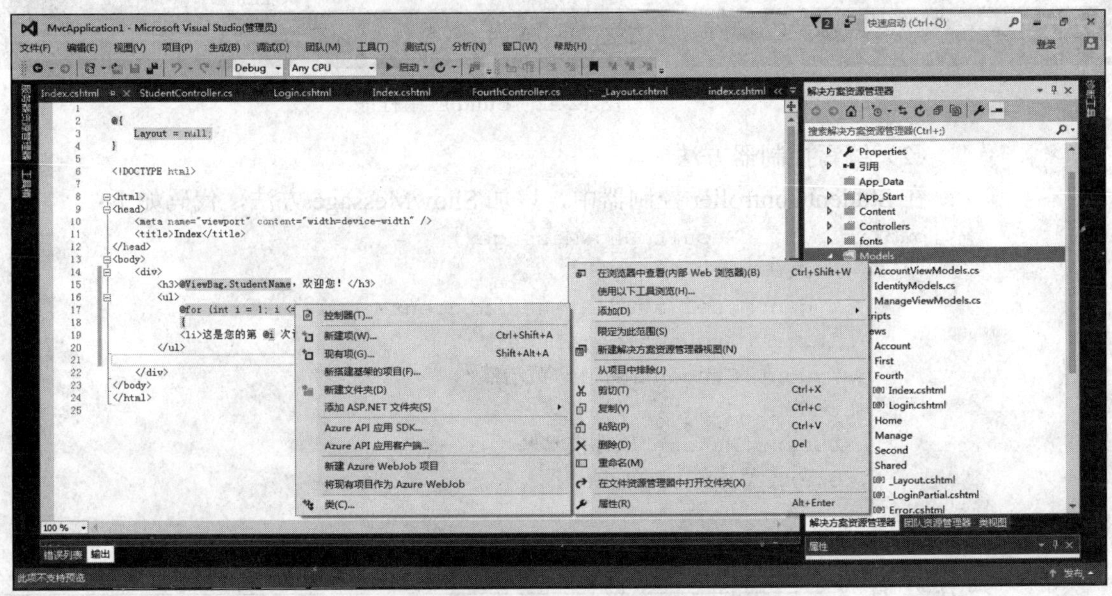

图 12-41 添加模型

类名输入“StudentModel”，并给 StudentModel 增加四个属性。

```
namespace MvcApplication1.Models
{
    public class StudentModel
    {
        public string StudentID { get;set; }
        public string StudentName { get;set; }
        public string Sex { get;set; }
        public string Major { get;set; }
    }
}
```

在开始下一步之前，先 Build 一下应用程序，在菜单栏选择“生成→生成解决方案”命令，如图 12-42 所示。

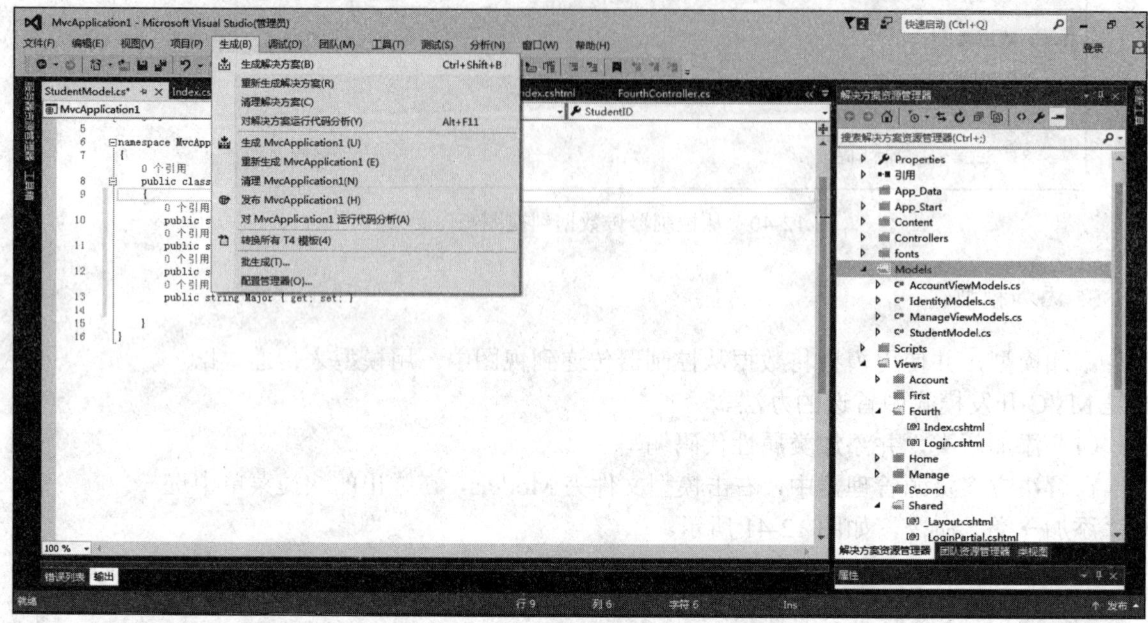

图 12-42　Build 应用程序

（2）编写控制器方法

在 StudentController 控制器中，增加 ShowMessage 方法，代码如下：

```
public ActionResult ShowMessage()
  {
      StudentModel student=new StudentModel();
      student.StudentID="114001";
      student.StudentName="黄浩然";
      student.Sex="男";
      student.Major="软件技术";
      return View(student);
  }
```

注　意

此案例中要在 StudentController 控制器代码的前面加上如下代码：

```
using MvcApplication1.Models;
```

（3）创建视图

创建 ShowMessage 视图呈现页面，在 ShowMessage 方法内部右击，在弹出的快捷菜单中选择“添加→视图”命令。在“添加视图”对话框中，“模板”选择“Create”，“模型类”选择“StudentModel(MvcApplication1.Models)”，指定传递 StudentModel 对象给视图模板作为它的模型类，其他选项不勾选，如图 12-43 所示。

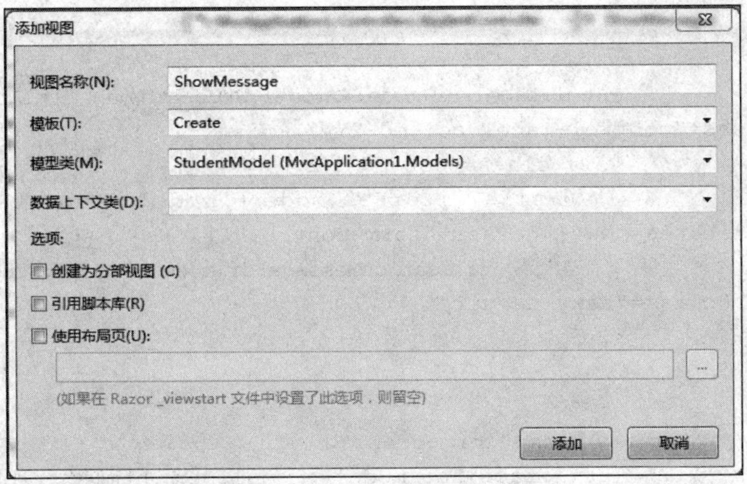

图 12-43　添加视图

单击“添加”按钮，创建 ShowMessage.cshtml 文件，代码如下：

```
@model MvcApplication1.Models.StudentModel
@{
    Layout=null;
}
<!DOCTYPE html>
<html>
<head>
    <meta name="viewport" content="width=device-width" />
    <title>ShowMessage</title>
</head>
<body>

@using (Html.BeginForm())
    {
        @Html.AntiForgeryToken()

        <div class="form-horizontal">
            <h4>StudentModel</h4>
            <hr />
            @Html.ValidationSummary(true,"",new { @class="text-
danger" })
            <div class="form-group">
                @Html.LabelFor(model=>model.StudentID,htmlAttributes:
new { @class="control-label col-md-2" })
                <div class="col-md-10">
                    @Html.EditorFor(model=>model.StudentID,new
{ htmlAttributes=new { @class="form-control" } })
                    @Html.ValidationMessageFor(model=>model.StudentID,
"", new { @class="text-danger" })
                </div>
            </div>
```

```
                <div class="form-group">
                    @Html.LabelFor(model=>model.StudentName, htmlAttributes:
new { @class="control-label col-md-2" })
                    <div class="col-md-10">
                        @Html.EditorFor(model=>model.StudentName,new
{ htmlAttributes=new { @class="form-control" } })
                        @Html.ValidationMessageFor(model=>model.StudentName,
"", new { @class="text-danger" })
                    </div>
                </div>

                <div class="form-group">
                    @Html.LabelFor(model=>model.Sex, htmlAttributes: new
{ @class = "control-label col-md-2" })
                    <div class="col-md-10">
                        @Html.EditorFor(model=>model.Sex,new
{ htmlAttributes=new { @class="form-control" } })
                        @Html.ValidationMessageFor(model=>model.Sex, "",
new { @class="text-danger" })
                    </div>
                </div>

                <div class="form-group">
                    @Html.LabelFor(model => model.Major, htmlAttributes:
new { @class="control-label col-md-2" })
                    <div class="col-md-10">
                        @Html.EditorFor(model=>model.Major,new
{ htmlAttributes=new { @class = "form-control" } })
                        @Html.ValidationMessageFor(model=>model.Major,
"", new { @class="text-danger" })
                    </div>
                </div>

                <div class="form-group">
                    <div class="col-md-offset-2 col-md-10">
                        <input  type="submit"value="Create"class="btn  btn-
default" />
                    </div>
                </div>
            </div>
        }

        <div>
            @Html.ActionLink("Back to List","Index")
        </div>
    </body>
    </html>
```

通过引入视图模板文件顶部的@model 语句，可以指定该视图期望的对象类型。当创建 ShowMessage 视图时，Visual Studio 会将@model 声明自动包含到 ShowMessage.cshtml 文件的顶部，此@model 声明使得控制器可以将强类型的 Model 对象传递给 View 视图，从而在视图中访问传递过来的强类型 StudentModel。在 ShowMessage.cshtml 模板中，利用强类型的 Model 对象获得控制器中传来的学生信息。

运行应用程序，浏览器中输入 http://localhost:49933/Student/ShowMessage/，网页运行效果如图 12-44 所示。

http://localhost:49933/Student/ShowMessage
ShowMessage
文件(F) 编辑(E) 查看(V) 收藏夹(A) 工具(T) 帮助(H)
StudentModel
StudentID
114001
StudentName
黄浩然
Sex
男
Major
软件技术
Create
Back to List

图 12-44　控制器通过模型传递数据至视图的运行效果

在 ShowMessage.cshtml 模板中，也可以将<body></body>中的代码删除，并加上以下代码，代码如下：

```
<body>
    <div>
      <h3>学生信息如下:</h3>
      <h4>@Model.StudentID @Model.StudentName @Model.Sex @Model.Major
      </h4>
    </div>
</body>
```

运行应用程序，浏览器中输入 http://localhost:49933/Student/ShowMessage/，网页运行效果如图 12-45 所示。

图 12-45　控制器通过模型传递数据至视图的运行效果

（4）修改视图模板文件

如果有多个学生的信息需要从控制器传入到视图，则首先 StudentModel 模型中增加构造函数，代码如下：

```
namespace MvcApplication1.Models
{
    public class StudentModel
    {
        public string StudentID { get; set; }
        public string StudentName { get; set; }
        public string Sex { get; set; }
        public string Major { get; set; }
        public StudentModel(string StudentID, string StudentName, string Sex, string Major)
        {
            this.StudentID=StudentID;
            this.StudentName=StudentName;
            this.Sex=Sex;
            this.Major=Major;
        }
        public StudentModel()
        {
        }
    }
}
```

然后，在 StudentController 中增加 InitData 方法，将每个学生的信息存入 students 集合中，代码如下：

```
List<StudentModel> students=new List<StudentModel>();
    public void InitData()
    {
        students.Add(new StudentModel("114001", "黄浩然", "男", "软件技术"));
        students.Add(new StudentModel("114002", "李强", "男", "计算机应用"));
        students.Add(new StudentModel("114003", "王倩", "女", "计算机信息管理"));
    }
```

并添加 ShowMoreMessage 方法，代码如下：

```
public ActionResult ShowMoreMessage()
    {
        InitData();
        return View(students.ToList());
    }
```

在 ShowMoreMessage 方法内部右击，在弹出的快捷菜单中选择“添加→视图”命令。在“添加视图”对话框中，“模板”选择“Create”，“模型类”选择“StudentModel(MvcApplication1.Models)”，其他选项不勾选，单击“添加”按钮，创建 ShowMoreMessage.cshtml 视图文件，并将该视图文件中<body></body>中的代码删除，如图 12-46 所示。

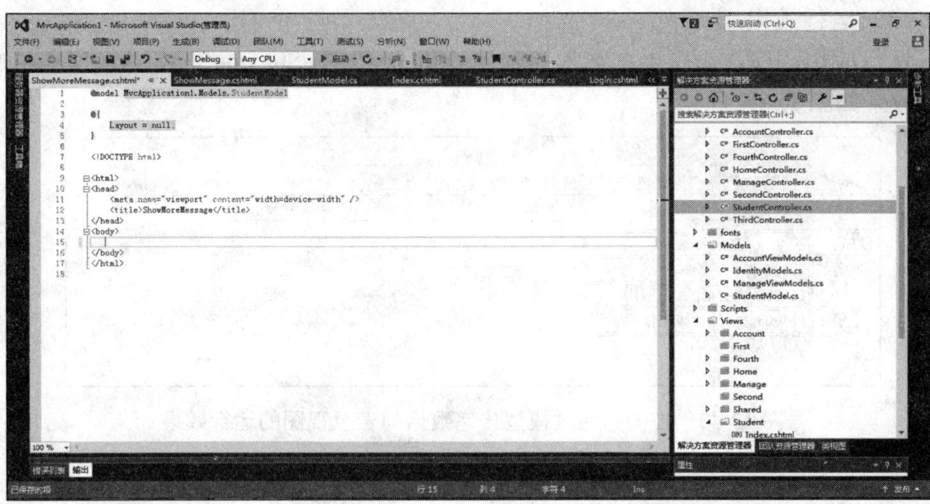

图 12-46　ShowMoreMessage.cshtml 视图文件

StudentController 控制器中 ShowMoreMessage 方法中传递的是学生列表信息，所以将 ShowMoreMessage.cshtml 视图文件中的

```
@model MvcApplication1.Models.StudentModel
```

改为

```
@model IEnumerable<MvcApplication1.Models.StudentModel>。
```

此@model 声明使得控制器可以将强类型的学生列表 Model 对象传递给 View 视图，Model 对象是强类型的 （是 IEnumerable<StudentModel>对象），所以在循环中的每个 item 对象的类型是 StudentModel 类型。

在 ShowMoreMessage.cshtml 视图文件的<body></body>中的添加如下代码：

```
<body>
   <div>
      <table border="1">
          <tr>
            <td>姓名</td>
            <td>学号</td>
            <td>性别</td>
            <td>专业</td>
          </tr>
        @foreach(var item in Model)
        {
           <tr>
             <td>@item.StudentName</td>
             <td>@item.StudentID</td>
             <td>@item.Sex</td>
             <td>@item.Major</td>
          </tr>
        }
   </table>
   </div>
</body>
```

（5）运行效果

运行应用程序，浏览器中输入 http://localhost:49933/Student/ShowMoreMessage/，运行效果如图 12-47 所示。

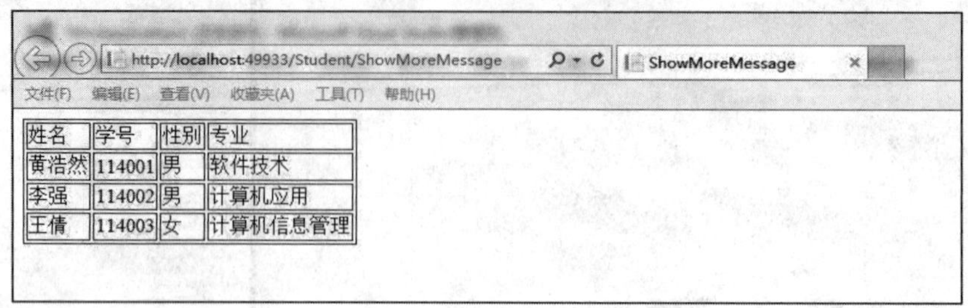

姓名	学号	性别	专业
黄浩然	114001	男	软件技术
李强	114002	男	计算机应用
王倩	114003	女	计算机信息管理

图 12-47　控制器通过模型传递数据列表至视图的运行效果

独立实践

1. 创建基于 ASP.NET MVC 的应用程序，取名 MvcTest。

2. 创建控制器，取名 TestController，并在该控制器中添加两个 Action，分别是 Index 和 ShowMessage。

3. 设置该程序默认执行的是 TestConstroller 控制器下的 Index 方法。

4. 添加 Student 模型，包含 StudentName、StudentID、StudentSex、Major 四个属性。

5. 在 Index 方法中，将五个同学的各项信息存入 Student 列表数据中，并通过模型将该列表数据传递给 Index.cshtml 视图。

6. 在 Index.cshtml 视图中获得五个 Student 学生信息，并呈现在页面上，页面最终运行效果如图 12-48 所示。

所有学生信息列表				
姓名	学号	性别	专业	详细信息
Rose	114001	男	软件技术	登录
Mary	114002	男	计算机应用	登录
Brain	114003	女	计算机信息管理	登录
John	114004	女	电脑艺术	登录
Doris	114004	女	计算机软件外包	登录

图 12-48　Index.cshtml 运行效果

7. 在图 12-48 中，要求单击每行的“登录”链接，便可以进入 ShowMessage 页面，该页面中会关联该行的学生姓名展示信息。如单击“John”这行对应的“登录”链接，运行效果如图 12-49 所示。

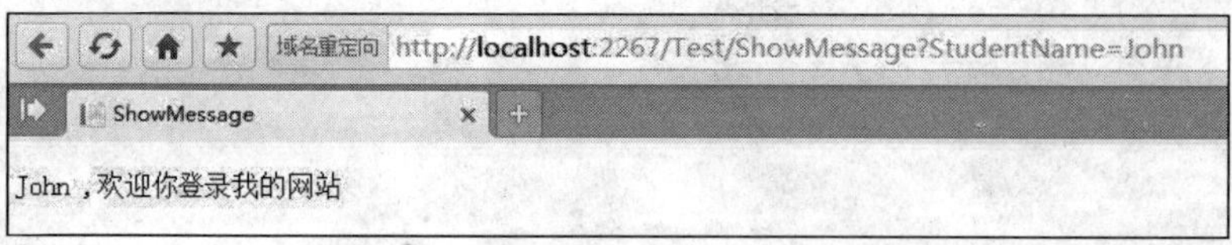

图 12-49　ShowMessage.cshtml 运行效果

课后习题

1. 多选题：MVC 的组成部分是（　　）。

A. 模型　　B. 视图　　C. 控制器　　D. 主键

2. 单选题：下列选项中，（　　）定义数据结构，负责连接数据库及所有与数据有关的任务。

A. Model　　B. View　　C. Controller　　D. Content

3. 单选题：下列选项中，（　　）决定系统运行流程，负责从模型中获得数据。

A. Model　　B. View　　C. Controller　　D. App_Start

4. 单选题：下列选项中，（　　）从控制器取得数据，并将数据显示在用户接口上。

A. Model　　B.View　　C. Controller　　D. App_Data

5. 单选题：在新建的 MVC 项目的“App_Start\RoutConfig.cs”文件中，下列方法中注册了默认的路由配置的是（　　）。

A. RegisterRoutes　　B. Application_Start

C. EnrollRoutes　　D. WriteRoutes

参 考 文 献

郭建东，2012．ASP.NET 动态网页设计案例教程[M]．北京：科学出版社．

孙继磊，2011．精通 ASP.NET 4.0 网络编程：基础、框架与项目实战[M]．北京：清华大学出版社．

杨桦，2011．ASP.NET 程序设计基础与项目实训[M]．北京：科学出版社．

WALTHERT S，HOFFMAN K，DUDEK N，2011．ASP.NET 4 揭秘（卷 1）[M]．谭振林，黎志，朱兴林，等译．北京：人民邮电出版社．

附录　拓展教学资源

一、导航样式

导航 1（视频）　导航 2（视频）　导航 3（视频）　导航 4（视频）
导航 5（视频）　导航 6（视频）　导航 7（视频）　导航 8（视频）
导航 9（视频）　导航 10（视频）

二、图片播放器样式

图片播放器 1（视频）　图片播放器 2（视频）　图片播放器 3（视频）　图片播放器 4（视频）
图片播放器 5（视频）　图片播放器 6（视频）　图片播放器 7（视频）　图片播放器 8（视频）
图片播放器 9（视频）　图片播放器 10（视频）

三、页面样式

样式 1（图片） 样式 2（图片） 样式 3（图片） 样式 4（图片）

样式 5（图片） 样式 6（图片） 样式 7（图片） 样式 8（图片）

样式 9（图片） 样式 10（图片） 样式 11（图片） 样式 12（图片）

样式 13（图片） 样式 14（图片） 样式 15（图片）